"十四五"时期国家重点出版物出版专项规划项目
国家社科基金重大招标项目"湖南及周边省区汉语虚词时空立体研究及数据库建设"（21&ZD291）

南方 语言文化研究丛书

丛书主编　唐贤清

湘桂边苗族汉话体貌研究

沈敏　著

湖南师范大学出版社·长沙

图书在版编目（CIP）数据

湘桂边苗族汉话体貌研究 / 沈敏著. —长沙：湖南师范大学出版社，
2023.8（南方语言文化研究丛书 / 唐贤清主编）
　　ISBN 978-7-5648-4993-1

　　Ⅰ.①湘⋯　Ⅱ.①沈⋯　Ⅲ.①苗族—西南官话—研究　Ⅳ.①H172.3

中国国家版本馆 CIP 数据核字（2023）第 133422 号

湘桂边苗族汉话体貌研究

XIANG-GUIBIAN MIAOZU HANHUA TIMAO YANJIU

沈　敏　著

◇出　版　人：吴真文
◇策划编辑：赵婧男　刘苏华
◇责任编辑：赵婧男
◇责任校对：李　航　张晓芳
◇出版发行：湖南师范大学出版社
　　　　　　地址/长沙市岳麓区　邮编/410081
　　　　　　电话/0731-88873070　88873071　传真/0731-88872636
　　　　　　网址/https：//press. hunnu. edu. cn
◇经销：新华书店
◇印刷：长沙雅佳印刷有限公司
◇开本：710 mm×1000 mm　1/16
◇印张：15.75
◇字数：280 千字
◇版次：2023 年 8 月第 1 版
◇印次：2023 年 8 月第 1 次印刷
◇印数：1—600 册
◇书号：ISBN 978-7-5648-4993-1
◇定价：55.00 元

如有印装质量问题，请与承印厂调换。

总　序

我国南方民族众多，历史悠久，先秦时就有"百越"一说。多语言、多方言是我国南方地区最为突出的语言分布特征，特别是湖南及周边省区地处南北方言的交界处，同时也是南部方言和民族语言的过渡地带。早期汉语的一些语法结构或特点在普通话中消失或不常用，而在该地区仍得以保留。要解释某种语法现象的断代差异或历史变迁，常常要借助这一过渡地带。这一过渡地带又以不同的方式杂居着其他民族，研究与解释语言接触所导致的语言变化，揭示语言的类型与层次，湖南及周边省区语言是具有标本性的重要资源。因此该区域汉语方言、民族语言句法语义特征的研究，可以成为南北方言语法系统以及近现代汉语语法系统研究的桥梁，语言地位极其重要与独特。

基于以上认识，我们申请成立了湖南省社会科学创新研究基地"语言服务传播与南方语言文化研究中心"，建立了一支研究领域覆盖现代汉语、古代汉语、汉语方言、民族语言、应用语言学等多学科的学术团队，重点开展南方语言文化的调查研究工作。"南方语言文化研究丛书"即是中心团队成员部分研究成果的集中展现。收入丛书的著作主要是以湖南及其与贵州、广西交界区域的汉语方言和民族语言的特殊语法现象为研究对象，内容涉及形容词、副词、量词、重叠、空间范畴、程度范畴、体貌范畴、语序等多个方面。丛书的最大特点是"普方古民外"立体研究法的理论与实践。

"普方古民外"立体研究法是我们多年来倡导的一种研究范式。该范式主张立足于汉语语法结构的历史演变，利用现代汉语共同语、汉语方言、民族语言和境外语言的研究材料和理论方法来解决汉语历史语法研究的课题，为汉语历史语法研究提供新的视角，拓宽研究领域，形成"三结合"，即把历史语言学与语言类型学、接触语言学等相关理论结合起来，把文献研究与田野调查结合起来，把历时研究与共时研究结合起来，从而助推汉语历史语法研究的发展。

一、"普方古民外"立体研究法的研究思路

（一）汉语历史语法研究与汉语方言

方言语法研究可以为汉语历史语法研究提供佐证材料，为某些汉语历史语法现象提供更为合理的解释。汉语历史语法研究存在两种材料缺乏的情况：

一是某一语法现象在历史语料中曾经大量存在，但在现代汉语共同语中已经消失，这就会造成"下不联今"的假象，从而给汉语历史语法研究带来困惑。

我们在研究古汉语程度副词"伤"时，考察了大量的材料，发现"伤"作程度副词的用例。程度副词"伤"一般只修饰形容词，很少修饰其他词类和短语。如：

（1）过此以往则伤苦；日数少者，豉白而用费；唯合熟，自然香美矣。（贾思勰《齐民要术》卷八）

（2）今人读书伤快，须是熟方得。（朱熹《朱子语类·论语一》）

"伤"用作程度副词《齐民要术》共 24 例、《朱子语类》共 13 例，全部修饰形容词。南宋以后，"伤"作程度副词的用例在共同语文献中就很难找到了，到现代汉语共同语里，"伤"已不再作程度副词。这就给我们研究"伤"的语义演变带来了困难。通过检索和调查，我们发现"伤"作程度副词在中原官话、闽语、赣语、苗话（民汉语）里存在大量用例，如：

（3）中原官话（山西万荣话）：你<u>伤</u>相信他了，不要被他骗了。你太相信他了，不要被他骗了。[①]

（4）闽语（福建泉州话）：汝阿妈<u>伤疼汝喽</u>。你奶奶太疼你了。（许亚冷2010）[②]

（5）赣语（江西樟树话）：你刚做<u>伤欺负人</u>哩。你这么做太欺负人了。

（6）苗语（龙胜伟江话）：箇个人额头<u>伤简单</u>很哇。这个人头脑太简单了。

（7）苗语（资源车田话）：你<u>伤行快</u>□tie，我跟不到。你走得太快了，我跟不上。

（8）苗语（城步五团话）：伊坐咧<u>伤背底</u>呱，望不到。他坐得太后面了，看不见。

（9）苗语（城步兰蓉话）：伊<u>伤担心</u>伊□nie^{55}□nie^{55}弟呱，不眼死。他太担心他的孩子了，睡不着。

从这些用例我们看到，程度副词"伤"在现代汉语方言里不仅用例丰富，可以修饰形容词，而且也能修饰心理动词、方位词、动词短语等，搭配功能也比较强。这就为我们研究古汉语的程度副词"伤"的语义演变提供了线索和旁证。

二是某一语法现象虽然在历史语料中存在，但是用例很少，有些甚至是孤例。我们知道，虽然中国古代语言研究的成果颇丰，但自觉的语法研究成果很少，很多汉语历史语法现象是靠自然语料来记录的，而不是用语法专著来记录的。自然语料对语法现象的记录具有真实可靠的优点，但也存在不系统和不全面的缺点，难免造成有些语法现象语料丰富，有些语法现象语料极少的不均衡局面。语言学界历来信奉"例不十，法不立"的原则，研究者往往对这些出现次数少的用例不敢加以利用，甚至怀疑这些用例的准确性和真实性。如果这些用例在方言中大量存在，则可大大提高其可信度和使用价值。

---

① 文中所用方言例句，除标明来源外，均为笔者调查所得。发音人信息如下：谢志忍（山西万荣话），男，汉族，1966年生，高中文化。饶芳（江西樟树话），女，汉族，1995年生，研究生文化。以下为苗话发音人：石生武（龙胜伟江），男，苗族，1948年生，中专文化；兰支珍（城步五团），男，苗族，1964年生，大专文化；雷学品（城步兰蓉），男，苗族，1972年生，大专文化；杨建国（资源车田），男，苗族，1947年生，中专文化。

② 许亚冷. 泉州方言程度副词研究［D］. 福州：福建师范大学，2010：16.

关于近代汉语复数词尾标记"们"的来源，学界一直存在争议，其中比较有代表性的说法有三种："辈"字说、"门"字说、"物"字说。争议产生的主要原因之一是历史文献资料不足，导致论证不够，缺乏直接有力的确证。江蓝生从多种语音演变途径和现代汉语方言的直接证据两方面，对"们"源于"物"的旧说做了进一步的阐述和修正。"们"源于"物"说，由于在历史文献资料中没有找到直接有力的证据，虽然这一判定有其理据，但是很难从假说成为定论。江蓝生通过考察江西安福话、福建建瓯话、福建顺昌洋口话、陕西关中方言、甘肃唐汪话、甘肃甘沟话以及晋北、陕北等西北方言的复数词尾标记，发现在部分汉语方言中存在复数词尾标记"们"源于"物"的直接而有力的证据，使这一具有争议性的汉语历史语法问题得到了更加合理的解释。①

此外，我们这里说的汉语方言还应包括海外汉语方言。由于汉民族向海外迁徙，乡情维系，海外华人移民通常按地缘、族缘关系集结，自然形成了华人华语社区。在华语社区内，人们多使用汉语方言进行交流，而且方言的通行也具有相对的区域集中性，如新加坡牛车水、马来西亚吉隆坡通行客家话，马来西亚槟城、菲律宾马尼拉通行闽南话，美国旧金山、澳大利亚悉尼通行粤语等。② 这些形成于不同时期的同源异境海外汉语方言也可为汉语历史语法研究提供参考。

（二）汉语历史语法研究与民族语言

汉语历史语法研究还需要有民族语言视角。汉语有为数众多的亲属语言，汉藏语系语言约占我国语言总数的一半以上。③ 许多与汉语具有亲属关系的民族语言中，至今仍然保留着不少古代汉语的语法形式。

较早提出汉语和民族语言结合研究的是陈寅恪先生。1934 年他在致沈兼士的信中曾强调汉语的词源研究联系亲属语言的重要性："读大著（注：《右文说在训诂学上之沿革及其推阐》，1933）所列举诸方法外，必须再详

---

① 江蓝生. 再论"们"的语源是"物"[J]. 中国语文，2018（3）：259-273.
② 陆露，唐贤清. 同源异境视野下汉语方言比较研究的新探索 [J]. 南京师大学报（社会科学版），2022（2）：141.
③ 孙宏开，胡增益，黄行. 中国的语言 [M]. 北京：商务印书馆，2007：12.

考与中国语同系诸语言，如：西藏、缅甸语之类，则其推测之途径及证据，更为完备。"①

李方桂 1939 年 12 月 29 日为国立北京大学文科研究所做的《藏汉系语言研究法》报告中也曾说："但是我也不希望，比方说，专研究汉语的可以一点不知道别的藏汉系语言。印欧的语言学者曾专门一系，但是也没有不通别系的。就拿汉语来说，其中有多少问题是需要别的语言帮助的。单就借字一个问题在研究汉语的历史看来，就没有人系统地做过……只有别的语言借汉字而没有汉语借别的语言的字。原因是近来研究汉语的人根本不知道别的语言，而别的语言如南方的苗瑶台等对于汉语不能没影响，北方的蒙古等语也不能没影响。只是我们对于这些语言没有做过科学的研究，而研究汉语的人更无从取材了。"②

我国是一个统一的多民族国家，民族融合程度高，语言接触频繁。汉语与民族语言在长期的接触中，互相借鉴和吸收了对方很多语言成分，特别是古汉语中的一些语法成分和特点至今仍保留在许多民族语言历史文献中。我们通过参照民族语言，可以为汉语历史语法研究提供有力的证据和更加合理的解释。例如，戴庆厦 2008 年指出，古汉语中出现过的"田十田""牛十牛"等反响型量词，在现代的哈尼语、载瓦语里还大量存在。古汉语曾经有过的使动范畴的形态变化这一语法形式，在藏缅语许多语言（如景颇语、载瓦语、独龙语等）中仍然使用。汉语与其亲属语言之间的关系，使得民族语言能为汉语的历史研究提供大量的、有价值的线索和旁证，也能为构拟原始汉藏语和揭示汉藏语历史演变规律提供证据。③

除境内民族语言外，我国与周边国家还分布有 50 余种跨境民族语言，约占我国语言总数的 40％，④ 如哈尼语、拉祜语、傈僳语、毕苏语、彝语、阿侬语、怒苏语、阿昌语、载瓦语、勒期语、浪速语、独龙语、景颇语、

① 沈兼士．右文说在训诂学上之沿革及其推阐［M］//沈兼士学术论文集．北京：中华书局，1986：183.
② 李方桂．藏汉系语言研究法［M］//汉藏语学报（第 7 期）．北京：商务印书馆，2013：9-10.
③ 戴庆厦．古汉语研究与少数民族语言［J］．古汉语研究，2008（4）：3.
④ 黄行．我国与周边国家跨境语言的语言规划研究［J］．语言文字应用，2014（2）：10.

藏语、傣语、壮语、仡佬语、拉基语、佤语、苗语、瑶语、巴哼语、布朗语、德昂语、克木语、越南语（京语）、宽话、布辛话等。从跨境民族语言的对比研究中，我们能够获取有关语言演变的新规律，① 从而有助于深化我们对汉语历史语法演变规律的认识。

（三）汉语历史语法研究与境外语言

汉语历史语法研究除了要具有汉语方言学、民族语言学视角，还应该关注境外其他语言的相关语法现象。通过观察境外其他语言的相关语法现象，不仅可以帮助我们更好地认识单一语言内部的某一语法现象，还可以帮助我们对这些语法现象做出更加合理的解释。吴福祥 2003 年也指出，人类语言之所以会存在大量的普遍语法特征，原因在于这些语言具有某些相同的语法演变模式，而语法演变模式的类同本质上是因为具有相似的语法演变机制和认知语用动因。因此在考察某个特定语言的语法演变时，如果能够将单个语言的语法演变放到人类语言演变的背景下来考察，我们对它的演变模式、机制和动因就会有更本质的把握和更深入的解释。②

例如汉语史中陈述句句末"也"有静态和动态两种用法，汉语学界对这两种用法的关系有两种说法：一是"记音说"，认为后者是"矣"或其他语气词的记音；一是"扩展说"，认为后者是前者的功能扩展。陈前瑞 2008 年在前人研究的基础上，参考体貌类型学的相关研究，发现境外其他语言中的体貌标记存在"类助动词＞结果体＞先时体或完成体＞过去时或完整体"的语法化路径。比如英语中类似于结果体的意义是由"be＋ed"构成，如"He is gone."，表示状态还存在（他此刻不在这里），"have＋ed"构成的完成体则是从"be＋ed"构成的结果体发展而来的。而汉语史中陈述句句末"也"的典型用法为判断用法，与英语"be"的词源意义非常接近。陈文认为汉语史句末静态"也"也表示状态，属于广义的结果体，是由判断用法发展而来；而动态"也"大部分用法属于完成体，则是静态"也"进一

---

① 戴庆厦，乔翔，邓凤民. 论跨境语言研究的理论与方法 [J]. 云南师范大学学报（哲学社会科学版），2009（3）：25.

② 吴福祥. 汉语伴随介词语法化的类型学研究——兼论 SVO 型语言中伴随介词的两种演化模式 [J]. 中国语文，2003（1）：55.

步语法化的结果。汉语史句末"也"的语法化路径正好符合上述的语法化链，这充分阐释了句末"也"由静态功能向动态功能扩展的路径。①

汉语历史语法与现代汉语共同语的比较研究，属于典型的古今演变的范畴，这里不再阐述。

二、"普方古民外"立体研究法的价值

（一）发展了历史比较语言学理论，形成了具有中国特色的理论视角

打破时空限制，将不同时期、不同地域的汉语语法现象勾连起来，以古鉴今，以今证古，实现时空互证的立体研究，是汉语历史语法研究在方法论上的突破，能使汉语历史语法的某些特殊现象得到更加合理的解释。事实上，以黎锦熙、王力、吕叔湘、蒋礼鸿、朱德熙、邢福义等为代表的老一辈语言学家早已意识到，研究汉语应当打破时空限制，实现纵横比较。江蓝生、邵敬敏、曹广顺、贝罗贝、张谊生、汪维辉、吴福祥、杨永龙等也指出，加强语言学内部纵横两方面的沟通，采用纵横结合的方法来研究汉语词汇、语法是一条可行的途径，前景广阔。

邢福义1990年提出了"普方古"大三角理论，此理论将普通话视为基角，方言和古代汉语对"普"角起着外证的作用，即"以方证普""以古证今"，形成现代汉语语法的立体研究思路。② 三十余年来，学界又引进了诸多的国外语法理论来研究汉语语法，并取得了丰硕的成果。总体来看，利用历史文献材料来为现代汉语共同语、汉语方言和民族语言研究服务的成果较为常见，而利用现代汉语共同语、汉语方言、民族语言和境外语言来为汉语历史语法研究服务的成果则相对较少。我们立足于汉语历史语法研究，提炼出了服务于汉语历史语法研究的"普方古民外"立体研究法。

"普方古民外"立体研究法是对老一辈语言学家所提出的"时空结合"理念的继承、深化与发展，尝试为汉语历史语法研究提供新思路，形成具有自身特色和优势的学术话语体系。它是以汉语语法结构的历史演变为基

① 陈前瑞. 句末"也"体貌用法的演变［J］. 中国语文，2008（1）：28-36.
② 邢福义. 现代汉语语法研究的两个"三角"［J］. 云梦学刊，2009（1）：81-84.

角，利用现代汉语共同语、汉语方言、民族语言以及境外语言的研究材料、理论方法来对汉语历史语法进行全方位的立体的研究。图示如下：

　　江蓝生 2018 年指出，考察语言演变的历史，包括考证一些语法成分的来源，不得不利用历史文献数据。但是历史文献资料往往有很大的局限性：它们多数是零星的、不连贯不完整的，有的甚至是被扭曲的。在这种情况下，要想溯源求本，就要从现代汉语方言中去找线索、找旁证，通过方言比较寻绎古今语言演变的轨迹。①

　　比如，吕叔湘 1941 年在《释〈景德传灯录〉中在、著二助词》一文中探讨近代汉语语助词"在里"的由来时，就借助了汉语方言材料进行佐证：②

　　　　在里一词由处所副词变而为纯语助词，方言中亦有事象可相比勘者。蜀语与北京语同属官话系统，迄今仍以在字为语尾助词，其音作 tsai 或作 tai，如云"睡到在"，"放到在"，"忙到在"；惟为用殊窄，仅限于与到（＝着）相连（B组之一部分），此外皆已用哩（l-或 n-），与北京之呢大体相符。

　　　　最足资为印证者为吴语。今以苏州语为例。……

　　同理，现代汉语共同语、民族语言以及境外语言的研究材料与理论方法也可为汉语历史语法研究提供参照与证据。现代汉语共同语、汉语方言、民族语言和境外语言对汉语历史语法研究的作用受语法结构的类别制约，

① 江蓝生 . 再论"们"的语源是"物"[J]. 中国语文，2018（3）：272.
② 吕叔湘 . 汉语语法论文集（增订本）[C]. 北京：商务印书馆，1984：62-63.

比如句法结构是比较普遍的语言现象，一般语言中都有主谓、动宾、定中、状中、并列结构，所以在探讨某一句法结构的历史演变时，现代汉语共同语、汉语方言、民族语言和境外语言均可以提供线索和证据，而在探讨量词的历史演变时，相比句法结构的演变能够参照的语言或方言要受限得多，因为量词主要分布在东亚、东南亚语言区域中，世界大多数语言量词不显赫，且该语言区域内部的语言、方言之间量词的显赫度也存在差异，如藏缅语的量词一般不显赫，而壮侗语族、苗瑶语族以及汉语南方方言的量词则比较显赫。① 世界语言量词的不均衡分布自然而然会制约各种语言、方言对量词历史演变研究的作用。

（二）倡导了跨方言跨语言的类型学研究范式

现在语言学界的倾向或者说新的标准是：哪怕是个别语言或方言的研究，也要考虑共性和类型，更进一步考虑对语言理论的贡献。这无疑提高了研究的难度，但同时也提升了研究的水准。以往汉语历史语法研究多是集中对汉语历史文献资料进行考察，很少将其置于历史类型学视角下进行探讨。如此就会产生两大弊端：一是只局限于汉语史内部寻绎某一语法现象的演变轨迹及动因，如果汉语历史文献资料不充足，就会造成论证不够，从而判断错误。二是无法确定哪些语法演变是汉语的特性，哪些是世界语言普遍出现的演变模式，不利于汉语历史语法研究的深入。吴福祥 2005 年指出，在汉语历史语法研究中借鉴历时类型学的理论、方法，不仅可以帮助我们判定哪种演变方式更为可能，还可以帮我们检验我们对语法演变的解释是否合理。比如上古汉语的"及、与"，中古汉语的"将、共"，近代汉语的"和、跟、同"，吴语的"搭、帮"，闽语的"合"等，在汉语的不同历史阶段以及汉语不同的方言里，都出现了同一个语素既可以用作伴随介词又可以用作并列连词的现象。以往学界对于伴随介词和并列连词之间的演变方向有两种对立的观点，即"伴随介词＞并列连词"和"并列连词＞伴随介词"。如何判定哪种观点更加科学有据，不仅要把着眼点放在汉语历史文献上，还应该开阔视野，吸取类型学形态句法的研究成果。已有

---

① 刘丹青 . 语言库藏类型学构想［J］. 当代语言学，2011（4）：289-303.

成果表明"伴随介词＞并列连词"是 SVO 语言中一种普遍常见的演变模式，而"并列连词＞伴随介词"的演变模式在迄今已知的人类语言形态句法演变中却未被证实。因此，我们可以确定汉语中伴随介词和并列连词之间的演变方向应该是"伴随介词＞并列连词"，而非相反。如此可见，类型学的方法和成果对汉语历史语法的研究是十分必要的。①

（三）丰富了历时类型学研究

"普方古民外"立体研究法的引入，突破了汉语史的框架束缚，将汉语语法现象的演变置于世界语言普遍语法演变模式的范围内考察，不仅有助于我们拓宽研究视角，加深对世界语言普遍语法演变模式的认知，还可以帮助我们更加深入地探讨汉语语法现象演变的轨迹，进而区分哪些语法演变是汉语的特性，哪些是世界语言普遍出现的语法演变模式，同时也能够为历时类型学研究提供汉语历史语法研究的实证。完成体到最近将来时这一语义演变路径是类型学上极为罕见的语法现象，在波斯语、新阿拉米语（Neo-Aramaic）、印度尼西亚中部苏拉威西岛的语言 Pendau 等极少数语言中发现有此类语义演变模式。而陈前瑞 2012 年参照类型学的演变模式，考察汉语历史文献和汉语方言材料后发现，从完成体向最近将来时方向的演变，是汉语通用语和汉语方言时体演变的常见现象，如现代汉语的句尾"了"、近代汉语的"去"和"也"、吴语汤溪话"得"等。② 汉语通用语和汉语方言中的这种常见的时体演变模式，不仅可以为完成体到最近将来时这一类型学罕见形态句法现象提供佐证，验证其正确性，还能够将汉语通用语及其方言纳入类型学考察的语言样本中，从而在语言学研究领域增强我国科学研究的国际影响力。

三、"普方古民外"立体研究法的难点

（一）语料的收集与甄别难度大

"普方古民外"的立体研究需要大量的语料，但汉语方言和民族语言的

---

① 吴福祥. 汉语历史语法研究的目标［J］. 古汉语研究，2005（2）：2-14.

② 陈前瑞. 从完成体到最近将来时——类型学的罕见现象与汉语的常见现象［J］. 世界汉语教学，2012（2）：158-174.

语料并不丰富，有些语法现象没有材料，或者已有的材料不够精细，这都需要研究者亲自进行田野调查，要求研究者要有较强的语言调查能力。对境外语言材料的收集，则还要求研究者要有较高的外语水平。要解决这一难题，组建各有特长的研究团队势在必行。

除了材料少外，已有材料的查找也是一项艰苦的工作。目前，古汉语和现代汉语共同语都有了方便查找的语料库，但是方言和民族语言的语料库建设还相当薄弱，能利用计算机进行智能搜索的材料很少，大多要采用人工检索。在大量材料中对某一语法现象进行人工检索，有时如大海捞针，费时费力，且收效甚微。要解决这一难题，需要大力加强方言和民族语言语法的语料库建设。

（二）句法语义演变的识别和判定难度大

一个语言中特定的句法语义演变，既有可能是该语言本身内部因素作用的结果，也有可能是语言接触的产物。语言独立发生的句法语义演变和语言接触引发的句法语义演变在很多方面并无二致，因此在大多数情况下，面对一个特定的句法语义演变，我们常常并不容易判定它是语言接触引发的，还是该语言内部因素导致的。比如汉语方言虽与古汉语一脉相承，但方言分化的历史久远，相同的语法现象是方言对古汉语的继承，还是分化以后方言独立发展的结果，难以判定。同样，境内的民族语言，特别是汉藏语系语言，与汉语有着共同的原始祖语，历史上又有过长期而密切的接触，共同的语法现象是继承自共同的祖语，还是接触的影响造成的，也很难分辨。而且部分民族语言的系属并不明确，更加大了判定的难度，如果不是同一祖语，则还有可能是类型学上的相似性。例如，对于中古译经中"亦"的并列连词用法的来源，学界就有不同看法。许理和（1987）、龙国富（2005）、徐朝红（2012）将其归因于译经者的误用，蒋冀骋（1994）诠释为外来语的影响，张延成（2002）认为是汉语自身的演变，徐朝红、吴福祥（2015）则认为"亦"是类同副词变为并列连词，是一种比较典型的接触引发的语义演变。①

---

① 徐朝红，吴福祥．从类同副词到并列连词——中古译经中虚词"亦"的语义演变［J］．中国语文，2015（1）：38.

针对这一难点，我们除了要具有历时类型学视角，把汉语形态句法演变置于世界语言普遍语法演变模式范围内考察，还应该熟悉各语言之间的亲属关系，善用排除法，逐一判定。

（三）句法语义演变的共性与差异的解释难度大

语言研究的高层次追求是"解释的充分性"，如何对通过"普方古民外"的立体比较得出的句法语义演变的共性和差异进行充分的解释，尤为困难。例如，我们 2011 年指出汉语方言中保留了古汉语程度补语"煞"的五种用法，但是不同的汉语方言继承了不同的形式，探讨这种差异形成的原因，就非常困难。①

要提高这种解释能力，对研究者的理论素养提出了更高的要求。要求我们从事历史语法研究的学者，不仅要有扎实的历史语法功底，还要抛弃对各种理论流派的成见，兼擅接触语言学、比较语言学、语言类型学等学科理论。

历史语法研究的目标是揭示已有演变的规律、解释共时语言现象以及预测未来演变的方向。②"普方古民外"立体研究法的引入不仅有助于我们判断汉语历史语法中相关语法结构的演变方向，帮助我们更加合理地解释某一语法现象产生的根源，而且还可以拓宽我们的研究视角，让我们对世界其他语言的形态句法演变有更加深入的了解，同时也能够为语言类型学研究提供汉语历史语法研究的实证。

"普方古民外"立体研究法并非只局限于汉语历史语法，它为跨语言比较研究提供了一个新的思路，即多维比较、多角互证的时空立体观。多维比较是指语言研究的普方比较、古今比较、民汉比较、中外比较；多角互证是指语言研究的普方互证、古今互证、民汉互证、中外互证。通过多维比较、多角互证的语言研究，把现代汉语共同语、汉语方言、古代汉语、民族语言、境外语言结合起来，既有利于看清某一语言系统的真实面貌，也可以让一些语言现象得到更加科学、合理的解释。

---

① 唐贤清，陈丽．程度补语"煞"的历时来源及跨方言考察［J］．理论月刊，2011（2）：5-9.
② 吴福祥．汉语历史语法研究的目标［J］．古汉语研究，2005（2）：2-14.

　　"南方语言文化研究丛书"包括《跨语言副词比较研究》《跨语言语序类型研究》《湘方言持续体的语法化研究》《湘方言名量词研究》《湘方言重叠研究》《黔东苗语空间范畴认知研究》《湖南凤凰山江苗语形容词研究》《湘桂边苗族平话程度范畴研究》《湘桂边苗族平话名量词研究》《湘桂边苗族汉话体貌研究》等，后续还将有系列成果推出。本次有 10 册图书成功入选"十四五"时期国家重点出版物出版专项规划项目。这些成果均是团队成员多年潜心研究的学术结晶，突出了"普方古民外"研究范式的立体感，不敢说很成功，但是力图这样去做，是非功过，交由学界评说，如能抛砖引玉，引起各位同仁的注意，展开更深入的讨论，亦为丛书价值所在，即感欣慰。

　　"南方语言文化研究丛书"能够顺利面世，得力于湖南师范大学语言与文化研究院的鼎力资助，并获得了湖南师范大学出版社的大力支持，在此表示衷心感谢。

唐贤清

2022 年 10 月 9 日于岳麓山下

目　录

绪　论

第一节　湘桂边苗族汉话概述

▶▶ 一、湘桂边苗族汉话的性质及其定名

湖南与广西交界区域的绥宁、城步、龙胜、资源等县的青衣苗人说一种目前系属不明的汉语方言。其中龙胜县伟江乡、马堤乡、泗水乡，城步县五团镇、兰蓉乡、白毛坪乡，资源县车田乡、两水乡等地的苗族都自称其方言为"人话"；绥宁县关峡乡、城步县羊石乡等地的苗族则自称为"平话"；龙胜县平等乡太平村的苗族自称为"伶话"；城步汀坪乡苗族则自称为"团里话"。虽自称不一，但这些散落在不同县乡的青衣苗汉语方言极有可能是同源的。李蓝（2004）、胡萍（2018）、姜礼立（2019）、王巧明（2019）等认为应是同一方言的不同变体。

关于这种汉语方言的性质，我们基本同意李蓝（2004）的说法，认为其是湘桂边青衣苗人弃用苗语转用汉语且不断迁徙的结果，是一种少数民族汉语，可简称为"民汉语"。其语言的整体面貌已是汉语，但语言持有者不是汉族，语言的深层还保留着一些原语言的成分。从语言区域来看，这种"民汉语"处在湘桂边多种汉语方言的包围之中，语言接触频繁。长期以来与周边的老湘语、西南官话、赣语、入桂湘语等深度接触，还可能受到湘南土话的影响。李蓝（2004）综合考察城步青衣苗人话的语音系统、

社会属性及底层现象后指出，这种特殊的汉语既不能归入吴、闽、粤、客、赣、湘等传统的南方方言，也不能归入平话或湘南土话。

由于自称不一且系属未定，研究者们对该语言的定名也是各自表述，殊不统一。王辅世（1979）根据龙胜县平等乡太平村"伶族"的自称定名为"伶话"。李蓝（2004）根据城步县五团镇苗族的自称定名为"人话"。郭晓芹（2010）称龙胜苗族所操汉语方言为"苗话"。阳柳艳（2013）则根据龙胜县苗族的自称定名为"人话"。胡萍（2016）把绥宁县关峡苗族所说的语言根据其自称定名为"平话"；胡萍（2018）把分布在湘西南以青衣苗和部分瑶族为使用主体的语言定名为"苗瑶平话"。李云兵（2017）则称之为"青衣苗平话"。

单点方言或语言研究采用使用者的自称命名是学界常见做法，但本书对该语言的体貌调查涉及绥宁关峡、城步兰蓉、龙胜伟江、资源车田等四个县乡，并非单点。要统一称说各点苗族人所操的这种具有同源性质的汉语方言，借用某点自称的"平话"（如绥宁关峡）或"人话"（如龙胜伟江）显得代表性、概括性不够。且其中"平话"易与一般意义上的广西平话相混。"人话"之名虽是多个点的自称，但也显得十分奇怪，甚至容易引发语言歧视的误解。多个县乡的苗族人也自称其语言为"苗话"，用"苗话"虽覆盖性强，但易与"苗语"相混，不能揭示其作为汉语方言的语言身份。鉴于该语言的性质是湘桂边各县青衣苗人所转用的汉语方言无疑，为称说方便，本书将其合称为"湘桂边苗族汉话"。论及某单点方言时，亦使用苗族汉话，如关峡苗族汉话、伟江苗族汉话。

二、湘桂边苗族汉话的一致性特征及其分布

湘桂边苗族汉话虽系属尚不明确，但笔者与姜礼立、王巧明等学者共同调查的结果表明，各苗族汉话点在语音、词汇方面均存在不少一致性特征。

语音方面，古知组三等的一些常用字保留了舌头音的读法，读如端组，如"猪、长、虫、重、竹"读 [t，d] 等。奉母字"饭"的声母保留了重唇

音的读法，读［p］。流摄开口一、三等部分字今读［ao］和［iao］，如"头、走、狗、瘦、牛"等。咸、山、道、江摄白读音鼻音韵尾脱落，今读阴声韵，如"三、天、网、讲"等。曾摄开口一等和通摄一等的部分字今读［aŋ］，如"灯、凳、桶、送"等。声调多平调。各方言点一般有5～6个声调，其中平调在3个以上。

词汇方面，摄入固体、液体、气体均用动词"食"，如"食饭、食酒、食烟"等。第三人称代词均用"伊"。复数人称代词在单数人称代词后加词尾"哩"。表示站立的动词用"徛"，表示奔跑的动作用"走"，表示行走的动作用"行"，表示回去的动词用"归"，如"归去回去"。表时间的"月"多用双音节词"月日"，如"两条月日两个月"。名词"心"既指心脏又指肝脏。用共同的疑问词"遮"，如"遮个谁"。

据胡萍（2018）的统计，城步、绥宁、新宁、龙胜四县中，该语言的使用人口在83000人以上。另据姜礼立（2019）、王巧明（2019）对资源县两水乡和车田乡的调查，两个乡使用该方言的人口在2万左右。因此，这种"民汉语"的使用人口应该在10万左右。这一数据对方言保存来说看似比较乐观，但需要注意的是，这只是一个基于其覆盖区域人口数量的粗略估算，并没有考虑当地不少青少年和儿童已经不会说苗族汉话的代际衰减事实。苗族汉话并没有形成完全密集的聚居区，而是被分割成各自相对独立的小片。胡萍（2018）通过该区域两个村的苗族汉话使用状况调查表明，其发展趋势很不乐观，青少年将其作为母语的使用域不断缩小，代际传承存在危机，属于"不安全"等级。不少地方的儿童在家庭中已经不再使用苗族汉话，而使用"客话"（县城话）或普通话，苗族汉话多由其父辈、祖父辈使用。基于翔实的调查和定量分析，胡萍（2018：267）明确指出，这种特殊汉语方言的使用功能正处在一个动态的衰退过程中，由稳定使用状态向不稳定乃至危险的方向发展，"完全可以归入到濒危方言之列，其发展趋势不容乐观，记录、整理、研究苗瑶平话应该是一项刻不容缓的重要工作"。

第二节 体貌及相关研究概述

▶▶ 一、国外体貌理论研究概述

（一）体系统的相关研究

据 Binnick（1991），体（aspect）作为一个术语在英语文献中首次出现是在 1835 年，是由斯拉夫语的语法术语引进到西欧语法中来的。Comrie（1976）是把体作为普通语言学问题进行专门研究的第一部著作，影响深远。该书对体的定义、时与体的区分、体系统的构建等重要问题作了十分精辟的论述。该书的两大重要贡献在于：第一，提出了影响深远的体的经典定义，即：体是对情状内在时间构成所持的不同的观察方式。第二，首次构建了体的经典体系。即将体首先区分为完整体（perfective）和未完整体（imperfective）；再将未完整体区分为惯常体（habitual）和持续体（continuous）；持续体再区分为进行体（progressive）和非进行体（nonprogressive）。Comrie（1976）的经典体系实际上只关注由语法手段标记的体现象，不包括动词的情状类型。

Smith（1991）在 Comrie（1976）等研究的基础之上提出体貌的"双部理论"。所谓"双部理论"，即明确把体区分为两个部分：第一部分是动词本身的情状类型，即情状体（situation aspect）。Smith 把动词区分为状态、活动、结束、一次性情状、达成等 5 种情状类型。第二部分是语法手段标记的事件情状类型，即视点体（viewpoint aspect），如完整体、未完整体、中性体等。因此，Smith 的最大贡献在于把体区分为两个层次，特别是把动词情状类型的研究纳入体貌研究视野影响较大，对汉语体貌研究也产生了直接影响，如 He（1992）、Yang（1995）、Chang（1998）、Kang（1999）等。陈前瑞（2008）《汉语体貌研究的类型学视野》将汉语体貌区分为四个层级，其中一个层级即是动词的"情状体"，显然也受其影响。

随着体貌研究的深入，体的外延在扩大，对体的认识也趋于精细。

Binick（1991）提出体的研究应该区分三个容易混淆的概念：体（aspect）、动作方式（aktionsart）、情状类型（situation type）。其中动作方式表现的是情状的不同阶段，如开始、持续、停止、结束等。这一概念的提出具有普遍价值，使得阶段体的概念呼之欲出。Michaelis（1998）则对 Smith（1991）的体系统进行了丰富和改造，正式区分出体的三个子系统：视点体、情状体、阶段体。这一系统与 Binick（1991）的基本精神是一致的。陈前瑞（2008）将其称之为体的"三部"理论，该书将"阶段体"视为汉语体貌的四个层级之一，也受其启发与影响。

荷兰著名功能语言学家 Dik（1997）将体貌分为五类：事态类型、完整体与未完整体、阶段体、动量体、透视体。其中事态类型与动词情状类型大同小异。动量体用来区分事态发生的量，如一次性发生还是反复发生。透视体用来区分事态发生与外在参照时点的关系，如将来发生、即将发生、刚刚发生、之前发生等。他把量的因素与时的因素都渗透进体貌之中，是目前为止最为复杂的体貌系统。

（二）类型学与功能主义视角的体貌研究

类型学视角下的体貌研究方面，影响较大的成果主要有 Dahi（1985，2000）、Bybee，Perkins ﹠ Pagliuca（1994）、Bhat（1999）等。Dahi（1985）认为时体是原型范畴，不主张严格区分时和体。在调查 64 种语言的时体范畴的基础上，他对完整体作出了更精确而具有类型学意义的描述。Bybee，Perkins ﹠ Pagliuca（1994）在考察了 76 种不同语言时体标记的基础上，构建了一条具有普遍语言共性的时体标记的语法化路径，即：完结体＞新完成体＞老完成体＞完整体＞过去时。他们通过跨语言的考察还发现，"是、有"类助动词、结束义动词、位移方向义动词是完结体、结果体标记的主要词汇来源。虽然这些跨语言研究尚未充分关注到汉语等东方语言，但其研究结论无疑是极具类型学价值的。汉语"了"从表完结的动词到完整体标记实际上也印证了 Bybee 等人的构拟。Dahi（2000）的最大贡献在于从跨语言的角度把时、体、态的诸多表达形式提炼为数量有限的语法语素，并把这些语法语素依据语法化程度区分为核心语法语素和边缘语法语素两种类型。核心语法语素语法化程度较高，包括完整体、未完整体、将来时和过去时；边缘语法语素语法化程度较低，以迂回形式为主，包括完成体、进行体、反复体、习惯体等。两类语法语素之间存在着语法化上的关联。Bhat（1999）则通过跨语言的考察，发现时、体、态三个范畴是相互作用的，不同的语言在这三个范畴上可能有所偏重，并据此将人类语言分为三种类型：时突出语言、体突出语言、态突出语言。这一区分让人耳目一新，特别是时突出语言和体突出语言的区分具有较为普遍的类型学价值。

功能主义视角下的体貌研究方面，影响较大的是 Hopper。Hopper（1979）在跨语言考察的基础上得出一个结论：典型的完整体用于报道前景事件，典型的未完整体用于提供背景信息。Hopper（1982）从功能主义的视角出发，认为体不应当是一个语义层面的概念，而是一个话语–语用概念，体的现象本质上是话语层面的现象，而非句子层面的现象。对体的研究，更为有效的研究方向是研究体的功能类型。这种思想显然有些激进，但对汉语这种体标记不具有高度强制性的语言来说，话语或语用因素与体的结合研究显然是有价值的。正如陈前瑞（2005）所言，"功能主义体貌研究的贡献在于把话语因素引入体貌研究"。Li，Thompson 等（1982）对汉语句尾"了"的考察就受其影响，并发现句尾"了"的话语理据主要是表现"现时相关性"，与其他语言的完成体在功能上有一定的重叠。陈前瑞（2008）的体系统将句尾"了"、词尾"过"归入完成体，也主要考虑到这些标记的"现时相关性"。

二、汉语体貌研究概述

（一）汉语共同语体貌研究

汉语体貌问题的相关研究，若自黎锦熙（1924）《新著国语文法》算起，已有百年历史。我们将其分为初创期（1924—1979）、拓展深化期（1980—2000）、新时期（2000—　）三个阶段进行简单回顾和分析，中间的沉寂、停滞阶段略过不表。

初创期体貌研究的代表性人物主要包括黎锦熙、王力、吕叔湘、高名凯、赵元任等著名语言学家。这一阶段主要是初创汉语体貌框架，关注各类虚化、半虚化的体貌标记所表达的语法意义，另涉及时体关系及汉语有无时范畴的探讨。各家所使用的术语及归纳的名目虽有不同，但核心内容和看待体貌的精神实质是基本一致的。黎锦熙（1924）认为，"后附的助动词"（如"了""着""起来"等）可视为"表动作完成或进行之动词词尾"。王力（1943）最早提出汉语有"情貌"（体）而无"时"。王氏归纳的情貌类型有普通貌、进行貌、完成貌、近过去貌、开始貌、继续貌和短时貌等 7 种，在早期研究中最具合理性和概括力，为后来很多学者所接受。吕叔湘（1942）对汉语"动相"（体）的表达方式作了较为详细的描写，认为"动相"就是"动作过程的各个阶段"，突出了动作阶段在体貌中的地位。但吕氏归纳的"十二相"稍显庞杂，有的可以合并。高名凯（1948）的体貌研究也颇具建树，他不仅强调了时与体的区别，而且明确指出"汉语没有表时间的语法形式"。高氏还把"着、住、得、到、中"等补语性标记称为"结果体"，并指出"结果体"与词尾"了"表示的"完成体"是一类，实际上较早看到了体标记与结果补语之间的联系。赵元任（1968）的归纳与王力大体一致，但多了一个"不定过去态"（即经历体"过"），更为完备。

20 世纪 80 年代，体貌研究经过一段时间的沉寂之后进入拓展深化期，这一阶段虽然时间不长，但无论是汉语体貌系统还是体貌标记的个案研究，都体现出研究视野的拓展与研究内容的深化，理论性和系统性显著增强。这一时期体貌研究的代表性人物有刘勋宁、陈平、龚千炎、郭锐、戴耀晶、左思民、李铁根等。

刘勋宁（1988）及后续相关研究从共时、历时、方言等角度重新审视"了"的语法意义，不但揭示了词尾"了"的"实现"意义，而且对传统的"了₁"与"了₂"的划分提出疑问，倡导根据词尾与句尾的位置来对"了"进行意义与功能的研究，把"了"的研究往前推进了一大步。陈平（1988）《现代汉语时间系统的三元结构》从系统观点出发，把汉语的体问题、时问题与西方情状理论结合起来，将现代汉语时间结构区分为时相、时制、时态，重点分析了时相（即情状类型）与汉语动词次类之间的关系，颇多新见，引起了学界的重视。龚千炎（1995）的《汉语的时相时制时态》是第一部全面论述汉语时间结构并对汉语时体进行综合考察的专著。书中对汉语发达、严密的时态结构的论述颇为细致，建立起了一个精细的汉语"时态链"，即：将行—即行—起始—持续—继续—完成—近经历—经历。当然，这一链条中实际上有时和体的掺杂。郭锐（1993）《汉语动词的过程结构》一文另辟蹊径，结合汉语实际提出了一套不同于西方情状类型的对汉语动词内在过程结构的分类方法，让人耳目一新。郭锐（1997）《过程与非过程——汉语谓词性成分的两种外在事件类型》可看作前者的姊妹篇，一内一外，互为呼应，揭示了动词内部时间过程和外部时间过程之间的密切关系。

戴耀晶（1997）《现代汉语时体系统研究》代表了拓展深化期汉语体貌研究的水平，是第一部借鉴西方体貌理论结合汉语实际系统研究汉语体貌问题的专著。该书将体定义为"体是观察时间进程中的事件构成的方式"，并明确指出体意义的承载单位是整个句子，而不是动词，显然是更符合汉语实际的观察。此外，全书运用语义特征分析法分析汉语动词和各类体的特征也显得平和实在且有说服力。左思民（1997）提出实施性体的新概念，即展现以言行事行为自身处于实施性状态，这种状态下不能使用体标记。如"我保证下次不犯了"中"保证"展现以言行事行为，不能使用任何体标记。实施性体的提出具有一定理论意义。李铁根（1997）《"了""着""过"与汉语时制的表达》肯定了汉语"时"作为语法表现形式的存在，并对三个主要时标记的表时功能及其使用情况作了全面考察，认为"了""着""过"都是既能表时又能表体的语法标记。

这一阶段，还有王还、黎天睦、王松茂、房玉清、木村英树、宋玉柱、王士元、李临定、刘月华、刘宁生、陆俭明、孔令达、赵世开、沈家煊、张济卿、张黎、吴福祥、金立鑫、卢英顺等学者对汉语时体系统、体标记个案、体标记比较等进行了卓有成效的研究。海外则有梅祖麟、邓守信、戴浩一、陈重瑜、屈承熹、石毓智、李讷等学者讨论汉语时体标记的特征、用法及来源，另有 Chan（1980）、He（1992）、Yang（1995）、Chang（1998）、Kang（1999）等集中考察汉语体貌标记或情状类型，多为海外学者所指导的博士学位论文。

新世纪以来，汉语体貌研究在上一阶段基础上视野更趋宏阔，对汉语语言事实的把握则更为精准、深入，呈现以类型学和语法化为主导的新气象。这一阶段的代表性学者有陈前瑞、吴福祥、杨永龙、金立鑫、李明晶、尚新、于秀金、范晓蕾、孙英杰等。

陈前瑞是新时期汉语体貌研究的集大成者。到目前为止，陈前瑞已出版汉语体貌研究著作 3 部：《汉语体貌研究的类型学视野》（2008）、《语法化与汉语时体研究》（2017）、《汉语体标记语法化的类型》（2021）。《汉语体貌研究的类型学视野》是在作者博士论文基础上扩展形成的专著，该书把汉语多样的体貌形式纳入世界语言共性和类型学视野之中，为汉语建立起一个由情状体、阶段体、边缘视点体、核心视点体组成的四层级体貌系统，并对汉语中的短时体、反复体、完结体与结果体、进行体与未完整体、内部视点体及"来着"、双"了"句等一系列体貌现象进行了类型学视角的深入研究，"是目前国内讨论体貌问题最全面系统的一部著作。"（转引自郭锐对《汉语体貌研究的类型学视野》的评审意见）该书扩大了汉语体貌研究的视野，将汉语体貌研究往前推进了一大步。《语法化与汉语时体研究》及《汉语体标记语法化的类型》两部著作则注重在类型学视野下考察汉语时体标记的语法化路径和演化模式，深化了对汉语时体标记语法化的一致性与多样性的认识，代表了本阶段从语法化角度研究汉语体貌的水平。

吴福祥的系列研究注重从历史语法和类型学角度考察汉语体标记的来源、演化及其作为语法范畴的特征。吴福祥（1998，2004）分别考察了完成体标记"了"和持续体标记"着"的来源；吴福祥（2005）则从语法化和类型学角度解释了体标记"了、着"不能强制性使用是因为汉语完成体和进行体都不是强制性范畴，且语法化程度较低，并认为"了、着"等标记的性质是附着词。杨永龙（2001）则专门、深入地考察了《朱子语类》的完成体。他采用从意义到形式的思路，把动作完毕、变化完成、状态实现等均视为完成体意义，全面、细致考察了《朱子语类》表完成的助词、副词、语气词、完结义动词、趋向动词等，并把动词前、动词后及句尾标记联系起来。

金立鑫的系列研究体现出体貌研究思路和方法的革新。金立鑫（2002，2003，2004）采用"最小对立对"方法，确定词尾"了"和句尾"了"的时体意义，对"了"的语法意义刻画更为细致、深入。金立鑫（2008，2009）则通过跨语言考察，分别提出了两个关于体的分类主张。一个是宏观的三层级时体系统：动词行为类型、情状类型、体类型。另一个主张是将体区分为"事件进程体"和"事件界限体"。前者倾向表达"事件在客观时间进程中的状态"，基本对立是"完成体"和"非完成体"；后者倾向表达"事件行为的内在界限"，基本对立是"完整体"和"非完整体"。

孙英杰（2007）《现代汉语体系统研究》从体貌组合性出发，提出"时—体代数"，并建立了一个三分式的汉语体貌系统，即：动词词汇体、述谓体和语法体，其研究思路上具有一定特色。但该体貌系统并没有列出具体的现代汉语体标记，与其说是汉语体系统，不如说更像一个抽象的普通语言学体貌模式。李明晶（2013）的《现代汉语体貌系统的二元分析：动貌和视点体》对汉语体貌系统采用了一种全新的分类方式，即认为现代汉语体貌是一个由动貌和视点体两个分系统组成的层级系统，标记类型上则应区分"动貌标记"和"体标记"。李氏进而将汉语动词分为状态动词、活动动词、结果事件动词、完成事件动词、无体貌动词；将动貌标记分为状态类、阶段类、动量类、结果类；将视点体分为界限体、界内体和界后体，每一类体标记又分典型成员和非典型成员。层次清晰且颇有新意，也切实解决了体貌层级上的一些模糊认识。

尚新（2004a，2004b，2006，2007）侧重从英汉对比和类型学角度揭示、凸显汉语时体的共性和个性，其特色是运用突显理论及其判定动词性语法范畴的标准（语法化程度、系统性、强制性和遍布性）论证汉语是体突显语言，并证明汉语不存在系统的时制语法范畴，从而确立英汉两种语言在动词性范畴方面的类型学差异。在体系统的构建方面，则强调在汉语中设立中性体的必要性。于秀金（2013，2016，2017a，2017b）侧重从跨语言及库藏类型学视角考察汉语时—体—情态范畴，并用"了、着、过"等标记的同形异质性证明，汉语是现实/非现实、已然/未然显赫，而时—体—情态均不显赫的语言类型。与尚新的研究形成鲜明的对照。这也从一个侧面说明体貌问题的复杂性，不同的研究视角和旨趣，可能会得出很不一致的研究结论。

范晓蕾则以对"了"的集中研究引人注目。她于 2021 年出版专著《普通话"了₁""了₂"的语法异质性》。该书通过充分、细致地观察语言事实，证明普通话时体词"了₁""了₂"共时上存在梯度异质性，推进了对"了"的研究。近年来，其系列论文如《谓语的整体属性对"了₁"分布的制约效果》（2020）、《宾语和动词对"了₁"的制约效果》（2020）、《浅析单双"了"句的语义对立——兼谈"了₂"时体功能的划分》（2020）、《论"了₂"的时体助词与动相补语之分》（2021）等均以细腻的观察、开阔的视野深化了体标记"了"的研究。

新时期以来，还有李宇明、竟成、崔希亮、左思民、杨素英、木村英树、史有为、郭锐、马庆株、陈立民、王灿龙、刘勋宁、王继红、彭利贞、林新年等学者发表了涉及汉语体貌研究的论著，限于篇幅不能一一介绍。海外的汉语体貌研究则以 Xiao & McEnery（2004）的"两部式"（事态体/视点体）汉语体貌系统最具代表性。

此外，在汉语体貌研究学术史上，还有一个具有重要意义的事件必须提及，那就是 2002 年 2 月上海外国语大学举办了"汉语时体系统国际研讨会"，并出版了论文集（竟成，2004）。其中对汉语体标记"了"的集中研讨很有分量，另有多篇论文讨论了汉语的时体系统或时间原理，颇多创见。但遗憾的是，这一以汉语时体研究为主题的国际会议并没有持续举办下去。

（二）汉语方言体貌研究

方言体貌研究是伴随着方言语法研究的兴起而兴起的，也一直是方言语法研究中的热点之一。从体貌研究的成果数量来看，方言体貌研究的数量甚至超过共同语体貌研究的数量。正如卢小群（2014）所言，方言体貌系统往往有自己独特的表达方式，"其中蕴藏着许多可以挖掘的问题，研究方言体貌系统可以为汉语体貌问题研究带来新的材料，为汉语体范畴系统的建立提供方言学的真实文本"。方言体貌研究的历史还比较短，以张双庆（1996）《动词的体》和胡明扬（1996）《汉语方言体貌论文集》两部重要的方言体貌文集的出版为界限，可将其分为前后两个阶段。

1996 年以前，汉语方言体貌研究成果不多，主要集中在吴语、粤语、闽语等少数南方方言。代表性研究成果如：梅祖麟侧重从汉语史、音韵学角度探求方言体貌助词的语源，如《吴语情貌词"仔"的语源》（1980）、《汉语方言里虚词"著"字三种用法的来源》（1988）。汪平（1984）《苏州方言的"仔、哉、勒"》细致描写了苏州方言的几个重要的体标记，并将其与普通话相关标记进行了比较。施其生（1985）《闽、吴方言持续貌形式的共同特点》对两大方言持续体表达形式与普通话持续体进行比较研究，揭示了闽语、吴语持续体的共性并阐释了原因，是进行跨方言体貌比较研究的早期代表性论文。20 世纪 90 年代初，北方方言的时体问题开始有学者关注并发表成果，如邢向东（1991）《神木话表过去时的"来"》、王艾录（1992）《祁县方言动词结果体的内部曲折》、吕枕甲（1993）《运城方言两个表时间的助词》等。这一阶段研究上的共同特点是重视历史语源的探求，对标记的语法功能以描写为主，多与共同语相关标记比较以凸显差异。成果虽然不多，涉及的方言种类也比较有限，但无论是探讨的深度还是描写的细度，都给后来的研究诸多启发与借鉴。

1996 年是汉语方言体貌研究的标志性年份。《动词的体》《汉语方言体貌研究论文集》《湖南方言的动态助词》等三部重要的汉语方言体貌著作相继在这一年出版，标志着体貌问题成为当时汉语方言语法研究的聚焦点，也标志着汉语方言体貌研究进入一个新的时期。这三部著作的出版，涉及两个以方言体貌为主题的重要学术会议。1993 年，"中国东南方言语法研讨会"在上海召开，会议集中研讨我国东南部方言的体貌问题，会议的直接成果便是张双庆（1996）《动词的体》。李如龙、潘悟云、刘丹青、曹志耘、游汝杰、平田昌司、戴耀晶、施其生、陈泽平、伍云姬等学者在书中发表了涉及吴、闽、粤、赣、湘、徽、客家等多种汉语方言的体貌研究论文。这次会议及其论文集在体貌理论探讨、体貌事实描写、体貌研究范式等方面对此后汉语方言体貌研究产生了深远影响。1994 年，"汉语方言语法比较研究研讨会"在北京语言学院召开，会议主题同样聚焦于方言体貌问题，胡明扬、郑定欧、郑张尚芳、饶长溶、刘丹青、彭小川、汪国胜、陈建民、萧国政、陈满华等在会上发表了描写各自母语方言体貌标记或体貌系统的研究论文，会议论文后结集为《汉语方言体貌研究论文集》。该次会议对体貌理论的自觉探讨，对西南官话及南方诸方言体貌事实的深入挖掘同样助益着后来者的研究。伍云姬（1996）《湖南方言的动态助词》则是第一部以省区方言体貌为研究对象的论文集。该书对湖南境内湘语、西南官话、赣语等诸方言近 20 个点的动态助词系统进行了调查描写，布点全面，语料丰富，为后来跨方言跨语言的体貌研究提供了最为全面的湖南方言体貌事实。

　　20 世纪末以来，随着汉语方言语法研究越来越受到重视，汉语方言体貌研究一直热度不减。首先表现为方言语法专著中体貌研究受到重视。新世纪以来，汉语方言语法研究专著大量涌现，据我们不完全统计，迄今以方言语法研究为题的专著在百本以上，涉及我国各大方言，其中大部分都对方言体貌系统有相当篇幅的研究。如李小凡（1998）《苏州方言语法研究》、彭兰玉（2005）《衡阳方言语法研究》等都单列专门章节详尽描述该方言的体貌表达形式。而更为大量的方言研究专书虽以语音、词汇为主，一般也在语法部分对动态助词或体助词有一定篇幅的描写。其次，一些方言体貌研究专著陆续出版。有代表性者如：伍云姬（1999/2006）《湘方言动态助词的系统及其演变》以湘语体标记为研究对象，全面描写湘语主要体标记的线性系统和网状系统，并从历时角度探讨部分体标记的语源和动态演变过程。其着眼于区域共性与个性，共时描写比较与动态演变考察相结合的研究思路给人以启发。罗自群（2006）《现代汉语方言持续标记的比较研究》广泛利用方言材料对汉语方言中持续体标记的类型和分布状况进行了较为深入的研究，绘制了若干幅持续标记类型分布的方言地图，并探讨了各类持续标记与中古"著"的关系。伍和忠（2018）《广西汉语方言体范畴调查与研究》对广西境内西南官话、平话、粤语、客家话等 4 种汉语方言的完成体、进行体、持续体、起始体、继续体、重行体等进行了全面调查和比较研究，描写细腻、语料丰富、持论稳健，是一本很有价值的区域性方言体貌比较研究专著。王桂亮（2021）通过综观概貌和微观透视，全面考察了各地汉语方言完成体标记的总体类型、形义匹配特征、共时地理分布和历时演变情况，在跨方言比较的基础上解释了不少与汉语方言完成体相关的语法问题。最后，以方言体貌为研究对象的期刊论文、学位论文大量涌现。据我们在中国知网的粗略统计，2000 年以来，涉及方言体貌研究的期刊论文有 200 余篇，以方言体貌为选题的硕士、博士学位论文 70 余篇，限于篇幅不能一一列举。

从研究范式来看，方言体貌研究仍以单点方言体貌描写和体标记小类、个案研究为主，但研究的理论与方法也在嬗变。从理论与方法来看，国外体貌理论的借鉴，语法化和类型学理论的引入是新世纪以来方言体貌研究的趋势。如吴福祥（2001，2002）《南方方言几个状态补语标记的来源》运用语法化理论和跨方言材料考察了南方方言多个体貌标记的来源和演化过程。杨永龙（2002，2005）对方言体助词"着""紧"的研究，鲁曼（2010a，2010b）、夏俐萍（2021）对湘语"咖""哒"的研究，都借鉴了语法化理论及跨语言、跨方言比较的类型学方法，显示出较强的解释力。林华勇的粤语体貌系列研究、陈山青的湖南汨罗方言体貌系列研究都是成功运用语法化理论探究方言体貌现象的代表。史有为（2005）《汉语方言"达成"情貌的类型学考察》、饶宏泉（2011）《汉语方言三种体的共用分布与特征互动》、陈郁芬（2011）《粤方言与闽、客方言进行体标记的类型异同》等则展现了类型学在方言体貌研究中的生命力。类型学视野下跨方言、跨语言的体貌比较研究应该大力提倡，这是我们深化对汉语体貌共性和个性的认知，也是构建真正符合汉语特点的体貌理论框架的必由之路。

体貌的接触、比较研究也是近十多年来值得注意的新动向。王致敬（2007）《论汉藏语同源持续体标记》针对西北方言中的 3 个"给"字，并与藏语持续体进行比较研究，论证"给₃"与藏语持续体标记具有同源性。钱乃荣（2011）《SOV 完成体句和 SVO 完成体句在吴语中的接触后果》，论证前者是上海话的完成体句土语形式，后者是外来形式的叠加。刘玲等（2021）《贵港客方言的修正重行与非修正重行》则呈现了一个因汉壮语接触而引发壮语重行范畴进一步分化且改用汉语语法形式的案例。这一类研究目前还不太多，是汉语方言体貌研究值得开掘并继续推进的方向之一。

▶ 三、苗语体貌研究概述

从我们所掌握的资料来看，随着民族语言研究越来越受到重视，近 20 年来苗语相关研究成果不少，但涉及苗语体貌研究的成果还不多。王辅世（1985）《苗语简志》记载了"ɬi⁴⁴""ʐaŋ⁵⁵""tɛ¹¹""ʑə¹¹"四个苗语情貌助词，大致对应于苗语的持续体、完成体、将完成体。20 世纪以来，苗语三大方言的体貌系统均有不同程度的描写与研究，主要如下：李云兵（2002）是较早系统描写苗语川黔滇方言体貌的论文。文中作者将石门坎苗语的体范畴和貌范畴分开论述，体范畴包括进行持续体、实现体、结果体、终结体和将完成体；貌范畴包括情状貌、速度貌、声音貌和达成貌。该文描写、分析了各类体貌的表达形式和句法结构，并认为苗语是"以貌为主，以体为辅"的语言。石德富（2003）将黔东苗语的体范畴分为完成体、非完成体和混合体三大类十种体进行描写，完成体之下包括已始体、已行体、持续体、经历体；非完成体之下包括进行体、将行体、先行体和一般体；混合体则包括完成进行体和即行体。余金枝（2010）认为湘西矮寨苗语的体可分为完整体和非完整体，并对将行体、进行体、完成体、经历体的表达形式进行了描写。

此外，李云兵（2017）对湖南城步、绥宁境内的濒危红苗支系语言"坝那语"的体貌进行了系统描写，并将坝那语与城步五团青衣苗平话的体系进行了比较，认为坝那语与青衣苗平话的体助词是各成体系的，看不出明显的借用痕迹。还有一些零星的关涉苗语体助词的描写，如曹翠云（1999）《苗语动词 tio^5 的虚实兼用现象》、李炳泽（2002）《黔东苗语为什么没有进行体助词》等。一些苗语专书中也散落有简单的体貌描写，如姬安龙（2012）《苗语台江话参考语法》中对黔东苗语动词台江话的体进行了简单描述。

四、湘桂边苗族汉话体貌研究

目前为止，关注并研究湘桂边苗族汉话的学者主要有王辅世、李蓝、胡萍、李云兵、唐贤清、贺福凌、姜礼立、王巧明、郭晓芹、阳柳艳等。研究内容整体上侧重于语音、词汇及其使用状况的社会语言学考察。姜礼立（2019）、王巧明（2019）开始转向语法的专题调查研究。总体来看，湘桂边苗族汉话的语法调查研究还处于起步阶段，有以下论著涉及其体貌研究。

李蓝（2004）《湖南城步青衣苗人话》对湖南城步县五团镇苗族汉话的语音、词汇、语法进行了较为细致的描写和研究，其中语法部分关于"呱"

"倒""起""哩""住"等虚词的研究涉及体貌。另有不少语法例句和酒歌、山歌、故事等长篇语料展现了五团点的体貌标记。

郭晓芹（2007）《龙胜伟江苗话研究》对龙胜县伟江乡布弄存的苗族汉话进行了音系、词汇、语法的调查研究。其中语法的助词部分简单描写了表进行兼持续的"哩"、表完成的"哇"、表持续和起始的"起"等3个体标记。阳柳艳（2013）对龙胜县马堤乡东升和里市两个村苗族汉话的语音、词汇和语法作了描写，其中也涉及若干体助词。

李云兵（2017）《论坝那语动词的体貌系统》在体貌比较部分展示了牛头苗族汉话将行体、起始体、进行体、持续体、继续体、完成体、结果体、经历体8类体标记及其用法，为本书开展湘桂边苗族汉话体貌比较研究提供了来自牛头的素材和参照系。

胡萍（2016）《湖南绥宁关峡苗族平话研究》对绥宁县关峡苗族平话的语音、词汇进行了详细的调查描写，语法的助词部分涉及部分体助词的描写，如表完成兼持续的"滴"、表完成兼经历的"呱"、表完成兼持续的"起"。胡萍（2018）《语言接触与湘西南苗瑶平话研究》列出了牛头、麻林、兰蓉、关峡四个点主要的持续体、进行体、完成体、已然体标记，如"起""哩""在""呱"等。

目前涉及湘桂边苗族汉话的成果主要集中在语音和词汇上，语法研究尚未引起学界足够的重视。语法方面，仅在两个专题上进行了深度调查和专题研究，即姜礼立（2019）的名量词研究和王巧明（2019）的程度范畴研究，发掘了一系列有价值的语言事实。姜礼立、唐贤清（2019）、姜礼立（2020a，2020b）等专题研究了苗族汉话中量词的屈折形态、量名结构的功能及语序类型等与量词相关的特色语言现象。唐贤清、王巧明（2019）、王巧明（2021）则对车田苗族汉话的多功能形式"是"进行了深入的专题研究，其中描写了"是"的进行体标记用法。

总体来看，目前苗族汉话体貌研究仅有零星描述散见于上述论著，体貌的深度调查、内部比较、外部比较、接触研究等尚未见专门研究成果。

第三节　本书的研究框架及研究内容

▶ **一、研究框架**

　　确定本书的研究框架，首先需要确定体貌系统的框架。张双庆（1996）《动词的体》一书提出了一个比较完整的方言体貌调查框架，对后来的方言体貌调查研究影响较大。在这个框架中，李如龙先生根据"中国东南部方言语法研讨会"与会学者集体讨论的意见明确了体和貌分开的思想，即把表示动作、事件在一定时间进程中的状态的范畴称为"体"；把与时间进程没有关系或关系较少的情貌称为"貌"。这一框架中的体包括：完成体、进行体、持续体、经历体、起始体、继续体、已然体；貌包括：短时貌、尝试貌、反复貌、随意貌。另立有"其他"，由各方言根据自身特色增补。实践证明，这一框架及其所设计的调查例句大体是适合汉语方言体貌研究的。伍和忠（2018）《广西汉语方言体范畴调查与研究》仍然基本沿用这一框架并采用其中的调查例句。陈前瑞（2008）《汉语体貌研究的类型学视野》则在类型学视野下，借鉴西方体貌理论，结合汉语实际建立起一个四层级的体貌系统。如表 0-1 所示：

表 0-1　陈前瑞（2008）的汉语体貌系统

核心 视点体	未完整体（内部视点体）			完整体（外部视点体）		
	词尾"着"			词尾"了"		
边缘 视点体	进行体（内部视点体）			完成体（外部视点体）		
	正、正在、在、呢，等			句尾"了"、词尾"过"、来着，等		
阶段体	起始体	延续体	完结体	结果体	短时体	反复体
	起来	下来 下去	补语性的 "完、好、过"	补语性的 "到、得、着"	动词重叠 （说说）	复叠 （说说笑笑）
情状体	状态情状		动作情状	结束情状	达成情状	
	知道、是		跑、玩	创造、建造	死、赢	

陈前瑞（2008）的汉语体貌系统在层次性上作出了优于前人的区分，我们将在这一系统的基础上适当缩小范围，并根据张双庆（1996）的体貌框架和湘桂边苗族汉话的实际体貌状况进行调整、取舍。我们吸收这一系统中视点体和阶段体的区分，并将湘桂边苗族汉话的视点体区分为内部视点体和外部视点体。内部视点体的参照时间在情状时间之内，且无限定终止点，主要包括进行体和持续体（大体相当于陈前瑞的未完整体）；外部视点体的参照时间在情状时间之外，一般有限定终止点，主要包括完整体、经历体和已然体（大体相当于句尾"了"）。根据湘桂边苗族汉话的实际情况，增加重行体和将实现体，并归入外部视点体。因为"重行"和"将实现"都是从外部观察情状，但没有限定终止点，可以看作一种非典型的外部视点体。在阶段体的设置上，我们将陈前瑞（2008）的"短时""反复"两个涉量阶段体归入貌，保留起始体、延续体、完结体和结果体。此外，鉴于汉语方言体貌研究一般不将动词情状立为一个专门层级的惯例，结合李如龙等（1996）提出的"体貌分开"思想，我们的调查研究框架不设情状体，且仍将短时、尝试、反复、随意归入貌。在体貌标记的界定上，我们采取较为宽泛的策略，既包括动态助词类虚化的体标记，也包括部分动相补语、结果补语性质的准体标记，还包括承载体貌意义的副词、处所结构及相关格式，但在具体分析时区分各类标记不同的语法性质及体貌地位。本书确定的体貌框架如表 0-2 所示：

表 0-2　湘桂边苗族汉话体貌框架

外部视点体	完整体、已然体、将实现体、经历体、重行体
内部视点体	进行体、持续体
阶段体	起始体、延续体、完结体、结果体
貌	短时貌、尝试貌、反复貌、随意貌

▶ 二、主要研究内容

本书在深度田野调查基础上，对湘桂边绥宁关峡、城步兰蓉、龙胜伟江、资源车田 4 个苗族汉话点的体貌表达形式进行全面、系统描写和内部、外部比较研究，并综合利用语法化、类型学、语言接触等理论对特色体貌现象进行专题探究。除绪论和结语外，本书主要研究内容包括以下四个方面：

（一）湘桂边苗族汉话完整体、已然体专题研究

完整体和已然体都属于外部视点体，且在大部分苗族汉话点，相当于词尾"了"的完整体和相当于句尾"了"的已然体采用同一标记。本书将对各个苗族汉话点这两类体标记所承载的体意义和用法进行细致描写，对其语法化程度进行考察，在内部比较的基础上将其与普通话、湘语、西南官话的同类标记进行外部比较，并对苗族汉话中部分完整体、已然体标记的来源进行探讨。

（二）湘桂边苗族汉话进行体、持续体专题研究

进行体和持续体都属于内部视点体，部分研究中进行与持续不分。我们根据调查结果，从标记形式出发，将动词前由时体副词或处所性标记成分所表示的进行意义称为"进行体"，将动词后虚化成分所表示的动态或静态持续意义称为"持续体"。对苗族汉话进行体和持续体标记及其用法进行调查描写和内部比较，并将其与周边方言进行体、持续体进行跨方言比较，揭示苗族汉话两类体标记的共性与个性。从历时演变和语言接触角度分析湘桂边苗话部分持续标记的来源，并探讨其演化模式的类型学价值。

（三）湘桂边苗族汉话其他体与若干貌的研究

根据湘桂边苗族汉话的实际情况，在一般阶段体只包括起始体、延续体的基础上，增加完结体和结果体。深度挖掘苗族汉话起始体表达形式的特殊现象及其类型学价值，探讨苗族汉话完结体与结果体语法化"双路径"的独特意义。从语言接触角度解释苗族汉话拥有将实现体和重行体不发达的原因。深入描写短时貌、尝试貌、反复貌、随意貌的表达形式，并对其中不见于周边方言和普通话的貌现象展开解释性研究。

（四）湘桂边苗族汉话与体貌相关的特色语言现象个案研究

在田野调查过程中，我们遇到了一些与体貌相关的特色语言现象，如关峡苗族汉话指示词三分对进行体表达形式的选择产生制约和影响，4个苗族汉话点的标记"起"均有超出一般汉语方言的强大而多样的语法功能等，本书将综合运用语法化、语言接触、语义地图等理论和方法对这些特色语言个案进行深度挖掘和专题探究。

第四节　本书的研究方法

▶ 一、田野调查法

本书是一项非母语方言的"民汉语"体貌调查研究。书中使用的语料除少数取自已有文献外，绝大部分语料是笔者多次田野调查所得。田野调查的主要范围包括：绥宁关峡、城步兰蓉、龙胜伟江、资源车田 4 个苗族汉话点；与苗族汉话有接触的湘西南老湘语（包括城步儒林话、绥宁长铺话）、入桂湘语（资源车田乡的新化话）、西南官话（桂林话）等。此外，在涉及苗族汉话与苗语比较的部分，还就部分语言事实调查了凤凰山江苗语、贵州黔东苗语等。

▶ 二、多维比较法

李如龙（2001）在《汉语方言的比较研究》一书中指出："开展汉语方言的全方位的比较研究不但是建立科学的汉语方言学的根本，也是建设汉语语言学理论的必由之路。"唐贤清等（2018）提出"普方古民外"立体研究法，倡导语法研究应从普方比较、古今比较、民汉比较、中外比较等多个维度展开。本书将在"普方古民外"多维视角下对湘桂边苗族汉话体貌标记及其用法进行比较研究，力求做到内部比较（各苗族汉话点之间）与外部比较（苗族汉话与其他汉语方言、普通话、苗语、外语之间）相结合。在部分可确定历时来源的体貌标记的研究上，则力求做到横向比较（共时）与纵向比较（历时）相结合。

▶ 三、新描写主义研究法

把语言事实描写清楚是本书的基础目标，而带有解释性的深度描写则是本书所努力追求的。胡建华（2018）认为，新描写主义是以理论为工具而进行的描写，是在跨语言比较视角下进行的描写，是注重微观细节刻画并力图以微观通宏观的描写。本书将在新描写主义研究取向的指引下，对湘桂边苗族汉话的体貌系统及相关标记的用法进行细致、深入的描写。描写不拘泥于特定的理论分析框架，力求在跨方言、跨语言比较视野下，将与体貌相关的显性或隐性的微观语言事实、现象进行细颗粒度的刻画和描写。在描写体貌现象的过程中，力求做到三个重视，即：重视单点体貌事实的全面、准确描写；重视特色体貌事实的深度分析、挖掘；重视体貌现象的内部、外部比较。目标是尽可能客观、细致、深入地刻画出湘桂边苗族汉话体貌标记系统的真实面貌，并发掘其类型学价值，以及其对于揭示南方"民汉语"语法特点的价值。

第五节　本书的研究意义

▶ 一、为体貌范畴研究提供来自苗族汉话的语言事实

正如陈前瑞（2008）所指出的那样："汉语体貌系统的类型比较要想取得预计的成果，将主要取决于在类型学的视野下，对汉语体貌事实的深入挖掘。"目前，我国汉语方言体貌研究取得了一定的成果，特别是汉语东南方言及湖南方言的体貌或动态助词都进行了有计划的、专题性的调查、描写。但自李蓝（2004）将青衣苗人话界定为"民汉语"以来，这种特殊方言形态的体貌，目前还缺乏系统、专题的调查研究。熊正辉先生在《湖南城步青衣苗人话》的序言中说："从使用的角度来说，汉语有三种情况。一是汉族说汉语，二是一些有母语的少数民族在一些公共场合也说汉语，三是有的少数民族放弃了本族语，转说汉语。汉语方言学界对第一种情况了解比较多，对第二、三两种情况了解得比较少，而这两种情况对研究汉语的历史和现状，对预测汉语的发展和演变，都是非常重要的。"我们的调查也证明，湘桂边苗族汉话的作为一种"民汉语"，其体貌标记系统虽整体上

已经汉化，但存在不少此前尚未提及的新的体貌事实，如指示词三分对进行体表达形式的影响、"起"的将实现体用法、"候"演化为尝试貌助词、完结体的语法化双路径等，都为汉语体貌的类型学研究提供了新的语言事实。

▶ 二、为观察"民汉语"语法特点打开一扇新窗口

李蓝（2004）认为，少数民族语言影响汉语经常通过放弃本族语，使用汉语又改造汉语的方式来进行，湘桂边苗族汉话正是这样一个活生生的例证。这种"民汉语"若从汉语的角度看，是"不纯粹不地道"的，因为它经历了原语言的抵抗、扭曲和改造。"民汉语"作为一种少数民族转用的汉语，语法上一定有其独特、复杂之处。这种独特性、复杂性会表现在哪些方面？形成的原因和机制又是什么？目前还缺乏充分的观察和探究。本书将从体貌角度提供一个观察"民汉语"特点的新窗口。本书的研究表明，湘桂边苗族汉话的体貌标记具有鲜明的多样性和混合性。体貌标记的多样性是"表"，混合性才是"里"。多样性的本质是混合性。甚至可以进一步说，从语法上来讲，混合是"少数民族接受汉语又改造汉语"最重要的路径。混合性也是"民汉语"主体特征不明朗而难以确定系属的重要原因。从本书所调查的体貌标记来看，其"混合"主要体现在以下三个层面：一是民族语底层与汉语的混合，二是共同语与不同方言成分的混合，三是不同历史层次的汉语成分的混合。这种混合性，也使得苗族汉话体貌标记及其系统既有湘语、西南官话，甚至部分湘南土话和赣语的影子，却又"自成一派"，归入哪一种汉语方言都显得不典型，也不合适。"民汉语"的一个重要价值就在于，它说明汉语的演变可以"通过少数民族接受汉语又改造汉语的方式来进行"（转引自熊正辉为李蓝《湖南城步青衣苗人话》所作的序言）。这方面的调查和研究才刚刚开始，但有可能为我们观察"民汉语"的特点带来帮助，也为语言接触理论和汉语语法演变研究带来新的实证。

▶ 三、推动汉语方言体貌的接触比较研究

目前的汉语方言体貌研究虽然成果不少，但仍以单点描写为主，缺少接触比较研究。本书对湘桂边苗族汉话体貌的调查研究，将贯彻内部比较

与外部比较相结合的多重比较范式。在内部比较方面，我们将对绥宁关峡、城步兰蓉、五团、龙胜伟江、马堤、资源车田等苗族汉话点的体貌系统及其标记进行比较研究，① 试图厘清散布于湘桂边各县的苗族汉话体貌标记的内部一致性和差异性。通过内部比较，有时可发现有趣的演变现象。比如，城步五团完整体和已然体共现模式为"V 呱 O 呱"，龙胜伟江为"V 哇 O 哇"，而处在两个点中间的马堤乡牛头村正好是"V 呱 O 哇"。结合语音演变规律和移民史，牛头点的中间状态可帮助我们推断："呱"是转用湘语体标记的结果，"哇"应是"呱"声母脱落所致，苗族汉话完整体和已然体标记共现模式的演变方向是：V 呱 O 呱＞V 呱 O 哇＞V 哇 O 哇。

在外部比较方面，我们将把湘桂边苗族汉话的体貌与该区域其他方言及苗语进行比较。这样既有利于揭示苗族汉话体貌的共性与个性，也有利于推断和说明某些体貌表达形式的来源。苗族汉话是一种既保留了苗语底层成分，且长期与老湘语、西南官话、赣语和湘南土话接触的汉语方言，广西境内的苗族汉话还可能受到广西其他汉语方言的影响。接触视域下的体貌比较研究有利于发现和解释苗族汉话体貌标记及其用法的来源。如调查表明，苗族汉话体标记"呱"与老湘语高度一致，各点均使用的"起"则是湘语、西南官话都高频使用的动相补语兼体标记，车田点的完成兼持续标记"嗮"则可能受到南宁白话的影响。

第六节　本书的调查布点、语料来源及相关说明

▶▶ 一、调查布点

关于湘桂边苗族汉话的调查布点，我们采用与王巧明（2019）、姜礼立（2019）基本一致的选点原则，即根据"地域差异"和"语音差异"两条原则确定调查点。王文和姜文根据两条原则确定了 5 个苗族汉话点，即湖南境

---

① 其中城步五团、龙胜马堤的体貌素材取自文献，另外 4 个点均为笔者调查所得。

内的绥宁关峡、城步兰蓉、城步五团，广西境内的龙胜伟江、资源车田。其中湖南城步设有兰蓉、五团两个点。我们在此基础上依据"一县一点"原则舍弃城步五团点，保留绥宁关峡、城步兰蓉、龙胜伟江、资源车田 4 个点。五团不设点主要基于两点考虑：一是李蓝（2004）的《湖南城步青衣苗人话》主要调查点的就是五团，五团的体貌标记在李著中有较为清晰的记录，基本可满足比较研究之需。二是五团点与伟江点在地域上比较接近，同属湘桂边苗族汉话的西片。

二、语料来源

本书所用语料少量取自研究文献（均注明出处），绝大部分为作者田野调查所得。主要的语料调查、采集工作分三个阶段进行：

第一阶段：2018 年 7 月至 8 月，对绥宁关峡、城步兰蓉、龙胜伟江、资源车田 4 个苗族汉话点的体貌进行了为期 50 余天的集中调查。

第二阶段：2021 年 4 月至 7 月，在第一阶段基础上补充、调整调查例句，对绥宁关峡、城步兰蓉、龙胜伟江、资源车田 4 个苗族汉话点的体貌进行了第二次集中调查，为期 70 余天。其中穿插了对凤凰山江苗语、绥宁长铺话、城步儒林话、桂林话、资源县新化话的体貌调查。

第三阶段：2021 年 9 月至 2022 年 3 月，先后通过视频、电话等方式，100 余次对各苗族汉话点发音合作人进行小型专题调查和语料核实。其中穿插了对凯里三棵树苗语体貌的视频专题调查。

在这三个阶段中，我们先后共计调查了 10 余个语言点 20 余位发音人。主要发音人信息如表 0-3 所示：

表 0-3　本书主要发音人信息一览表

调查点	发音人	性别	民族	出生年份	文化程度	职业
绥宁关峡	黄彩菊	女	苗	1964	高中	村干部
	苏新江	男	苗	1968	大专	教师
城步兰蓉	雷学品	男	苗	1972	大专	教师
	阳石群	男	苗	1962	小学	农民
龙胜伟江	石生武	男	苗	1948	中专	教师
	石生玖	男	苗	1946	小学	农民

（续表）

调查点	发音人	性别	民族	出生年份	文化程度	职业
资源车田	杨建国	男	苗	1947	中专	教师
	阳复仲	男	苗	1956	中专	教师
	刘华爱	男	汉	1955	大专	教师
城步儒林	肖敦煌	男	汉	1960	中专	教师
绥宁长铺	苏开妹	女	汉	1955	初中	工人
桂林象山	刘　斌	男	汉	1968	大专	民警
凯里三棵树	杨胜德	男	苗	1967	初中	农民
凤凰山江	吴秉承	男	苗	1988	研究生	教师

▶ 三、符号体例及标音的说明

根据语言学及汉语方言研究的一般规范，本书常用的符号如表 0-4 所示：

表 0-4　本书常用符号表

符号	所表示的意义	示例
*	该说法不成立	* 伊失哩个红帽哩。
?	该说法虽通，但接受度低	? 我崽考起大学哩。
/	或者，例句中表示可互换	唡/起/紧/嗍
( )	解释或可以省略	客话（桂林话）；话（起）下去
□	有音无字	□ni^{55}
X̲	白读音	苦̲
X̳	文读音	塞̳
X͌	本字不明，用同音字记录	麻͌归来
小字下标	方言词语或例句的普通话释义	伊行呱他走了

本书主要研究的是汉语方言语法现象，为了节省篇幅，例句一般不标音。只在涉及民族语言或无字可记的词语时才标音。本书标音时采用国际音标，调值在右上角用数字表示，轻声用数字 0 表示。标音时，苗族汉话采用笔者与姜礼立、王巧明合作调查所得的音系，见附录一。

第一章
湘桂边苗族汉话的完整体与已然体

　　汉语中分别由词尾"了"和句尾"了"承担的体意义长期以来存在不同说法。词尾"了"或相当于词尾"了"的标记所承载的体意义通常被称为"完成体"（perfect）；有人认为未必"完成"，应为"实现"，可称之为"实现体"，如刘勋宁（1988）；也有人称之为"现实体"，如戴耀晶（1997）；还有人则称之为"完整体"（perfective），如陈前瑞（2008）。句尾"了"或者相当于句尾"了"的标记所承载的体意义在方言研究中常被称为"已然体"，如张双庆（1996）；有人称之为"已然态"，如伍云姬（2006）；有人归入"完成体"，如陈前瑞（2008）；还也有不少学者未把句尾"了"纳入体范畴，如戴耀晶（1997）、伍和忠（2018）等。

　　随着体貌研究的深入，认为词尾"了"更接近完整体，而不是典型完成体，得到不少学者的认同，如陈前瑞（2008）、吴福祥（2013）、刘丹青（2017）等，本书从之。定名为完整体的理由我们将在下文描写湘桂边苗族汉话完整体之前再具体论及。兼有体和语气意义的句尾"了"，陈前瑞（2008）基于其主要表现的是"发生在参照时间以前并与参照时间具有相关性的事件"，而将其归入完成体，有其道理。但严格说来，句尾"了"及类似成分都兼有语气、情态意义，且对事件是否完成并不敏感，所以离完成体还有距离。另外，陈前瑞（2008）的完成体比较庞杂，除了句尾"了"，还包括词尾"过"、"来着"、复合趋向补语句中句尾的"来"、动词前非结句的"一"等。本章主要考察陈前瑞（2008）"完成体"中相当于句尾"了"的成分，相对单纯，所以姑且采用李如龙等先生在《动词的体》一书中为方言中类似句尾"了"的成分所定名的"已然体"。如此称说，不是

"定性"，只是一种名称的选择。

　　本书将类似词尾"了"的完整体和类似句尾"了"的已然体置于一章考察，主要有以下三点考虑：一是完整体和已然体都属于体范畴中的"外部视点体"，即参照时间在情状时间之外，与进行体、持续体等"内部视点体"形成对立。二是考虑到完整体与已然体的历时演化关系。完整体和已然体在普通话中采用同一标记"了"，不少学者认为词尾"了"和句尾"了"之间具有演化关系。大部分苗族汉话点也是完整体和已然体采用同一标记，即使不能断定演化关系，也说明这两类体标记之间具有非常紧密的联系。三是考虑到完整体与已然体的共时配合关系。在汉语方言中，完整体标记和已然体标记不仅可以同现，还可以连用。如湘语的"咖哒""咖哩""呱哩"，苗族汉话中的"咧呲"等等。因此，将完整体和已然体一起考察，既有学理上的依据，也考虑了操作的方便，有利于整体把握两类体标记的性质和意义。

第一节　湘桂边苗族汉话的完整体

　　Comrie（1976）认为，体是对情状内在时间构成所持的不同的观察方式，主要观察方式可区分为完整体（perfective）和未完整体（imperfective）两类。其中完整体从外部观察情状而不区分情状的内在结构，也不关注情状的阶段性。刘丹青（2017）认为，从理论上说，完整体和完成体的主要区别在于："对于完整体来说，只要一个行为或事件已经发生，就可以用这个体，不管行为或事件是否有结果，是否在延续；而对于完成体来说，通常要求达到有结果或结束的阶段，并且对说话时间或某个参照时间产生影响——即具有现时相关性。"按照这个标准，英语的"have/has"加过去分词所表示的完成意义是较为典型的"完成体"，而汉语词尾"了"的语法意义则更接近完整体。因为词尾"了"可用于已经发生而尚未完成或仍在持续的事件。如"昨天我去看了一部电影，但没看完"是已经发生但尚未达到完成阶段的事件；"唱了半天了，还在唱"是已经发生且仍在持续的事件。"了"也不必凸显现时相关性，如"他去年学了几个月，后来又没学了"，前一小句带"了"但并不强调对参照时间有何影响。这说明词尾"了"可以只从整体上观察行为和事件，不必达到完成阶段，也不一定凸显现时相关性，这使它难以成为真正的完成体标记，虽然多数情况下词尾"了"确实用于"完成"情状。湘桂边苗族汉话中，"呱""哇""咧"等体标记所表示的体意义接近于词尾"了"，大部分情况下用于完成的行为事件，但也可用于已经发生但尚未完成的事件，且不必具有现时相关性。因此，我们将其称之为完整体。

当然，我们得承认，汉语中的"了"实际上是一个"同形异质"的标记，包含着不同语法化程度、不同体貌地位的多种功能。李明晶（2012）认为，"了"兼结果貌、先时体、完整体等功能于一身，且还具有语气词（即情态标记）的功能。其用法繁多的状况说明"了"的抽象程度从整体上来看还没有达到 Bybee 等（1994）所说的完整体阶段。但如若着眼于其语法化程度较高的词尾用法，称作完整体标记也并无不可。诚如刘丹青（2017）所言："完整体是一个常被混同于完成体，二者事实上也确实关系密切甚至交叉的体范畴。由于体的使用情况相当复杂，有些语言的某个体标记可能只是在不同程度上分别与这两种体近些和远些，而不一定绝对是此非彼，因此详尽、准确地调查描写语言事实比定性更加重要。"本书不纠缠于体貌概念和术语，也不着力于体貌系统的构建，而侧重于全面描写、深度挖掘湘桂边苗族汉话中的体貌事实。

▶ 一、核心完整体标记

据调查，各苗族汉话点使用频率最高的核心完整体标记分别如下：

绥宁关峡：呱 ［kuo³³］

城步兰蓉：呱 ［kuɑ⁴⁴］

龙胜伟江：哇 ［uɑ⁴⁴］

资源车田：咧 ［le⁴⁴］ ①

不难看出，湘桂两地苗族汉话的完整体标记有差异：广西境内伟江和车田差别较大，一个用"哇"，一个用"咧"；湖南境内关峡和兰蓉两个苗

---

① 车田苗族汉话 ［e］的实际位置介于 ［e］与 ［ɛ］之间，接近 ［ɛ］，记 ［ɛ］亦可，为行文方便，本书统一记为 ［e］。

族汉话点均用"呱",只是语音上稍有差异,与绥宁话、城步话、新化话等老湘语的完整体标记几乎是一致的。这些标记均表示事件的完成或动作的实现,功能上接近于普通话的词尾"了"。如:

(1)关峡:昨日我买呱五本书。昨天我买了五本书。

(2)兰蓉:我打烂呱一只碗。我打破了一个碗。

(3)伟江:你临时食哇药,食不得茶。你刚吃了药,不能喝茶。

(4)车田:我食咧夜饭。我吃了晚饭。

在句法位置上,这些体标记一般紧跟动词,但伟江苗族汉话的标记"哇"有一种比较特殊的句法位置是其他苗族汉话点和普通话的"了"所没有的:

(5)伊去北京哇好久哇?他去北京多久了?

(6)我来桂林哇三年哇。我来桂林三年了。

在"主语+来/去+处所宾语+时量补语"的句式中,伟江的"哇"既可位于"来/去"之后,也可位于处所宾语之后,且以位于处所宾语之后为常。普通话这种句式中一般不用"了",若要用则只能将"了"置于"来去"之后,而不能说:

(7)*他去北京了多久了?

(8)*我来桂林了三年了。

(一)标记的情状及界限特征

苗族汉话中的这几个体标记在用于终结情状时,既可用于达到完成阶段的事件,也可用于尚未达到完成阶段的事件。如:

(9)关峡:上半日我□sai³³呱本书,还麻□sai³³完。上午我看了一本书,还没看完。

(10)兰蓉:我昨□ti⁵⁵写呱封信,麻写完。我昨天写了封信,没写完。

(11)伟江:昨日我去望哇场戏,只是冇望完。昨天我去看了一场戏,但没看完。

(12)车田:伊上半日写咧数学作业,但是冇写完。他上午写了数学作业,但是没写完。

以上各句均为尚未达到完成阶段的事件。也就是说,湘桂边苗族汉话的"呱""哇""咧"等标记更注重从外部整体上观察动作行为的实现,而不太注重事件是否达到完成的阶段。这一表现与新湘语不少方言，如长沙话、益阳话等使用的完成义标记"咖"不太一样，"咖"不能用于以上这类句子，一旦用"咖"就"不能通过后续句再将事件内部进行分割"（夏俐萍，2021）。如：

（13）益阳：*我昨日写咖一封信，但是有写完。

"呱""哇""咧"均可用于尚未达到完成阶段的事件，也就是说它们并不像典型完成体那样要求达到有结果或结束的阶段，似乎比湘语中的"咖"更不像完成体而更接近完整体。

从体标记对事件的有界性要求来看，苗族汉话中的完整体标记既可用于有界事件，也可用于无界事件。这一点也与湘语的"咖"不同，夏俐萍（2021）指出，现实句中"咖"要求搭配有界事件，体现在句子层面，包括要求有数量短语、强调性时间副词，或用于连续事件等。如[1]：

（14）长沙：a. 我吃咖一杯水。我喝了一杯水。（有界）

b. *我吃咖水。我喝了水。（无界）

（15）沅江：a. 他将将买咖菜。他刚刚买了菜。（有界）

b. *他买咖菜。他买了菜。（无界）

（16）湘阴：a. 他写咖作业就回去得。他写了作业就回去了。（有界）

b. *他写咖作业。我写了作业。（无界）

以上三例中a句通过数量短语、时间副词、连续事件将事件有界化，用"咖"是合法的；b句不采用这些有界手段，均为无界事件，用"咖"便不合语法。苗族汉话中的"呱""哇""咧"等标记则可以用于无界事件：

（17）关峡、兰蓉：我食呱水。我喝了水。

（18）伟江：伊写哇作业。他写了作业。

（19）车田：伊要咧菜。他买了菜。

在这一点上，苗族汉话的完整体标记与普通话词尾"了"以及湘语中的另一个完成义标记"哒"相似。

此外，从现实相关性来看，"呱""哇""咧"等均可用于"他去年学了

---

[1] 长沙话的发音人为龚耀武，男，1973年生，工程师，长沙市天心区人；沅江话的发音人为郭兆龙，男，1946年生，教师，沅江市黄茅洲镇人；湘阴话的发音人为杨建凯，女，1964年生，工人，湘阴县城关镇人。全文同。

几个月，后来又没学了”一类的句子。以关峡、伟江为例：

（20）关峡：伊去年学呱几个月，背□san²²麻学呱。他去年学了几个月，后来
　　　 没学了。

（21）伟江：伊去年学哇几条月日，背哓冇学哇。他去年学了几个月，后来没
　　　 学了。

句中"学呱/哇几个月"这一事件在基点时间之前已经发生和完成，但并不强调对现在有任何影响，也就是说不具有典型完成体所包含的"现时相关性"。这一点与湘语"咖"及普通话词尾"了"相似。

（二）标记的语法化程度

范晓蕾（2020）采用"句法适配度、使用强制性、隐去自由度"三个参数来确定词尾"了"的性质，认为以上参数与"了"作为成熟体标记呈现正相关。句法适配度指词尾"了"搭配动词及宾语的范围，范围越大句法适配度越高。使用强制性指某环境表有界事件又无句尾"了"时必须加上词尾"了"，且词尾"了"不能替换为动相补语。隐去自由度指词尾"了"隐省后不改变句子的命题义与合法性。我们也可从这几个参数来看苗族汉话完整体标记的语法化程度。

首先来看句法适配度。一般认为，"动词—结果补语—动相补语—体标记"是汉语体标记演化的主线之一。董秀芳（2017）认为汉语虚化完结成分（动相补语）有两类，一类与"得"义有关，一类与"失"义有关。因为语法化的"语义滞留"原则，虚化前的词汇语义往往会制约动相补语及其进一步演化而成的体标记的使用。夏俐萍（2021）将其称之为"扩展源意义"。因为扩展源意义的制约，"多功能语法标记在使用过程中会出现搭配成分受限，结构歧义甚至进一步发展出主观积极义或消极义等特点"。苗族汉话"呱""哇""咧"等标记在非现实情状中与动词的搭配受到限制，以下以"脱/穿""撂扔/□tɕie⁵⁵收（关峡）、□nai⁵⁵收（车田）"两组意义相对的动词为例来说明，其中"脱""撂"代表消除义动词，"穿""□tɕie⁵⁵收""□nai⁵⁵收"代表获得义动词。关峡和车田苗族汉话的"呱"和"咧"在非现时情状中还保留着相当于结果补语"掉"的用法，与动词的搭配也受限。如：

关峡：

(22) a. 只要脱呱□ma³³□xa⁵³ 嘅衣，就会感冒。只要脱掉外套，就会感冒。
（条件句）

b. 只要穿起□ma³³□xa⁵³ 嘅衣，就麻会感冒。只要穿上外套，就不会
感冒。

(23) a. 我想脱呱个顶帽哩。我想脱掉这顶帽子。（意愿句）

b. 我想戴起个顶帽哩。我想戴上这顶帽子。

(24) a. 捉个滴东西撂呱！把这些东西扔掉！（祈使句）

b. 捉个滴东西□tɕie⁴⁴起！把这些东西收好！

车田：

(25) a. 只要脱咧外衣，就会感冒。只要脱掉外套，就会感冒。（条件句）

b. 只要穿起/紧/嗮外衣，就不会感冒。只要穿上外套，就不会感冒。

(26) a. 我想脱咧□o²¹³咧帽哩。我想脱掉这顶帽子。（意愿句）

b. 我想戴起/紧/嗮□o²¹³咧帽哩。我想戴上这顶帽子。

(27) a. 担□o²¹³咄东西撂咧！把这些东西扔掉！（祈使句）

b. 担□o²¹³咄东西□nai⁵⁵起/紧/嗮！把这些东西收好！

不难看出，苗族汉话这类标记在条件句、意愿句、祈使句等非现实句中还保留着类似结果补语的用法，且常与"脱""撂"等具有消除义的动词结合，据此可推测这些体标记的原型意义或与董秀芳提及的"失"义相关。而"穿""□tɕie⁴⁴收""□nai⁵⁵收"等获得义动词不能与"呱""哇""咧"等搭配，一般只能与另一个准完整体标记"起"搭配。车田苗族汉话比较特别，有 3 个平行的结果补语"起""紧""嗮"均可搭配获得义动词。① 在现实句中，"呱""哇""咧"等作为体标记，表示行为事件完结或实现。此时与动词的搭配范围显著扩大，句法适配度大大提升。仍以关峡、车田点为例：

关峡：

(28) □mei²¹底死呱个讨饭食嘅。那边死了一个乞丐。（消除）

(29) 我滴伊屋里住呱三个月。我在他家住了三个月。（中性）

(30) 伊得呱顶红帽哩。她捡了一顶红帽子。（获得）

---

① 这三个结果补语同时也是完整体标记和进行、持续标记，下文将论及。

车田：

（31）□o²¹³边死咧□dai²¹³叫花哩。那边死了一个乞丐。（消除）

（32）我是伊屋□ie⁵⁵住咧三条月日。我在他家住了三个月。（中性）

（33）伊得咧顶红帽哩。她捡了一项红帽子。（获得）

以上各例中，"死"是消除义动词，"住"是中性义动词，"得"是获得义动词，"呱"和"咧"均可搭配，扩展源意义的影响几乎已经消失。而湘语中的"咖""哒"在与有界事件搭配时，仍然可以看出其扩展源意义的影响，即"咖"的消除义和"哒"的获得义，使它们在一些方言点中对所搭配的动词仍具有一定的选择性（夏俐萍，2021）。如①：

（34）宁乡：他失咖/*哒一只包。他丢了一个包。

 他得哒/?咖一只包。他得了一个包。

（35）湘阴：他失咖/*哒一只包。他丢了一个包。

 他得哒/咖一只包。他得了一个包。

（36）韶山：他洗咖/?哒一上午衣服。他洗了一上午衣服。（夏俐萍，2021）

（37）长沙县：他今日子穿哒/?咖一件新衣服。他今天穿了件新衣服。（同上）

从以上各例中仍然可看出"咖"倾向搭配消除义动词，"哒"倾向搭配得到义动词，不过在不同方言点、不同动词后体现出这种倾向的强度不太一致。而苗族汉话中"呱""哇""咧"则可在以上每一个例句中使用，已看不出选择倾向。从这一点来看，苗族汉话完整体标记的语法化程度似乎略高于湘语中的"咖""哒"。

另从动词情状类型来看，根据戴耀晶（1997）对动词的情状类型的分类，我们发现：苗族汉话中的"呱""哇""咧"等完整体标记可以与少量心理感觉类静态动词和一般的动态动词（含动作动词和结果动词）搭配，也可与兼有静态和动态性质的动词（含姿势动词和位置动词）搭配。

（38）伟江：我去年就认哩哇老王。我去年就认识了老王。（静态动词）

（39）关峡：伊咳呱几日呱。她咳了几天了。（瞬间动作动词）

（40）兰蓉：我半日食呱两碗饭。我中午吃了两碗饭。（持续动作动词）

---

① 宁乡话例句参考夏俐萍（2021），并经发音合作人核实。宁乡话发音合作人为王淑兰，女，1962年生，农民，宁乡市回龙铺镇人。全文同。

（41）车田：伊屋□ie⁵⁵死咧两□dai²¹³鸡。他家死了两只鸡。（瞬间结果动词）

（42）伟江：门口待哇好多人。门口站了很多人。（姿势动词）

（43）车田：墙□ie⁵⁵挂咧一幅图。墙上挂了一幅画。（位置动词）

从以上各例可知，除属性、关系类静态动词（如"是""姓""等于"等）之外，苗族汉话中的"呱""哇""咧"等标记可与心理感觉类静态动词搭配，如（38）；可与大多数动态动词搭配，如（39）（40）（41）；也可与多数兼有静态和动态的动词搭配，如（42）（43）。其与动词情状类型的句法适配度接近于普通话词尾"了"和湘语的完成兼持续标记"哒"，而明显高于湘语完成义标记"咖"。

其次来看使用的强制性。主要考察"呱""哇""咧"等完整体标记能否被其他动相补语替换而意义不变。据我们考察，在苗族汉话中，可能与完整体标记替换的动相补语有两类，一类表完结，相当于陈前瑞（2008）的"完结体"，如苗族汉话各点均有的"起""完""好"等；一类表结果，相当于陈前瑞（2008）的"结果体"，意义接近普通话的"着（zháo）""到""见"，各点差异较大，如关峡有"滴"，兰蓉有"着""紧"，伟江有"哩"，车田有"起""紧""嗬"。在表有界事件的现实句中，除了车田点，其他苗族汉话点的完整体标记均不能直接替换为表完结的动相补语，即使用上表完结的动相补语，完整体标记仍然不能少：

（44）关峡、兰蓉：a. 伊食呱两碗饭。 b. 伊食完呱两碗饭。他吃了两碗饭。

（45）伟江：a. 伊食哇两碗饭。 b. 伊食完哇两碗饭。

（46）车田：a. 伊食咧两碗饭。 b. 伊食完两碗饭。

关峡、兰蓉、伟江完整体标记替换成"完"以后，句子不成立，"呱"或者"咧"需要强制使用。唯有车田点的"咧"可以替换为"完"，且不需要再用"咧"。但这是因为车田苗族汉话中的"完"的语法化程度高于关峡、兰蓉和伟江，（46）b句中的"完"已不仅仅是动相补语，而演化为一个表示事件完结的体标记，所以可与"咧"互换。下文将对"完"有进一步论述，此处不赘述。因此，我们仍可以这样认为：现实句中，在"食"这类具有隐约消除义的动词之后，完整体标记"呱""哇""咧"是强制使用的，不可与表完结的动相补语直接替换。

苗族汉话完整体标记与表结果的动相补语的替换关系则是另一番景象，在获得义动词之后，几乎都可替换为表结果的动相补语。例如：

(47) 关峡：a. 伊打呱个野猪。　　　b. 伊打滴个野猪。他打了一头野猪。

(48) 兰蓉：a. 伊打呱个野猪。　　　b. 伊打到/紧个野猪。

(49) 伟江：a. 伊打哇个野猪。　　　b. 伊打哩个野猪。

(50) 车田：a. 伊打咧□dai²¹³野猪。　b. 伊打起/紧/嗰□dai²¹³野猪。

这说明，苗族汉话这类标记使用的强制性还受到动词语义的影响。在"打"这类具有隐约获得义的动词之后，完整体标记通常可替换为表结果的动相补语。一般来说，如果这些完整体标记之前是中性义动词，则很难用其他动相补语替换，使用的强制性最高。比如"伊看呱/哇/咧一场戏他看了一场戏"中的完整体标记一般就不能再用其他表完结或结果的动相补语替换。①

从隐去自由度来看，"呱""哇""咧"在现实句中作为完整体标记时，无论句末用何种助词，均不能隐去不用。

总之，苗族汉话动词后虚化成分"呱""哇""咧"在性质上存在"结果补语—动相补语—体助词"的连续统。从句法适配度、使用强制性、隐去自由度三个方面来看，4 个苗族汉话点的核心完整体标记内部一致性较强，语法化程度也较为一致，均明显高于湘语的"咖"，接近于普通话词尾"了"。

▶▶ 二、准完整体标记

我们将湘桂边苗族汉话中语法化程度比核心完整体标记低，但又不宜再看作动相补语的表完成或实现的标记称为"准完整体标记"。

（一）起②

趋向补语"起"在我们所调查的 4 个苗族汉话点均演化出表动作完结的

---

① 车田苗族汉话比较特殊，有三个与"咧"基本平行的完整体标记：起、紧、嗰，都可以替换"咧"。

② 准完整体标记"起"在我们所调查的 4 个苗族汉话点读音有差异：关峡为 [tɕʰie⁴⁴]，兰蓉为 [tɕʰi³³]，伟江为 [tɕʰi³³]，车田为 [i³³]。这里需要说明的是车田苗族汉话的"起"，该点"起"作动词或动词性语素时读音为 [tɕʰi³³]，作动相补语或体标记时声母脱落，读音为 [i³³]。这体现了语法化过程中所伴随的语音弱化，即音系形式的减少或销蚀（erosion）（Heine & Kuteva，2007；吴福祥，2020）。

动相补语用法。① 根据陈前瑞（2008），可称之为"完结体"
（completive）。如：

(51) 关峡：你衣服洗起呱吗？你衣服洗完了吗？

(52) 兰蓉：先把肉切起，等下炒菜。先把肉切好，等下炒菜。

(53) 伟江：我□lei²²起饭哇。我做好饭了。

(54) 车田：先担木头□ɕie⁵⁵起，再装□dai²¹³台盘头。先把木头锯好，再做
张桌子。

以上各例中的"起"相当于补语"完"或"好"，表示动作完结，是较
典型的动相补语。在 Bybee 等（1994）所构拟的语法化路径中，完结体占
有十分重要的地位，是先时体②、完整体、过去时等时体标记语法化的来
源。"起"在关峡、兰蓉、车田 3 个点的苗族汉话中均演化出准完整体标记
用法。如：

(55) 关峡：小张杀起伊屋里嘅□mei²¹只鸡。小张杀了他家那只鸡。

(56) 兰蓉：昨□ti⁵⁵伊杀起一只鸡。昨天他杀了一只鸡。

(57) 车田：我食起你昨□ti⁵⁵要嘎金橘哩，好食！我吃了你昨天买的橘子，
好吃！

以上各例中的"起"均相当于普通话的词尾"了"，应视作准完整体标
记。"起"作为准完整体标记，既可以用于有界事件，也可以用于无界事
件。如：

(58) 各点：a. 我买起五本书。我买了五本书。（有界）

             b. 我买起书。我买了书。（无界）

相较于核心完整体标记，"起"的使用受到较多限制，在句法适配度、
使用强制性等方面明显不及核心完整体标记。比如，完整体标记"起"一
般不能用于结果补语之后：

(59) 关峡：我打烂呱/*起一只碗。我打破了一个碗。

(60) 兰蓉：伊食完呱/*起两碗饭。他吃完了两碗饭。

---

① "起"在车田苗族汉话中除了表"完结"以外，还可以表"结果"，相当于动相补语"到"
"着"。如：撞起碰到、望起看到、要起买到。

② Bybee 等（1994）的 anterior 陈前瑞（2008）译为完成体，李明晶（2012）译为先时体，
我们取先时体。因为完成体一般对应 perfect。

（61）车田：我听清咧/*起你嘎话。我听清楚了你说的话。

如上，动补结构之后可再用核心完整体标记"呱""咧"，但不能用"起"。作为完整体标记，"起"可搭配的动词比较有限。据戴耀晶（1997）对动词的情状分类来看，"起"不能搭配静态动词和结果类动态动词，搭配兼有动态和静态义的姿势动词和位置动词时只能理解成持续标记，作为完整体标记的"起"只能搭配少量动作类动态动词。且各点还表现出差异，如车田点"起"可以与饮食类动词"食吃"搭配，如（57），兰蓉和关峡点就没有这样的用法。从与动词搭配范围的大小来看：车田点"起"搭配的动词范围相对较大，兰蓉点次之，关峡点范围最小。从各个点"起"的用法中还可看到一个共同规律："起"虽然可以搭配"杀""食"等具有隐约消除义的动词，但仍然不能搭配具有明显消除义的动词，而倾向于搭配具有得到义的动词。如：

（62）关峡：伊剃呱/*起胡哩。他剃了胡子。

（63）兰蓉：伊撂呱/*起顶红帽哋。他扔了顶红帽子。

（64）车田：伊屋里走呱/*起两□dai²¹³鸭。他家跑了两只鸭。

以上例句中的动词"剃""撂扔""走跑"具有明显的去除、丢失义，不能用"起"。类似例（63）只要将消除义动词"撂"替换成得到义动词"捡"，便可以用"起"，各点一致。以兰蓉为例：

（65）兰蓉：伊捡起顶红帽哋。他捡了顶红帽子。

在兰蓉苗族汉话中，"呱"和"起"两个体标记还存在一种互补现象：由于"买""卖"不分，所以用"买起"表示"买进"，"买呱"则表示"卖出"。如：

（66）a. 伊买起一只鸡。他买了一只鸡。

　　　 b. 伊买呱一只鸡。他卖了一只鸡。

这种用不同的完成义标记来区分"买进"和"卖出"的现象在不少方言中存在，比如涟源湄江话用"哩"和"呱"区分，岳阳荣家湾话用"哒"和"落"区分[1]：

（67）湄江：a. 佢买哩一只鸡。他买了一只鸡。

---

[1]　涟源湄江话的例子由吴宝安（女，1979 年生，涟源市湄江镇人）提供；岳阳荣家湾话的例子由周述华（男，1979 年生，岳阳县荣家湾镇人）提供。

b.　佢买呱一只鸡。他卖了一只鸡。

（68）荣家湾：a.　他买哒一只鸡。他买了一只鸡。

　　　　　　　b.　他买落一只鸡。他卖了一只鸡。

在湘桂边苗族汉话中，"起"除完整体标记用法之外，还有持续标记、起始标记、事态助词、状态补语标记、趋向补语标记等多种功能，是一个典型的多功能形式，后面还将作专题研究。

（二）哩 [lɐ⁰]

"哩" [lɐ⁰] 是伟江苗族汉话的一个准完整体标记。它是从"到"义结果补语虚化而来的。在伟江苗族汉话中，"哩"可以作结果补语，如：碰哩碰到、捞哩找到。这种相当于"到"或"着"的结果补语，陈前瑞（2008）称之为"结果体"。

如果"哩"前的动词有"得到"义或整个句子有"得到"义，"哩"可作两种理解：一是动相补语，表示动作获得了某种结果；二是准完整体标记，相当于词尾"了"。如：

（69）伊哩打哩一个野猪。他们打到/了一头野猪。

（70）林老师要哩一□ta⁴⁴蛮好望嘎衣。林老师买到/了一件很好看的衣服。

但下面例句中的"哩"就不宜理解成动相补语，当属准完整体标记了：

（71）小张杀哩伊屋里嘎只鸡□ni⁵⁵。小张杀了他家的那只鸡。

（72）道□ni⁵⁵死哩个叫花。那里死了个乞丐。

"哩"作为一个准完整体标记，其语法化程度不及核心完整体标记"哇"。在动词的选择上还受到诸多限制，句法适配度比"哇"要低。比如，在伟江苗话中，常用的饮食类动词"食吃"就只能用"哇"，不能用"哩"：

（73）我食哇/＊哩夜饭哇。我吃了晚饭了。

除"死"外，如果动词有明显的"去除""丢失""损失"义都不能用"哩"。这一点与"起"有类似之处。比如：

（74）a.　伊失哇/＊哩个红帽哩。他丢了顶红帽子。

　　　b.　伊捡哩/哇个红帽哩。他捡了顶红帽子。

a句动词是"失丢"，含丢失义，不能用"哩"；b句动词是"捡"，含得到义，"哩"比"哇"更常用。再如：

（75）a.　伊屋里死哇/＊哩两只鸡。他家死了两只鸡。

　　b. 边□ni⁵⁵死哇/哩两只鸡。那边死了两只鸡。

　　同为动词"死"，a 句着眼于谈论"伊屋里他家"的损失，只能用"哇"，不能用"哩"；b 句客观陈述"边 ni⁵⁵那边"存在的情况，不强调损失，可用"哇"，也可用"哩"。

　　在伟江苗话中，准完整体标记"哩"可以紧跟动词，也可用在句末，这是与一般完整体标记不同的。用在句末时一般和兼有语气意义的完成体标记"哇"构成一个复合完整体标记"哩哇"，表示动作行为或事件已经达到完成阶段：

　　（76）我食早饭哩哇。我吃过早饭了。

　　（77）伊读大学哩哇。他读完大学了。

　　此时，行为事件一定达到完成阶段，且内部不能再分割。以（77）为例，用"哩哇"就不能再添加后续小句对事件进行分割，而"哇"则可以分割：

　　（78）伊读哇大学哇，只是还有读完。我读了大学了，只是还没读完。

　　（79）*伊读大学哩哇，只是还有读完。

　　此种用法中，"哩哇"类似于湘语中的"咖哒"，其中"哩"相当于"咖"，"哇"则相当于"哒"。不同的是，湘语中的"咖哒"一般用于"V咖 O 哒"或"V 咖哒 O"句式，伟江苗族汉话则只能用于"VO 哩哇"句式。

　　句末的"哩哇"不能与动词后的"哇"或"完"共现。如：

　　（80）我骂哇伊两□tai⁴⁴哇/*哩哇。我骂了他两回了。

　　（81）伊读完大学哇/*哩哇。他读完大学了。

　　这可以证明"哩哇"是完整体标记，而不是相当于句尾"了"的已然体标记。正因为它本身就是完整体标记，所以不能再与句中完整体标记"哇"及表完结的动相补语"完"共现，否则语义上重复、冗余。

　　（三）紧［tɕin³³］

　　"紧"［tɕin³³］是兰蓉、车田两个苗族汉话点共有的完整体标记。此前，"紧"作持续、进行体标记已有不少材料提及。其中粤语"紧"作持续、进行体标记的报道最多，如黄伯荣（1990）、彭小川（2001）、李荣（2002）、伍和忠（2018）、蔡娇娇（2019）等；另有客家方言、广西平话，如伍和忠

（2018）；赣语也有报道，如陈建锋（2014）。目前未见有"紧"作完整体标记的相关报道。在兰蓉、车田苗族汉话中，"紧"可以作结果补语和动相补语：

结果补语：

（82）兰蓉：把门关紧！把门关紧！

（83）车田：伊考紧大学呐。他考上大学了！

动相补语：

兰蓉：撞紧碰到　买紧买到　寻紧找到　切紧切好

车田：撞紧碰到　要紧买到　寻紧找到　切紧切好

"紧"作动相补语时，既可以表示结果，相当于"到"或"着"；也可以表完结，相当于"完"或"好"。按照陈前瑞（2008）对完结体和结果体的定义，兰蓉、车田苗族汉话中的"紧"既可以用作结果体，也可以用作完结体。这种情况在汉语方言中是不多见的。如：

（84）兰蓉：伊捡紧个红帽呐。她捡到一顶红帽子。

（85）车田：伊哩打紧一□dai²¹³野猪。他们打到一头野猪。

（86）兰蓉：先把树截紧，再□nɑn³²只台盘。先把木头锯好，再做张桌子。

（87）车田：先把肉切紧，等下炒菜。先把肉切好，等下炒菜。

（84）（85）中的"紧"相当于"到"，是结果体；（86）（87）中的"紧"相当于"好"，是完结体。在这两个苗族汉话点，"紧"还虚化为完整体标记。如：

（88）兰蓉：我买紧屋，有钱呱。我买了房子，没钱了。

（89）兰蓉：小张杀紧伊屋里嘅嗯只鸡。小张杀了他家的那只鸡。

（90）车田：昨□ti⁵⁵我要紧两本书。昨天我买了两本书。

（91）车田：我食紧你昨□ti⁵⁵要嘎金橘哩，好食！我吃了你昨天买的橘子，好吃！

"紧"作完整体标记时，可用于有界事件，如（90）；也可用于无界事件，如（88）。从句法适配度来看，完整体标记"紧"一般只搭配动作类动态动词，但兰蓉点的"紧"可用于少量瞬间结果类动态动词。如"死"：

（92）兰蓉：伊屋里死紧人呱。他家死了人了。

"紧"与姿势动词和位置动词搭配则只能理解为状态持续标记，相当于

"着":

（93）兰蓉：门口徛紧两个人。门口站着两个人。

（94）车田：伊担紧一□dai²¹³茶瓯哩。他端着一个茶杯。

在这两个点的苗族汉话中，完整体标记"紧"不仅可以用于"买"这种含有"得到"义的动词后，还可用于"杀""食吃"这类含有隐约消除义的动词之后，兰蓉点甚至可用在"死"这种含有"失去"或"遭受损失"义的动词之后，说明其语义泛化程度较高，已获得较为抽象的时体意义。但据我们观察，完整体标记"紧"仍然受到结果体动相补语语义滞留的影响，倾向于搭配得到义动词，一些典型的含有"失去""离开"义动词之后不能用"紧"，只能用核心完整体标记"呱"或"咧"。如：

（95）兰蓉：嗯边走呱/＊紧个劳改犯。那边跑了个劳改犯。

（96）车田：伊担落咧/＊紧一□dai²¹³红帽哩。她丢了一项红帽子。

此外，动补结构之后也只能用核心完整体标记"呱"或"咧"，不能用"紧"。

杨永龙（2005）在《从稳紧义形容词到持续体助词》一文中构拟了粤语"紧"的语法化路径：

稳紧义形容词（结果补语）＞唯补词（动相补语）＞持续体助词＞进行体助词

从兰蓉、车田两个苗族汉话点的情况来看，"紧"具有5种功能：结果补语、动相补语、完整体标记、持续体标记和进行体标记。比杨永龙（2005）多出了完整体标记功能。吴福祥（2004）勾勒了"着"从主要动词到体助词的语法化路径，并认为"着"的完成体助词和持续体助词用法都是从动相补语演化而来。陈前瑞（2008）则在吴文的基础上进一步解释了"着"类结果体语法化出现双路径的语义基础：结果意义一方面联系着动作完成的意义，另一方面联系着状态持续的意义，这使得语法化的双路径成为可能。我们有理由推断，与共同语的"着"一样，兰蓉、车田的"紧"也经历了从表结果的动相补语分别发展出完整体标记和持续、进行标记的双路径演化过程。因此，在杨永龙（2005）的基础上，我们将"紧"的语法化路径修改为：

　　　　　　　　　　　　　　　　　　　持续体标记 ＞ 进行体标记

稳紧义形容词（结果补语）＞唯补词（动相补语）

　　　　　　　　　　　　　　　　　　　完整体标记

（四）着［to³³］

在兰蓉苗族汉话中，有一个读音为 to³³ 的完整体兼持续体标记，根据兰蓉苗族汉话的音系和 to³³ 的语义功能，我们认为 to³³ 应当源于中古的"著"，可记为"着"。"著"在《广韵》中有"张略切"和"直略切"两个读音，"张"属于"知"母，"直"属于"澄"母，"知""澄"二母在兰蓉有不少字声母为 [t] 或 [d]，如：猪 [tiu⁵⁵]、虫 [din²⁴]、竹 [tiu³³]、直 [ti¹¹] 等，因此可以认为"著"的声母今读为 [t]，是符合音变规律的。再看韵母，"略"属"药"韵，道摄开口入声三等字，兰蓉道摄字今读主元音以读 [o] 居多，如落 [lo¹¹]、索 [so³³]、雀 [tsʰio⁵⁵]、着着衣 [tɕio³³] 等，"著"的韵母今读 [o]，也基本符合音变规律。

to³³ 源于"著"不仅从音韵上是吻合的，从语义演变来看，to³³ 与"着"也是完全相合的。吴福祥（2004）把"着"的语法化过程概括为：

主要动词＞连动式中的后向动词＞趋向补语＞动相补语〈完成体助词／持续体标记

陈前瑞（2008）在吴福祥（2004）的基础上将其调整、细化为：①

"附着"义动词＞结果补语＞结果体〈动作有结果 ＞ 完成体 ＞ 完整体／状态持续 ＞ 进行体 ＞ 未完整体

实际上两位学者构拟的基本精神是一致的，都认为"着"经历了从表结果的动相补语（结果体）经语法化的双路径演化出完成体标记和持续体标记，不过陈前瑞（2008）处理得更为精细。在兰蓉苗族汉话中，to³³ 在共时层面还完整保留了"着"的这一演化模式。其动相补语用法如（以下均记为"着"）：

撞着碰到　买着买到　寻着找到

to³³ 的完整体标记用法与"紧"高度一致。如：

（97）我买着屋，冇钱呱。我买了房子，没钱了。

（98）小张杀着伊屋里嘅嗯只鸡。小张杀了他家的那只鸡。

---

① 陈前瑞（2008）将"动作有结果"及"状态持续"看作结果体在不同情状下突显的不同意义，实际上是广义结果体的意义分化，故不用箭头连接。

（99）三个梨哦我食着两个。三个梨子我吃了两个。

（100）伊屋里死着人呱。他家死了人了。

to^{33} 的持续体标记用法也与"紧"高度一致。如：

（101）伊是□ni^{55}洗着衣裤。她在那儿洗着衣服呢。

（102）伊担着一只茶瓯。他端着一个茶杯。

在兰蓉苗族汉话中，我们尚可以清晰地看到 to^{33} 既有结果体用法，同时又有完整体标记和持续体标记用法，是"著"的语义演变过程在汉语南方方言中留存的典型例证。

（五）嗮 [sai^{44}]

"嗮" [sai^{44}] 是车田苗族汉话点独有的一个完整体标记。在车田苗族汉话中，"嗮"与"起""紧"基本平行，同样具有动相补语、完整体标记、持续体标记等多种功能。其动相补语用法与"起""紧"一致，既有完结体用法，相当于"完"或"好"；也有结果体用法，相当于"到"或"着（zháo）"。如：

切嗮切好　　□nai^{55}嗮收好　　撞嗮碰到　　寻嗮找到

在车田苗族汉话中，"嗮"具有与"起""紧"平行的完整体用法：

（103）你食嗮药，食不咧茶。你吃了药，不能喝茶。

（104）昨□ti^{55}我要嗮两本书。昨天我买了两本书。

（105）伊担嗮两本书行咃。他拿了两本书走了。

（106）小张杀嗮伊屋嘎□o^{213}□lɛ^{44}鸡。小张杀了他家的那只鸡。

从句法适配度来看，与车田点的另外两个准完整体标记"起""紧"一样，"嗮"一般只能搭配动作类动态动词，不能搭配瞬间结果类动态动词，与姿势动词和位置动词搭配时只能识解为状态持续标记，相当于"着"，此处不赘述。此外，"嗮"也受到动相补语语义滞留的影响，倾向于搭配得到义动词，一些典型的"失去""离开"义动词之后不能用"紧"，只能用核心完整体标记"咧"。

这里值得讨论的问题是：为何车田苗族汉话除了核心完整体标记"咧"之外，还会同时存在 3 个基本平行乃至可以相互替换的标记"起""紧""嗮"。在这 3 个体标记中，"起"和"紧"的来源是显而易见的："起"来源于趋向补语"起"，"紧"来源于形容词"紧"。最不能解释来源的是"嗮"。

"嗮"不见于其他各苗族汉话点；不见于与当地苗族汉话广泛接触的入桂湘语——新化话，当地新化话完整体标记与老湘语一样，仍然用"呱"；也不见于当地人都会说的西南官话——桂柳话，如桂林话的完整体标记用"了"。我们推测，这个"嗮"来自广西境内强势方言——粤语的影响。据杨焕典（1998）、伍和忠（2018），广西南宁白话完整体标记主要用"嗮"。① 如：

（107）我食嗮夜饭，去行嗮一阵，收尾返来就睡呵，发嗮一只梦。我吃了晚饭，出去溜达了一会儿，后来回来就睡了，做了一个梦。（杨焕典，1998）

（108）佢每日食嗮早餐就出去。他每天吃了早餐就出去。（伍和忠，2018）

（109）我哋等嗮半个几钟头，门才开。我们等了半个多小时，门才开。（同上）

粤方言是广西境内的强势汉语方言之一，其使用人口也是广西各汉语方言中最多的。据伍和忠（2018），广西境内使用粤方言的人数超过 1500 万。虽然当地苗族汉话并不与南宁白话直接接触，但当地苗族人在转用汉语方言、学习汉语方言的过程中受到粤语的影响则是完全有可能的。另外，据我们调查，在车田苗族汉话中，虽然"嗮"与"起""紧"基本平行，但在日常生活中其使用频率仍然比"起""紧"明显要低。所以，"嗮"很有可能是车田苗族人受到省会强势方言南宁话的影响，较晚才借入的。

（六）完 $[ue^{213}]$

车田是完整体标记最为丰富、多样的苗族汉话点。除了"咧、起、紧、嗮"之外，"完" $[ue^{213}]$ 也从表完结的动相补语演化出完整体标记的用法。如：

（110）日头出来吩，泥地干完冇？太阳出来了，地干了没有？

（111）我食完两□dai²¹³包子。我吃了两个包子。

（110）中的"干完冇"可作两种理解："干了没有"或者"干掉没有"。（111）中的"食完吃完"似乎也是两可：既可认为是"我吃了两个包子"，也可认为是"我吃完两个包子"。但应该注意，如果理解成"吃完"则句子不能自足，还需加上核心完整体标记"咧"：

---

① 杨焕典（1998）记的是"嗮"，伍和忠（2018）记的是"嗮"，用字不同，但属同一个标记。

（112）我食完咧两□dai²¹³包子。 我吃完了两个包子。

而下面例句中的"完"就无疑是完整体标记了：

（113）昨□ti⁵⁵我要完两斤肉。 昨天我买了两斤肉。

（114）小张杀完伊屋嘎□o²¹³□lɛ⁴⁴鸡。 小张杀了他家的那只鸡。

以上两句中的"完"都不宜理解成动相补语"完"，其语法意义与"咧"无异，是完整体标记。"完"从表"完结"的动相补语演化出完整体标记用法不见于我们调查的其他苗族汉话点，也少见于其他汉语方言。据陈前瑞（2008）的研究，共同语中补语性质的"完"事实上也一直在虚化之中。陈前瑞（2008）检索了《红楼梦》《儿女英雄传》《四世同堂》和王朔小说中补语"完"带"了"和不带"了"的情况，发现"完"带"了"和不带"了"的比例呈现如下变化：《红楼梦》是 5∶1；《儿女英雄传》是3.9∶1；《四世同堂》是 1.1∶1；王朔小说是 1∶3.5。这似乎说明：作为完结体标记的"完"一直也在虚化，意义越来越接近于"了"，因此，就越来越少带"了"。即便如此，共同语的补语"完"目前仍然无法用在（113）（114）这样的句子中，其虚化程度还远低于车田苗族汉话的"完"。

此外，因为语法化来源不同，车田点的"完"作为完整体标记有时与另外 4 个完整体标记有细微差异。以"他们打了一头野猪"为例，"咧、起、紧、嘶、完"5 个标记都可以替换句中的"了"：

（115）伊哩打咧/起/紧/嘶/完一□dai²¹³野猪。 他们打了一头野猪。

用"咧/起/紧/嘶"表示"打了，并且得到了野猪"，有结果达成义；而用"完"则只表示完成了"打野猪"这一事件，而是否"得到野猪"并不确定。我们认为这是完整体标记受到其动相补语意义制约的结果：除了"咧"尚不清楚具体来源之外，"起/紧/嘶"的动相补语用法都有相当于"到""着（zháo）"的结果义，而"完"作动相补语则只有完结义。

（七）滴〔ti⁰〕

"滴"〔ti⁰〕是关峡苗族汉话的一个准完整体标记。在关峡苗族汉话中，"滴"也具有相当于"到、着（zháo）"的动相补语用法，也就是陈前瑞（2008）所界定的结果体。其准完整体标记的用法即是从结果体用法演化而来。"滴"的结果体用法如：

（116）林老师买滴道很好看嘅衣。 林老师买到一件很好看的衣服。

（117）等滴我来呱再讲。等到我来了再说。

这种作为动相补语（结果体）的"滴"扩大动词适配范围，语义继续泛化，就类似于一个完整体标记了。比如：

（118）伊昨日戴滴顶红帽哩。他昨天戴了一顶红帽子。

（119）伊杀滴□mei²¹只鸡。他杀了那只鸡。

以上两例中动词均没有"得到"义，"戴"是位置动词或曰放置义动词，"杀"是瞬间动作动词，"滴"理解为"了"最贴近句子本义。我们一般不能说"他昨天戴到顶红帽子""他杀到那只鸡"。但是，"滴"作为准完整体标记，对动词的选择比较有限，多用于具有［＋得到］语义特征的动词后，或句子所描述的事件含有"得到"意味。

此外，"滴"一般用于有界事件，不用于无界事件。如：

（120）我买呱/起/滴五本书。我买了五本书。

（121）我买呱/起/*滴书。我买了书。

前一句因为宾语有数量成分，句子描述的是一个有界事件，即该事件在时间上有一个内在的终止点，此时关峡点的三个完整体标记均可以用。后一句因为宾语没有数量成分，句子描述的是一个无界事件，即该事件在时间上的终止点是没有限定的，此时完整体标记可用"呱"和"起"，但不能用"滴"。

第二节　湘桂边苗族汉话的已然体

▶ 一、单用式已然体

据调查，湘桂边各苗族汉话点句末单用的核心已然体标记如下：

绥宁关峡：呱［kuo³³］

城步兰蓉：呱［kuɑ⁴⁴］

龙胜伟江：哇［uɑ⁴⁴］

资源车田：咄［tie⁰］

不难看出，除了资源车田用"咄"不用"唎"以外，另外三个苗族汉

话点的已然体与完整体都使用同样的标记。这些已然体标记主要表示情状
或事件"已然如此"。从现时相关性来看，已然体确实接近陈前瑞（2008）
所定义的"完成体"，均可表示事件不仅已然如此，且"对参照时间具有相
关性"。如：

（122）关峡：我食呱饭呱。我吃了饭了。

（123）兰蓉：球□tʃa⁵⁵入眼眼里去呱。球滚到洞里去了。

（124）伟江：伊年纪大哇，□lei²²不动哇。他年纪大了，做不动了。

（125）车田：三十岁咄，还不懂事。三十岁了，还不懂事。

以上各例都体现出较强的现时相关性，即发生的事件对参照时间有影
响。如（122）可能是说明"现在不想再吃了"；（123）可能想说明"（球）
现在踢不了了"或者"现在怎么办？"等。此处不一一分析。

除了核心已然体标记之外，关峡、伟江、车田点另有可在句末单用，
但受到限制的准已然体标记。关峡除了"呱"，另有"哩"和"嘅"。如：

（126）我食呱饭哩/嘅。我吃了饭了。

"哩"和"嘅"句末单用受到限制，句中一般要出现完整体标记"呱"，
否则不能单用。实际上可以看作与完整体标记的一种合用形式，只不过不
是连用。调查发现，"哩"和"嘅"在用法上也有差异，"哩"可以附着于
体词性小句句末，"嘅"无此用法。如：

（127）三十岁哩，还不懂事。三十岁了，还不懂事。

（128）十点钟哩，还麻归来。十点了，还没回来。

伟江除了"哇"之外，还有"哩"和"喔"：

（129）我去过北京哩。我去过北京了。

（130）我嘎崽考起大学哇/喔。我儿子考上大学啦。

如（129）所示，伟江的"哩"句末单用也受到限制，必须与经历体标
记"过"配合使用，共同表示具有"现时相关性"的某种经历。①（130）用
"喔"与"哇"存在一定的区别：用"哇"只是客观陈述，肯定事态的变化
兼表确定语气；用"喔"则主观性比"哇"强，甚至有感叹意味，表现出
言者认为事件可能不太寻常，希望引发听者关注的主观认识情态。这个

---

① 前文说到伟江点"哩"也可以作完整体标记。据 Bybee 等（1994），从完成体到完整体是一
种常规演变路径。已然体"哩"接近完成体，可能与完整体用法的"哩"之间具有演化关系。

"喔"［uo］可能是"哇"［ua］和"哦"［o］的合音。陈前瑞（2008）指出，完成体标记的语法化过程比较活跃，不少完成体标记会偏离体范畴，甚至进入情态范畴。伟江苗话的"喔"属于陈前瑞（2008）界定的完成体，具有很强的主观认识情态，也算是一个例证。这与汉语这类标记居于句末的句法位置有关，句末是从语气进入情态范畴的敏感位置。这也导致汉语所谓已然体标记都不大可能是纯粹的体标记，一般都兼有语气意义。

车田点除了"哋"，另有"来"可用于句末作已然体标记，但与伟江的"哩"近似，须与标记"过"共现，形成"V过来O来"的特殊句式。如：

（131）我去过（来）北京（来）。我去过北京（了）。

（132）我骂过（来）伊（来）。我骂过他（了）。

以上两例中，"过"后的"来"和句末的"来"都可以不说。句末的"来"类似句尾"了"，用与不用会形成强调"经历"还是强调"完成"的区别：不用句末的"来"强调"经历"；用上句末的"来"则强调"完成"，且更凸显"现时相关性"。（131）的言下之意可能是"我不想再去了"；（132）的言下之意可能是"你就别骂他了"。从凸显现时相关性的角度看，陈前瑞（2008）将句尾"了"归入完成体是有道理的。

二、连用式已然体

在汉语方言中，句末往往存在体标记的连用或体标记与语气词的连用。各苗族汉话点均存在已然体标记参与的连用形式，如关峡的"呱哩""呱嘅""呱哩嘅"，兰蓉的"呱哩"，伟江的"哩哇"，车田的"咧哋""哋咧""咧哋咧"。其中关峡、兰蓉均有的"呱哩"，与周边的湘语一致。

（133）关峡：伊来敲门嘅时辰，我已经眼死呱哩/呱嘅/呱哩嘅。他来敲门的时候，我已经睡觉了。

（134）兰蓉：我嘎崽考起大学呱哩。我儿子考上大学了。

（135）伟江：我食早饭哩哇。我吃了早饭了。

（136）车田：伊年纪大咧哋，□ŋaŋ⁴⁴不动哋咧。他年纪大了，做不动了。

（137）车田：球滚入眼眼去咧哋咧。球滚到洞里去呢。

我们认为，首先应该区分这些连用形式的整体功能到底是完整体标记还是已然体标记。湘语中类似的标记连用比较普遍，如"咖哒""咖哩"

"呱哩""落哒"等。据夏俐萍（2021）的研究，湘语中的"咖哒"已经成为一个比单用的"咖"和"哒"语法化程度更高的完整体标记。句末的"咖哒"一般不能与动词后的完整体标记"咖"共现：

（138）* 我吃咖饭咖哒。我吃了饭了。

这可以成为从句法形式上证明句末"咖哒"确实是完整体标记，而不是已然体标记的一个依据。苗族汉话中的这些连用形式则存在不同的情况。先看关峡、兰蓉苗族汉话中的连用形式，在动词后有完整体标记"呱"的情况下，句末仍然可以使用这些连用形式：

（139）关峡：我食呱饭呱哩/呱嘅/呱哩嘅。我吃了饭了。

（140）兰蓉：伊早到呱北京呱哩。他早到北京了。

我们认为，关峡、兰蓉苗族汉话中这些以"呱哩"为代表的连用形式跟湘语的"咖哒"性质并不一样，都只是已然体的变式，而不是完整体标记。伟江的"哩哇"我们前面已经提到，句中动词后有完整体标记"哇"的情况下，句末不能用"哩哇"，应该看作完整体标记，类似于湘语的"咖哒"。车田点的 3 个连用形式则应区分为两种情况：只有"咃咧"可以与句中完整体标记共现，"咧咃"和"咧咃咧"不行：

（141）车田：我食咧饭咃咧/* 咧咃/* 咧咃咧。我吃了饭了。

由此我们认为，"咧咃""咧咃咧"是完整体，而"咃咧"是已然体。

连用形式整体性质的区分，也有利于弄清楚这些不同的连用形式内部成分之间不同的配合模式：凡是完整体标记性质的连用，都是完整体标记打头，已然体标记紧随，语气成分殿后；凡是已然体标记性质的连用，都是已然体标记打头，其后皆为语气成分。据此，湘桂边苗族汉话中已然体标记参与的连用形式的内部成分的配合模式可分为以下四类：

（一）已然体标记＋语气成分：呱哩、呱嘅、咃咧

（二）已然体标记＋语气成分1＋语气成分2：呱哩嘅

（三）完整体标记＋已然体标记（兼语气成分）：哩哇、咧咃

（四）完整体标记＋已然体标记＋语气成分：咧咃咧

其中，第一、二类可称之为"连用式已然体"；第三、四类可称之为"连用式完整体"。此前对这类连用形式的研究要么对标记本身的整体性质缺乏区分，要么对连用形式的内部构造缺乏区分，一律视为体标记连用，

我们认为不甚妥当。

第三节　湘桂边苗族汉话完整体、已然体标记来源探析

▶ **一、关峡、兰蓉、伟江点完整体、已然体标记的来源**

以普通话的双"了"句"我吃了饭了"为例，先看各苗族汉话点核心完整体和已然体标记的共现模式：

（142）关峡、兰蓉：我食呱饭呱。我吃了饭了。

（143）伟江：我食哇饭哇。

（144）车田：我食唎饭呟。

除了车田点以外，关峡、兰蓉、伟江三个苗族汉话点的完整体和已然体都采用同一标记。这种格局与湘语是很不一样的。绝大部分湘语点的完整体和已然体都采用不同的标记。如长益片一般是"V咖O哒"，娄邵片则大多是"V咖O哩"或"V呱O哩"。据我们调查，也有少数湘语点用"V呱O呱"，如城步儒林话。城步兰蓉苗族汉话无论是标记形式还是共现模式都与城步儒林话别无二致，显然是语言接触的结果。从标记来源看，湖南境内关峡、兰蓉两个苗族汉话点的核心完整体和已然体标记均用"呱"，与湘西南不少湘语点（如新化话、城步话等）使用的完整体标记"呱"完全一致，应是苗族人转用或借用湘语体标记的结果。广西境内伟江、车田两个苗族汉话点中，车田点的标记格局与另外三个点都不一样，容后讨论。

伟江点的"哇"，不见于湖南境内的湘语，也不见于桂北西南官话（如桂林话）和入桂湘语新化话。"哇"是否苗语底层词呢？我们认为应该不是。在伟江苗族汉话中，"哇"音为 [ua⁴⁴]。而相关文献所记录的苗语主要完成体助词多为 z 声母系，且没有 u 介音。如：

坝那语：ʐa⁴⁴（李云兵，2017）

矮寨苗语：ʑa⁴⁴（余金枝，2010）

黔东苗语鱼粮话：ʑɛ⁵⁵（石德富，2003）

黔东苗语养蒿话：ʑaŋ⁵⁵（王辅世，1985）

伟江点的体标记"哇"，我们认为与"呱"是同源的，极有可能是语法化过程中语音弱化，k声母脱落的结果。彭逢澍（1999）、李冬香（2003）、胡萍（2018）等均认为湘语中表完成的体标记"咖""呱"等都来自"过"。① "过"属歌部，据王力（1985）的构拟，"过"的韵母先秦为"uai"，汉至晚唐为"ua"，宋至清代均为"uo"。如此看来，"呱 [kua]"是保留了"过"汉至晚唐的古音，"咖 [ka]"则是"呱 [kua]"u介音脱落的结果。语音弱化是语法化过程中的常见现象。Heine & Kuteva（2007）、吴福祥（2020）等都指出语法化过程往往伴随音系形式的减少或销蚀（erosion）。赵日新（2017）则论及处于弱化位置的音节通常会发生的变化包括"复元音单元音化、主元音央化、声调零化或促化、声母浊化或脱落，以及'零'化等"。我们认为，伟江苗族汉话的"哇 [ua]"正是"呱 [kua]"声母脱落的结果。声母脱落在方言中是一种并不少见的语音弱化现象。唐作藩（1960）《湖南洞口县黄桥镇方言》中记载的洞口话完成标记"呱"（唐先生记作"瓜"）就有 [kua²¹] 和 [a²¹] 两个读音。湖南常德方言有完成体标记"啊 [a]"（郑庆君，1999），李冬香（2003）认为其与"咖 [ka]""呱 [kua]"同源，显然是声母脱落的结果。在我们调查的车田苗族汉话中，"起"作为实义动词或动词性语素时发音为 [tɕʰi³³]，作动相补语或体标记时声母脱落，读音为 [i³³]，是语法化导致声母脱落的典型例证。车田点近指词为 [o²¹³]，而关峡点为 [kou²¹³]、伟江点为 [ko²¹³]，周边湘语和赣语多为 [ko] 系近指词，[o²¹³] 显然也是声母脱落的结果。

移民史也可以用来证明"呱""哇"同源。李蓝（2004）指出，"根据当地的口碑传说，龙胜的青衣苗都是明代从湖南城步移民到广西来的"。我们在龙胜县伟江乡调查时，据当地石姓苗族人介绍，石氏族谱记载他们是从湖南城步迁徙到广西龙胜定居的。果真如此，那么源自湖南城步的龙胜伟江青衣苗人很有可能早先也使用"呱"，后来声母脱落成为"哇"。这种脱落过程我们还可以从三个苗族汉话点的对比中看到动态演变的痕迹。且看：

（145）五团：我食呱饭呱。（李蓝，2004）

---

① 关于"咖""呱"等体标记的来源，伍云姬（1996）认为源自"解"，彭逢澍（1999）等认为源自"过"。源自"过"的说法得到了更多学者的认同。

（146）马堤：我食呱饭哇。（李云兵，2017）

（147）伟江：我食哇饭哇。

据姜礼立（2019），城步五团、龙胜马堤、伟江均属湘桂边苗族汉话的西片。从地理位置来看，五团属湖南城步，受湘语影响大，完整体标记和已然体标记均用"呱"。伟江属广西龙胜，处于大山包围的深谷中，与外界接触较为困难，两个标记均已脱落声母成为"哇"。马堤则处在五团和伟江之间，其标记格局是句中完整体标记仍用"呱"，句末已然体标记脱落声母成为"哇"，正好呈现出一种中间状态。据此我们推断，城步五团、龙胜马堤和伟江三个点之间完整体和已然体标记的共现模式演化趋势如下：

V 呱 O 呱＞V 呱 O 哇＞V 哇 O 哇

二、车田点完整体、已然体标记的来源

车田点的完整体和已然体标记，无论语音形式还是标记格局，在苗族汉话中都显得颇为"另类"。先看其完整体标记"唎"[le⁴⁴]。因为缺少历时语料及文献佐证，我们只能通过跨方言、跨语言的语音及语法意义比较进行大致推断。"唎"的来源有两种可能：

一是来自西南官话的"了"。车田苗族汉话长期与以桂林话为代表的西南官话及以新化话为代表的入桂湘语接触。当地苗族人除了会说苗族汉话之外，同样可操不标准的桂林话和新化话。如果作横向比较，车田的"唎"与桂林话完整体标记"了"很相似，① 有可能是西南官话强势影响所致。杨焕典（1998）所记桂林话完整体标记为"了"，记音为 [nɤ⁵⁴]。而据伍和忠（2018），桂林市区官话 n、l 相混，属自由变体。我们在桂林市的调查也表明，新派桂林话完整体标记"了"的声母多用边音 l，读音为 [lɤ⁰]。抛开声调因素，车田的"唎"[le] 与桂林话的"了"[lɤ] 只是韵母开口度大小的差异。

二是来自苗语底层助词。前文曾提到苗语主要的完成体助词一般都是 [ʐ] 声母系的，但也有语音及语法意义上接近"唎"的完成体助词。如李云兵（2002）提到，苗语中有一个从位移动词 le²⁴（相当于"去"）演化而来

---

① 根据伍和忠（2018）及我们的调查，桂林话完整体标记用"了"。

的动态助词 le^{24}，可以位于句中也可以位于句末，表示"动作行为或事物变化发展成为事实的状态"。如：

(148) pei^{43} to^{21} ȵo^{31} nau^{31} tlau^{44} le^{24} plou^{43} ʐei^{21} la^{31}

　　　三　头　牛　吃　光　了　四　丘　田

　　　三头牛吃光了四丘田。

(149) ko^{55} mo^{21} le^{24} i^{43} taŋ^{13} non^{43} ti^{13} ha^{31} tʂi^{44} kau^{24} mo^{21} tso^{13}

　　　我　去了　一　半　日　都　还　不　曾　去　到

　　　我去了半天都还没到。

这个 le^{24} 与车田苗族汉话的"咧"［le^{44}］不仅语音相似，其语法意义也相当于句中的完整体标记，与车田点的"咧"基本一致。此外，还有一个旁证，即：在车田苗族汉话中，"咧"除了用作完整体标记之外，还有一种表示将完成的事态助词用法与"去"完全平行，主要用于祈使句。如：

(150) 你担伊食完咧/去。你把它吃完。

(151) □o^{213}□dui^{33} 有□dai^{213} 蛇，你担伊捶死咧/去。那边有条蛇，你去把它打死。

这种"咧"与"去"完全平行的用法，西南官话的"了"是没有的。我们认为是语言接触的结果。"去"显然是汉语方言的，属语法借用；而"咧"则可能是苗语"去"义位移动词 le^{24} 在苗族汉话中保留下来的结果，二者正处在竞争当中。同一语法功能，既有转用汉语的表达形式，也有原语言底层的遗留，这也正体现了苗族汉话作为"民汉语"的特点。湘桂边青衣苗语的本来面目已经无从得知，但基于上述推断，我们认为车田苗族汉话的"咧"可能是类似"le^{24}"的苗族底层助词的遗留。

车田点的已然体标记"哋"［tie^{0}］在 4 个苗族汉话点中也显得比较"另类"：一是唯有它作为已然体与完整体不采用同一标记；二是语音形式比较特别，跟其他三个点差异大。这个句尾"哋"不见于当地西南官话，如桂林话句尾已然体用"了"，伍和忠（2018）记作"喇"；也不见于当地的新化话，新化话已然体标记用"哩"。我们认为，这个"哋"与"咧"一样，也有可能是苗语底层具有近似意义的助词在车田苗族汉话中的遗留。据王辅世（1985）《苗语简志》记载，苗语中有一个居于句末的情貌助词"tɛ^{11}"，一般加在动词或表发展变化意义的形容词后面，表示将要完成的情貌，兼表陈述语气。如：

(152) nen⁵⁵ lo¹¹ tɛ¹¹

　　　他　来　了

　　　他就要来了。

(153) to¹¹ tsen³⁵ noŋ³⁵ ɕhaŋ³⁵ tɛ¹¹

　　　些　果　这　熟　了

　　　这些果子要熟了。

苗语中的这个"tɛ¹¹"既可表示将完成的情状，同时兼表陈述语气，可看作语气助词，与车田苗族汉话"哒"的部分语法功能是一致的。此外，李云兵（2002）提到，苗语中有一个居于句尾的助词"ta²¹"，韵母差异稍大，但其意义与"哒"更为接近。"ta²¹"表示"到现在为止实现的状态"，永远居于句末，兼有语气意义：

(154) tlei³¹ mpou⁴⁴ ta²¹

　　　水　沸　了

　　　水开了。

(155) mplei³¹ ʂou⁴⁴ taŋ²¹ ta²¹

　　　稻谷　收　完　了

　　　稻谷收完了。

李云兵（2002）提到的这个"ta²¹"也可以视为已然体标记，功能与车田苗族汉话中的"哒"在语法功能上完全一致。从 ta 到 tie 也符合语音演变规律。田阡子（2011）的研究表明，"a>ɛ>e>i>ie"这一单元音裂变链在汉藏语中具有普遍性。无论从语音的演变，还是语法意义的对应，我们推测车田苗族汉话的句末已然体标记"哒"都有可能来源于苗语类似的句末助词。① 4 个苗族汉话点中，车田点完整体标记和已然体标记无论语音形式还是搭配格局，都是各苗族汉话点中最为"另类"的，可能正是因为车田青衣苗人在转用汉语过程中保留了苗语底层助词的缘故。

---

① 湘语中有一个句末已然体标记"哒"[ta]，语音上与"哒"[tie]有相似之处，但"哒"主要用于长益片湘语，不见于湘西南湘语，无法与车田苗族汉话产生接触，所以我们认为基本可排除"哒"来源于"哒"的可能。

本章小结

本章中，我们把湘桂边 4 个苗族汉话点的完整体与已然体表达形式作了较为细致的描写、梳理和比较研究，并从语言接触视角对一些重要体标记的来源进行了分析、探讨。

表 1-1　湘桂边苗族汉话的完整体与已然体标记

方言点 ＼ 体	完整体标记			已然体标记		
	核心标记	其他标记	连用形式	核心标记	其他标记	连用形式
关峡	呱	起/滴		呱	哩/嘅	呱哩/呱嘅/呱哩嘅
兰蓉	呱	起/紧/着		呱		呱哩
伟江	哇	哩	哩哇	哇	哩/喔	
车田	咧	起/紧/哂/完	咧哋/咧哋咧	哋	来	哋咧

调查研究表明，湘桂边各苗族汉话点的完整体标记在语法化程度上内部一致性较强，从句法适配度、使用强制性和能否用于无界事件等角度看，苗族汉话的核心完整体标记"呱""哇""咧"的语法化程度明显高于湘语的"咖"，接近于普通话的词尾"了"。从拥有准完整体标记的丰富性来看，关峡有"起"和"滴" 2 个，伟江仅有"哩"，兰蓉有"起""着""紧" 3 个，车田则有"起""紧""哂""完" 4 个。兰蓉和车田拥有完整体标记的多样性超过一般汉语方言，比较少见。准完整体标记语义来源也具有多样性，包括：趋向动词、附着义动词、完结义动词、稳紧义形容词等。兰蓉、车田"紧"的完整体用法补充了稳紧义形容词的语法化路径。兰蓉独有的"着"完整保留了从动相补语经语法化双路径分别演化出完整体和持续体标记的用法，是"著"的语义演变过程在南方方言中留存的典型例证。车田独有的"哂"则可能是受南宁白话的影响而借入的。

从来源看，关峡、兰蓉点的核心完整体及已然体标记均用"呱"，应是借用或转用湘西南湘语体标记的结果；伟江点的"哇"则是"呱"语音弱化、声母脱落的结果。从五团、马堤、伟江三个点的比较来看，苗族汉话核心完整体与已然体标记的共现模式呈现以下演变趋势：V 呱 O 呱＞V 呱 O 哇＞V 哇 O 哇。车田点的核心完整体标记"咧"可能来自西南官话的"了"，也可能来自苗语底层从位移动词演化为完成体助词的"lɛ²⁴"；已然体标记"哋"则可能来自于苗语句末助词"tɛ¹¹"或"ta²¹"。

此外，本章还通过句法形式的验证，区分了句末的"连用式已然体"和"连用式完整体"，并据此辨析了不同连用形式内部成分之间的配合模式。

第二章
湘桂边苗族汉话的进行体和持续体①

　　进行与持续这一对概念历来存在交叉与纠葛。吕叔湘（1942）把体标记"着"作为动相的一种，称为"方事相"，表示动作在持续之中。王力（1943）把"着"归入"貌"，称作"进行貌"，其意义则包含进行和持续。高名凯（1948）把"着"称为进行体或绵延体。赵元任（1968）较早注意到句尾的"呢（呐）"可以表进行。陈刚（1980）将汉语"着"与英语进行体用法进行比较，认为称"着"的语法意义为"进行"明显不妥。龚千炎（1995）区分了进行和持续，认为"在"偏于表进行，"着"偏于表持续。戴耀晶（1997）较早引进西方体貌理论，把"着"视为"非完整体"（imperfective）的一种，但仍称"持续体"。戴氏对体的界定偏严偏窄，"进行体"没有进入其时体系统。方梅（2000）则把"着"直接称为"不完全体"。陈前瑞（2008）认同方梅的说法，但把"着"的体意义称为"未完整体"，而把"正、在、正在、呢"称为"进行体"。到目前为止，较为通行的做法是：把"在、正在、呢"等看作进行体标记，而把"着"看作持续体标记。

　　本书沿用"进行体"和"持续体"这两个概念，并从标记形式和语法意义两个方面界定"进行体"和"持续体"。参照陈前瑞（2008）、吴福祥（2022），结合一般的汉语研究惯例，我们把方言中居于动词前的时体副词

---

　　① 本章部分内容以《湘桂边苗族汉话的进行体及其与持续体聚焦度之比较》为题发表于《武陵学刊》2023 年第 4 期；部分内容以《湘桂边苗族汉话持续标记的来源及其类型学价值》为题发表于《语言科学》2023 年第 5 期。匿名审稿专家的意见为本章增色不少，谨此致谢。

或处所结构，如"是在""在个里_{在这里}""在那垱_{在那里}"等标记所表示的动作进行意义视为"进行体"；把方言中由动词后虚化成分，如"起""倒""紧""着"等标记所表示的动作行为或状态持续意义视为"持续体"。在这一界定中，标记形式是主要考虑因素。需要说明的是，前贤在区分持续体的语法化程度时，也不乏把动词后虚化成分表示的动作持续、进行义称作"进行体"者。如陈前瑞（2008）分析"着"的语法化过程时区分状态持续、进行体、未完整体，并将其视为"着"语法化程度的三个不同阶段。这显然是另外一种语境下的"进行体"，我们在分析持续标记的语法化程度时也将沿用。

本书对进行体、持续体标记的界定采用较为宽泛的处理方式。吴福祥（2022）把南方方言处所型进行体标记归结为甲类（三音节，如"在这里"）、乙类（双音节，如"在这"）、丙类（单音节，如"在"），并指出三类进行体标记中丙类语法化程度最高，乙类次之，甲类最低。我们认为这样的处理方式基本符合汉语南方方言的特点，故把所有可以表示进行意义的处所结构都看作进行体标记，包括语法化程度最低的甲类。另外，苗族汉话持续体标记的语法化程度多低于普通话的"着"，本书把动词后虚化成分所表示的状态持续义也看作持续标记用法，但会区分其不同用法的语法化程度。

本书不把"持续体"称为"非完整体"或"未完整体"有两点考虑：一是西方体貌理论中"imperfective"这一概念与汉语体貌表达形式的对应关系尚有争议，未必适合汉语方言。二是从我们调查的湘桂边苗族汉话的语言事实来看，其持续体大都不及共同语"着"虚化程度高，与动词情状类型的搭配能力较有限，与Smith（1991）所谓"未完整体"还有相当的距离。因此，我们仍沿用朴素的"持续体"概念。

本书将进行体和持续体置于一章，主要原因有三：其一，从观察方式来看，进行体和持续体都属于"内部视点体"，即参照时间在情状时间之内。二者与完整体和已然体作为"外部视点体"在观察方式上形成对立。其二，从概念划分来看，因为语义的相似性和交叉性，二者历来存在渊源与纠葛，甚至有人把持续和进行归在一起不作区分。我们主张区分，但置于一章论述。其三，进行体标记和持续体标记在方言中往往可以共现，且两类标记的适用范围、聚焦度等方面都值得进行比较研究。

第一节　湘桂边苗族汉话的进行体

湘桂边苗族汉话的进行体标记格局既体现了南方方言的共性，也呈现出作为"民汉语"的个性。

▶ 一、主要的进行体标记

湘桂边 4 个苗族汉话点的主要进行体标记如下：

关峡：滴□me^{53} 在那/滴□nie^{53} 在那/滴个 在这

滴□mei^{21} 底在那里/滴□ni^{21} 底在那里/滴个底 在这里

兰蓉：是□ni^{55}（道）在那（里）/是□uei^{24} 道在这里

伟江：是（道）□ni^{55} 在（里）那/是（道）□le^{55} 在（里）这

车田：是在

跨语言考察表明，语言中的进行体标记大多源于处所词或处所表达结构。汉语也是如此，共同语的"在"即是从处所介词演化为进行体标记。湘语多用处所结构表进行，即"处所介词＋指示词"，如"在那""在个在这"。湘桂边苗族汉话除了车田点用时体副词"是在"之外，另外三个点都采用"处所介词＋指示词"构成的处所结构。车田点的"是"也经历了从判断动词到处所标记再到进行体标记的演化路径。从进行体标记的语义来源看，各苗族汉话点表现出较强的一致性：除关峡点外，兰蓉、伟江、车田都使用来自判断动词的"是"。这与湘语颇为不同，湘语多用处所介词"在"。兰蓉苗族汉话与城步话不一样，据我们调查，城步话与一般湘语一致，用"在"不用"是"。广西两个苗族汉话点与当地西南官话的代表——桂林话也不一样。据伍和忠（2018）和我们的调查，桂林话进行体用"在这塏在这里""在那塏在那里""在塏在里"，也是用"在"构成处所结构。兰蓉、伟江、车田苗族汉话点均用"是"作为进行体标记，这与湘南土话一致。如新田南乡土话的"是"可以充当判断动词、处所标记和进行体标记。举例如下（谢奇勇，2009）：

(1) □tɕioŋ³⁵ 晴是初一。今天是初一。（判断动词）

(2) □tso⁵⁵ 是北京工作。他在北京工作。（处所标记）

(3) □tso⁵⁵ 是食饭。他正在吃饭。（进行体标记）

车田点的"是"与上述湘南土话具有完全相同的用法，已演化出类似例（3）可单独充当进行体标记的时体副词用法；兰蓉、伟江的"是"也有处所介词用法，但没有演化出时体副词用法，需要与指示词配合形成处所结构才能充当进行体标记：

(4) 兰蓉：小张是□ni⁵⁵ 洗衣裤。小张在洗衣服。

(5) 伟江：我是□lɛ⁵⁵ 食饭，伊是□ni⁵⁵ 洗手。我在吃饭，他在洗手。

(6) 车田：伊是食饭。他在吃饭。

从语言接触角度看，湘桂边苗族汉话有可能受湘南土话的影响。李蓝（2004）指出，"城步青衣苗人话地处湘西南，且与湘方言、湘南土话、桂北平话毗邻而居"。从目前的分布来看，湘南土话与城步等地的苗族汉话似乎并无直接接触，但同属一个语言区域，历史上因为人口迁徙而产生接触并非不可能。李蓝（2004）的研究也表明，"城步青衣苗人话与东安花桥土话虽然在地理上并不相属，但二者在一些重要的语音特点上却比较接近"。

兰蓉、伟江的进行体标记均采用处所结构，其语法化程度还比较低。类似例（4）和（5）一类的句子还兼有"处所义"，即可理解成"小张在那儿洗衣服""我在这儿吃饭，他在那儿洗手"。在兰蓉和伟江点，因为处所结构中指示词有若干变体，所以进行体标记也有若干变体。两个点所形成的变体格局还不太一样，具体如下：

兰蓉：

远指进行体标记：是□ni⁵⁵ 在那/是□ni⁵⁵ 道/是□uei²⁴ 道□ni⁵⁵ /是□uei²⁴ 道□mi⁵⁵ /是嗯道（□ni⁵⁵）/是嗯道（□mi⁵⁵）在那里

近指进行体标记：是□uei²⁴ 道在这里

伟江：

远指进行体标记：是□ni⁵⁵ 在那/是道□ni⁵⁵ 在那里

近指进行体标记：是□lɛ⁵⁵在这/是道□lɛ⁵⁵在这里

近指进行体标记使用频率相对较低，一般只用于说话人叙说自己的动作行为或近在身边的动作行为。兰蓉点的近指进行体标记只能用"是□uei²¹³道在这里"，不能用"是□uei²¹³在这"；伟江点的近指进行体可用"是道□lɛ⁵⁵在这里"，也可用"是□lɛ⁵⁵在这"。兰蓉的近指进行体标记只能使用三音节的甲类，伟江的近指进行体标记可以使用双音节的乙类，其语法化程度高于兰蓉。两个苗族汉话点使用频率最高的远指进行体标记均为"是□ni⁵⁵"。伟江点的"是道□ni⁵⁵"从语序来看保存了指示词后置的用法，相当于"在里那"。兰蓉点存在 6 个平行的远指进行体标记，实际上也是苗族汉话指示词语序演化过程在共时层面的表现。"是□ni⁵⁵道"说明其指示词已演变为前置语序，类似伟江点那样纯然后置的"是道□ni⁵⁵"已经消失，但还保留着指示词从后置演变为前置的过渡性语序。一类语序是"是+前置近指词+后置远指词"，如"是□uei²⁴道□ni⁵⁵""是□uei²⁴道□mi⁵⁵"，相当于"在这里那"。其中"□uei²⁴道"是后起的近指词，"□ni⁵⁵"和"□mi⁵⁵"是早期后置远指词的残留。另一类是"是+前置远指词+后置远指词"，如"是嗯道□ni⁵⁵""是嗯道□mi⁵⁵"，相当于"在那里那"。其中"嗯道"是后起的远指词，"□ni⁵⁵"和"□mi⁵⁵"是早期后置远指词的残留，可用可不用。胡萍（2018）认为，苗瑶平话的远指用法表现出从保留原语言底层到逐渐向汉语靠拢的演变趋势。姜礼立（2020）也认为，苗族汉话指示词从后置到前置的语序演变是语言接触所致。

整体来看，苗族汉话的进行体标记涵盖了吴福祥（2022）所归纳的三类处所型进行体标记，其中车田用丙类（单音节），语法化程度最高；关峡、兰蓉、伟江均是甲类（三音节）、乙类（双音节）并存。兰蓉点还拥有吴福祥（2022）所没有关注到的四音节进行体标记，其语法化程度、功能与用法均相当于甲类，是苗语底层指示词后置语序残留的结果。从词汇化程度看，苗族汉话乙类（双音节）进行体标记的词汇化程度明显高于甲类（三音节），主要表现为甲类（三音节）进行体标记仍可独立充当谓语中心，表纯粹处所意义；而乙类（双音节）进行体标记无法独立充当谓语中心，只能位于动词性成分前表进行（兼表处所），已经相当于一个"准时体副词"。词汇化程度的提高，伴随着语法化程度的提升，这也进一步印证了吴福祥（2022）对南方方言进行体标记的论断：形式越长则语法化程度越低。

▶ 二、"是"作为处所/进行标记的跨语言共性

兰蓉、伟江、车田皆用来自判断动词的"是"作为进行体标记或作为一部分构成进行体标记，体现出湘桂边苗族汉话进行体标记高度的内部一致性。与周边主要方言如湘语、西南官话比较，这种内部一致性又是颇为"独特"的。除了车田采用时体副词"是"之外，兰蓉、伟江都采用"是＋指示词"的处所结构表进行。兰蓉、伟江、车田三个苗族汉话点的"是"表现出的共性演化模式是：判断动词＞处所标记。其中车田的"是"往前多走了一步：判断动词＞处所标记＞进行体标记。孙文访（2015）及唐贤清、王巧明（2019）均论证了"是"的这一演化模式，此处不赘述。我们这里只补充一些语言事实，说明"是"的这一语法化路径不仅有跨方言跨语言的共性，还可以由此透视一种语言"是（be）"的编码能力。贵州晴隆喇叭苗人话就有与车田苗族汉话几乎一致的演化模式（吴伟军，2019），例如：

（7）摆是桌子高上矣。搁在桌子上了。（处所介词）

（8）你是唱哪样？你在唱什么？（进行标记）

云南剑川白语的判断动词也有"判断动词＞处所标记"的演化模式：

（9）ŋɑ^{55}　tsɯ^{33}　xā^{42}　xo^{44}

　　我们　是　　汉　族

　　我们是汉族。

（10）mo^{55} tsɯ^{33} nɯ^{55} na^{42}

　　　他　是　那　儿

　　　他在那儿。

英语的 be 动词"is/are"在类似下面的句子里实际上也是在编码处所，而不是编码判断：

（11）He is in the classroom.

　　　他在教室里。

　　湘桂边青衣苗人所操苗语已无从考证，只能从目前仍在使用的苗语中追寻蛛丝马迹。已有报道的一些苗语方言判断动词并无此类演化路径。据姬安龙（2012），黔东苗语台江话，其判断动词"ʨe^6"并无处所标记用法，进行意义通过句尾的指示词表示。另据我们调查，凤凰山江苗语、凯里黔东苗语、湖南的坝那苗语等均没有判断动词演化为处所标记的用法。因此，苗族汉话中"是"的这一用法受苗语底层语法形式影响的可能性不大。但无论是否受到语言接触影响所致，湘桂边苗族汉话判断动词"是"演化为处所（进行）标记具有跨语言共性是无疑的。孙文访（2015）构拟的"是"的概念空间和演化模式也包含如下语义演变链：判断＞处所＞进行体。

　　从编码人类语言判断、处所、存在、领有基本概念的能力来看，不同的语言"是"的编码能力和显赫性表现出差异，最强的能编码全部 4 个基本概念，最弱的只能编码判断。剑川白语的"tsɯ^{33}是"可以编码判断、处所、存在、领有 4 个基本概念。英语的"is/are"可以编码判断、处所、存在 3 个基本概念，编码领有用"have/has"。苗族汉话的"是"则可以编码判断、处所两个基本概念，存在和领有用"有"编码。汉语普通话和大多数汉语方言的"是"则只能编码判断，处所用"在"编码，存在和领有用"有"编码。"是"的编码能力在上述不同语言中形成以下从强到弱的序列：白语＞英语＞苗族汉话＞普通话。

三、关峡点进行体标记的特殊性

　　关峡点的进行体标记与另外三个苗族汉话点不一样，不用"是"，而用处所介词"滴"［ti^{22}］加指示词表示：

滴□me^{53}在那／滴□nie^{53}在那／滴个在这／滴□mei^{21}底在那里／滴□ni^{21}底在那里／滴个底在这里

　　其中前三个是双音节，属吴福祥（2022）提出的乙类进行体标记；后三个是三音节，属吴福祥（2022）划分出的甲类进行体标记。乙类的词汇化程度高于甲类，在关峡苗族汉话中，"伊滴□mei^{21}底他在那里"成句，而"伊滴□me^{53}他在那"不成句。"滴□me^{53}在那"只能用在动词性成分前作状语，表进行（兼有处所义）。

在关峡苗族汉话中，"滴"可以用作处所动词、处所介词、进行体标记：

（12）我滴屋里。我在家里。（处所动词）

（13）伊滴长沙做事。他在长沙做事。（处所介词）

（14）伊滴□me^{53}洗衣裤。他在洗衣服。（进行体标记）

"滴"的演化路径应为：处所动词＞处所介词＞进行体标记。关峡的"滴"没有演化出时体副词用法，只能与指示词配合构成处所结构表进行。如前所述，这类处所结构充当的进行体标记语法化程度比较低，往往还兼有处所义。据我们调查，由于受苗语底层指示词系统的影响，关峡苗族汉话的指示词呈现出由"个［kəu^{213}］""□ni^{44}""□mei^{213}"分别对应"近—中—远"的三分格局。"个"相当于普通话"这"，表近指；"□ni^{44}"一般用于指示离说话人稍远或离听话人较近的视野之内的空间距离，可称之为"中指"或"近远指"；"□mei^{213}"一般用于指示更远的或视野外的空间距离，表远指。"□ni^{44}"和"□mei^{213}"的双音节指示词分别为"□ni^{44}底［te^{53}］"和"□mei^{21}底［te^{53}］"，二者与"滴在"形成处所结构表进行时合音为"□nie^{53}"和"□me^{53}"。因此，关峡苗族汉话的进行体标记，可根据空间距离、时间距离、心理距离选用以下 3 组共 6 个处所结构来表示：

近指进行体标记：滴个在这/滴个底在这里

中指进行体标记：滴□nie^{53}在那/滴□ni^{44}底在那里

远指进行体标记：滴□me^{53}在那/滴□mei^{21}底在那里

由于指示词三分的影响，绥宁关峡苗族汉话的进行体标记存在比一般指示词二分方言更为细致、复杂的选择限制。这一问题第五章还将专题论述，此处不赘述。

▶▶ 四、"到"作为过去进行体标记

关峡、兰蓉两个点的苗族汉话中，有一个副词性的"到"，专门用于过去进行体，表示过去某个时段正在进行的动作行为或事件。如：

（15）关峡：□mei^{21}个时辰，我到读大学，伊也到读大学。那个时候，我在读大学，她也在读大学。

（16）兰蓉：头个月 8 号上半日我到望书。上个月 8 号上午我在看书。

一般情况下，这个"到"也可以替换为处所结构所表示的进行体标记，如（15）中的"到"可替换成"滴□mε^{53}"，（16）中的"到"可替换成"是□ni^{55}"。"到"作为过去进行标记的来源应该是它的"去"义位移动词用法。在关峡、兰蓉苗族汉话中"到"皆有相当于"去"的位移动词义。如：

（17）关峡：我到看呱场戏。我去看了一场戏。

（18）兰蓉：伊到北京读大学呱。他去北京读大学了。

研究表明，从"去"义位移动词到表"进行或持续"具有跨语言的共性。藏语、土耳其语、马里科帕语等语言均有类似演化路径（Heine and Kuteva, 2002）。关峡、兰蓉的"到"可为《语法化的世界词库》提供来自汉语方言的从"去"义动词到进行持续标记的语言事实。

关峡、兰蓉苗族汉话中，如果问别人在做什么，用"到"和用处所结构表进行句义有差别。以兰蓉点为例：

（19）a.　你到□ȵaŋ^{24}么嘎？你在做什么？

　　　　b.　你是□ni^{55}□ȵaŋ^{24}么嘎？你在做什么？

a句用过去进行体标记"到"，不是问听话人现在在做什么，而是问听话人刚才在做什么，或者说离现在最近的过去在干什么。b句用处所结构表示的进行体标记，是问听话人现在正在做什么。

▶▶ 五、进行体标记的适用范围

整体来看，在湘桂边苗族汉话中，相较于动词后虚化成分所充当的持续标记，动词前由时体副词或处所结构充当的进行体标记是比较自由的。无论是适用的时间范畴还是句式、句类都比较灵活、宽泛，所在句子一般也不需要前后小句就可以自足。但四个苗族汉话点的进行体标记在适用范围上也体现出一些细微差异。比如，关峡、兰蓉、车田的进行体标记既可用于有生事物正在进行的动作行为，也可用于正在进行或持续的自然现象等。而伟江点的"是□ni^{55}在那/是道□ni^{55}在那里"等作进行标记一般要求主语具有［＋有生］的语义特征，不能用于正在进行或持续的自然现象：

（20）关峡：□ma^{33}□xa^{53}滴□mε^{53}落雨。外面在下雨。

（21）兰蓉：□lai^{213}□tɕɛ^{44}是 ni^{55}落雨。

（22）伟江：*□lai²² □tɕi⁵³ 是 ni⁵⁵ 落雨。

（23）车田：□lai²¹³ □tɕɛ⁴⁴ 是落雨。

伟江苗族汉话如果要表达"外面在下雨"，一般在动词后使用持续标记"哩"，或者在动词前用副词"正当"，也可以两个一起用。

（24）□lai²² □tɕi⁵³ 正当落哩雨。外面正下着雨。

调查表明，类似"台上在唱戏"这类句子，虽然"唱戏"的施事是有生的，但因为主语"台上"是无生的，不具备［＋有生］的语义特征，伟江苗族汉话此时也不能用"是□ni⁵⁵在那/是道□ni⁵⁵在那里"等作进行标记，只能用持续标记"哩"或副词"正当"：

（25）台头上正当唱哩戏。台上正唱着戏。

第二节　湘桂边苗族汉话的持续体

本节我们将全面探讨湘桂边苗族汉话持续体标记的特点、来源、内部差异及类型学价值。

▶▶ 一、主要的持续体标记

据调查，各苗族汉话点主要的持续体标记如下：

关峡：起［tɕʰie⁴⁴］、滴［ti⁰］①

兰蓉：起［tɕʰi³³］、着［to³³］、紧［tɕin³³］

伟江：起［tɕʰi³³］、哩［lɛ⁰］

车田：起［i³³］、紧［tɕin³³］、嗮［sai⁴⁴］

各苗族汉话点持续标记均不止 1 个，一般为 2～3 个。4 个苗族汉话点共有的持续体标记是"起"，兰蓉、车田两个点均有"紧"，其余是各点独有的持续体标记，如关峡的"滴"、兰蓉的"着"、伟江的"哩"、车田的"嗮"。从语法意义来看，各持续标记常用于表匀质的、静态性的状态持续：

---

① 持续体标记"滴"［ti⁰］应是从处所介词"滴"［ti²²］演化而来。后文探讨"滴"的来源时还将论及。

（26）关峡：□mei²¹³底坐起/滴两个人。那边坐着两个人。

（27）兰蓉：伊手里担着/起/紧一只茶瓯。他手里端着一个茶杯。

（28）伟江：伊穿哩/起一套红衣裤。她穿着一套红衣服。

（29）车田：水边□ie⁵⁵栽起/紧/嗮一排柳树。河边栽着一排柳树。

　　"紧""滴""着""哩""嗮"5个标记还可用于表异质的、动态性的动作持续，亦即陈前瑞（2008）界定的"进行体"。"起"在这一点上则受到限制，除了车田点，各点的"起"均不能用于表动态性的动作持续。如：

（30）关峡：小张洗滴/﹡起衣裤。小张在洗衣服。

（31）兰蓉：小张洗着/紧/﹡起衣裤。

（32）伟江：□nie⁴⁴张洗哩/﹡起衣裤。

（33）车田：小张洗起/紧/嗮衣裤。

　　从静态的状态持续到动态的动作持续是持续标记与动词适配范围扩大，语法化程度提升的表现。据我们调查，"着""紧""哩""滴"等持续标记虽可表动态性的动作持续，但此时更为自然、常见的用法是持续标记与动词前的处所型进行体标记配合使用：

（34）关峡：小张滴□mɛ⁵³洗滴衣裤。小张在那洗着衣服。

（35）兰蓉：小张是□ni⁵⁵洗着/紧衣裤。

（36）伟江：□nie⁴⁴张是□ni⁵⁵洗哩衣裤。

　　如前所述，车田点动词前的进行体标记不用处所结构，而用时体副词"是在"。此处不再举例。车田点的持续标记"起""紧""嗮"不能与动词前的"是在"共现，只能二选其一。

　　车田点的3个持续标记中，"起"不仅可用作表动态持续的"进行体"，还有向语法化程度更高的"未完整体"演化的趋势。刘丹青（1996）曾把"醒着、活着、存在着、红着"等称为纯粹的持续体。陈前瑞（2008）分析"着"的语法化路径时称之为"未完整体"。车田点的"起"已有"醒起醒着、活起活着、红起红着"的用法。当然，与普通话"着"相比，车田的"起"还不能与"存在、有"等典型的状态动词搭配，其语法化程度低于"着"。

二、车田苗族汉话持续体的一种特殊用法

车田苗族汉话的持续体有一种比较特殊的用法不见于其他苗族汉话点，也不见于其他汉语方言，是湘桂边苗族汉话作为"民汉语"所特有的。即视野外的动作行为持续需要加一个后置的"□ie⁵⁵"或"□i⁵⁵"，而视野内的动作行为持续则后置的"□ie⁵⁵"或"□i⁵⁵"可用可不用。比如：

（37）伊是□lai²¹³ tɕœ⁴⁴ 走紧□ie⁵⁵ /□i⁵⁵，不会冷嘎。他在外面跑着呢，不会冷的。

（38）你望，伊走紧（□ie⁵⁵ /□i⁵⁵）。你看，他在跑。

例（37）对说话人来说，"走紧"在视野之外，后面必须得加"□ie⁵⁵"或"□i⁵⁵"；例（38）对说话人来说，"走紧"在视野之内，后面的"□ie⁵⁵"或"□i⁵⁵"可说可不说。再比如，问"你在干什么"也是如此：

（39）你□niaŋ⁴⁴ 紧么（□ie⁵⁵）啊？你在干什么？

如果是当场问，则"□ie⁵⁵"或"□i⁵⁵"可不说；如果是打电话问，则"□ie⁵⁵"或"□i⁵⁵"一般要说，因为此时"你"在视野之外。视野内外的区分往往与指示词系统相关。车田点的"□ie⁵⁵"或"□i⁵⁵"应是苗瑶语底层远指代词的遗留。在车田苗族汉话中，远指词"□ie⁵⁵"和"□i⁵⁵"是两个自由变体，不区别意义。王辅世（1985）《苗语简志》记载苗语有一个表示最远指的"□i³⁵"，所指事物在视线之外。李云兵（2008）也指出川黔滇苗语中有远指代词"□i⁵⁵"，相当于"那"。据田阡子（2011）对元音裂变链的研究，"a＞ɛ＞e＞i＞ie"的单元音裂变链在汉藏语中具有一定的普遍性。由此可见"i"裂变为"ie"是常见的。因此，这个后置的"□ie⁵⁵"或"□i⁵⁵"是苗语后置远指词遗留下来的结果，是苗语底层语法形式在苗族汉话中的遗留。

三、各苗族汉话点持续体标记的内部差异

各苗族汉话点均有2～3个持续体标记。这些并存的持续体标记之间，除上文说到的动态持续与静态持续之外，还存在一些细微差异。以下分点进行比较分析：

（一）关峡的"起"和"滴"

在关峡苗族汉话中，表持续的"起"与"滴"部分用法相同，可以相

互替换。比如：

（40）伊手里担起/滴一只瓯哩。他手里拿着一个杯子。

（41）伊扶起/滴伊，生怕伊绊跤哩。他扶着她，生怕她摔跤。

（42）你戴起/滴！你戴着！

但"起"和"滴"也存在几点差异。主要表现在三个方面：

1."起"可用于存在句，而"滴"一般不能用于存在句。如：

（43）墙上挂起/*滴一张画哩。墙上挂着一幅画。

（44）江边上栽起/*滴一排柳树。河边栽着一排柳树。

（45）门口徛起/*滴三个人。门口站着三个人。

调查发现，仅有"关""绑""锁"等少数几个动词构成的存在句才能用"滴"。如：

（46）□mei²¹底关起/滴一伙劳改犯。那里关着一些劳改犯。

（47）□mei²¹边绑起/滴一个人。那边绑着一个人。

（48）房里锁起/滴一条狗。房间里锁着一条狗。

以上例句中持续标记均为两可。其动词都具有"使固定，无法离开"的语义特征。这应该与持续标记"滴"的来源有关。在关峡苗族汉话中，"滴"也是动相补语，相当于"到"或"着（zhao）"。也就是陈前瑞（2008）所谓"结果体"。如：

（49）伊哩打滴个野猪。他们打到了一头野猪。

（50）伊捡滴顶红帽哩。她戴到一顶红帽子。

类似于普通话的持续标记"着"，从"打着（zháo）""找着（zháo）"类表结果的动相补语演化而来（吴福祥，2004；陈前瑞，2008），关峡苗族汉话中的持续标记"滴"也是从这种"到"义动相补语发展而来。"关""绑""锁"等动作行为的结果状态一旦持续，就包含着人或事物"被固定并无法离开"的结果义，也就暗含着"得到"义，这与"滴"的动相补语意义是契合的。

2."V滴"可以复叠，"V起"不能复叠。类似于普通话"V着"可以复叠为"V着V着"，"V滴"也可以。如：

（51）伊看滴看滴/*看起看起书打眼闭呱。他看着看着书睡着了。

（52）伊讲<u>滴</u>讲<u>滴</u>/*讲<u>起</u>讲<u>起</u>哭起来呱。她说着说着哭起来了。

（53）雨落<u>滴</u>落<u>滴</u>/*落<u>起</u>落<u>起</u>麻落呱。雨下着下着没下了。

3."滴"在连动式中只能用于前一动词项带宾语的连动式，而"起"不受此限。如：

（54）伊□pan⁴⁴<u>起</u>/<u>滴</u>墙食烟。他靠着墙抽烟。

（55）小明勾<u>起</u>/<u>滴</u>头麻讲话。小明低着头不说话。

（56）伊哭<u>起</u>/*<u>滴</u>行过来呱。她哭着走过来了。

（57）饺哩最好煮<u>起</u>/*<u>滴</u>食。饺子最好煮着吃。

（54）（55）是前项带宾语的连动式，"起""滴"两可；（56）（57）是前项不带宾语的连动式，只能用"起"，不能用"滴"。

（二）兰蓉的"起""着""紧"

1. 在存在句中，位置动词后只能用"起"，姿势动词后三个持续标记均可使用。如：

（58）□ka⁴⁴□le⁰挂<u>起</u>/*<u>着</u>/*<u>紧</u>一幅画。墙上挂着一幅画儿。

（59）岩头鼓□le⁰雕<u>起</u>/*<u>着</u>/*<u>紧</u>几个字。石头上刻着几个字。

（60）门口徛<u>起</u>/<u>着</u>/<u>紧</u>三个人。门口站着三个人。

（61）嗯道□ni⁵⁵坐<u>起</u>/<u>着</u>/<u>紧</u>个叫花哋。那边坐着一个乞丐。

（58）（59）中的"挂""雕刻"凸显位置义，而非动态义，表示"动作结束后，动作结果仍然在某个位置上持续。"（戴耀晶，1997）这类存在句只能用"起"，不能用"着"和"紧"。（60）（61）中的"徛站""坐"表示某种静态的姿势，持续标记"起""着""紧"均可使用。

2."V着"和"V紧"可以复叠，而"V起"不能复叠。如：

（62）伊望<u>着</u>望<u>着</u>/望<u>紧</u>望<u>紧</u>/*望<u>起</u>望<u>起</u>书眼死呱。他看看着书睡着了。

（63）伊话<u>着</u>话<u>着</u>/话<u>紧</u>话<u>紧</u>/*话<u>起</u>话<u>起</u>□kai³²起来呱。她说说着哭起来了。

（64）雨落<u>着</u>落<u>着</u>/落<u>紧</u>落<u>紧</u>/*落<u>起</u>落<u>起</u>麻落呱。雨下下着没下了。

这一点与关峡苗族汉话类似，关峡点的"V起"也不能复叠。

3."起"一般不用于活动情状的句子，"着""紧"不受此限。

戴耀晶（1997）认为汉语的体形态会受到动词情状类型和句子情状类

型的双重制约。他将汉语句子的情状分为静态、活动、完结、达成四种。其中活动情状表明一个动作过程，它不反映动作是否有一个内在终结点。"着""紧"可以用于活动情状，"起"一般不能用于活动情状。如：

（65）伊扶着/紧/*起伊，怕伊□dan²¹³跤哦。他扶着她，怕她摔跤。

（66）伊两个嘅手红黑□dɔ²¹³着/紧/*起。他俩的手一直牵着。

从上面的比较分析来看，兰蓉点的三个持续标记的内部差异主要体现在"起"和"着/紧"之间。"着"和"紧"是两个基本平行、可相互替换的持续体标记。

（三）伟江的"起""哩"和"噶"

伟江苗族汉话的持续体标记"起"和"哩"不少情况下是可以互换的。如：

（67）伊穿起/哩一套红色嘎新衣裤。他穿着一套红色的新衣服。

（68）坐起/哩，莫倚滴起！坐着，不要站起来！

（69）水边栽起/哩一排柳树。河边栽着一排柳树。

相较而言，"哩"比较自由，而"起"则受到一些限制。比如：

1. 动词前有处所状语时，动词后只能用"哩"，不能用"起"。如：

（70）伊是屋檐底哩倚哩（*起）。他在屋檐下站着。

（71）伊是地哦哩□nɔŋ⁵⁵哩（*起）。他在地上蹲着。

2. "VP方式＋VP"类连动句式一般也只能用"哩"，不能用"起"。如：

（72）伊喜欢倚哩（*起）食。他喜欢站着吃。

（73）伊□kia³³哩（*起）行过来哇。她哭着走过来了。

此外，"V哩"可以复叠，"V起"不能复叠。这与关峡、兰蓉点是一致的，此处不再举例。在伟江苗族汉话中，还有一个不能单独使用，只能用于复叠的持续标记"噶"[ka⁰]。"V哩V哩"与"V噶V噶"都相当于普通话的"V着V着"，一般用于"VP₁着VP₁着VP₂了"句式。二者有时可以互换。如：

（74）伊望哩望哩/望噶望噶书就眼死去哇。他看着看着书睡着了。

（75）伊话哩话哩/话噶话噶就□kia³³起来哇。她说着说着哭起来了。

但据我们调查，"V哩V哩"与"V噶V噶"在用法上至少存在三个方面的区别：一是 VP$_1$ 与 VP$_2$ 的施事不同时，只能用"V 哩 V 哩"。如：

（76）伊望哩望哩/ * 望噶望噶就沉下去哇。他看着看着就沉下去了。

此句与（74）不同，（74）中"望"和"眼死"的施事都是"伊"，而此句是他人"望"着"伊"渐渐"沉下去"了，"望"和"沉下去"两个动作行为的施事不一致。此类情况只能用"V 哩 V 哩"。

二是 VP$_2$ 是个否定形式时，只能用"V 噶 V 噶"。如：

（77）雨落噶落噶/ * 落哩落哩不落哇。雨下着下着没下了。

句中 VP$_2$ 是否定形式"不落哇"，只能用"V 噶 V 噶"，不能用"V 哩 V 哩"。

三是"V 哩"可以单用，"V 噶"不能单用。如（75）可变换为：

（78）伊话哩□kia^{33} 起来哇。他说着哭起来了。

但无法变换为：

（79）* 伊话噶□kia^{33} 起来哇。他说着哭起来了。

（四）车田的"起""紧""嗮"

车田苗族汉话中的动词后虚化成分"起""紧""嗮"既是完整体标记，也是持续体标记。除了"紧"的使用频率相对较高以外，3 个标记在语义和用法上几乎完全平行，绝大部分情况下可以自由替换。如：

（80）伊是屋□ie^{55} 洗起/紧/嗮衣裤。他在家洗着衣服。

（81）伊嘎手□ie^{55} 担起/紧/嗮一□dai^{213} 茶瓯哩。他手里端着一个茶杯。

（82）伊是屋檐下底徛起/紧/嗮□ie^{55}。他在屋檐底下站着。

（83）你担起/紧/嗮！你拿着!

不仅如此，包括"起"在内 3 个持续标记在复叠形式上也是平行的：

（84）伊话起话起/话紧话紧/话嗮话嗮就□ka^{44} 起来哋。他说着说着哭起来了。

（85）雨落起落起/落紧落紧/落嗮落嗮就冇落哋。雨下着下着没下了。

因此，车田点的"起"是 4 个苗族汉话点中唯一一个具有复叠形式的。这种三个持续标记高度平行的现象在已有方言研究中还未曾有报道。不过，我们通过深度调查也发现，"起"和"紧/嗮"之间在用法上至少存在以下差异：在"VP$_{方式}$＋VP"类连动句式中，且表方式的 VP 不带宾语，则一般只能用"起"，不能用"紧"和"嗮"。比如：

（86）伊笑起/＊紧/＊嗮话"去嘛"。<small>他笑着说"去嘛"。</small>

（87）饺子最好□tɕie⁵²起/＊紧/＊嗮食。<small>饺子最好煮着吃。</small>

（88）伊□ka⁴⁴起/＊紧/＊嗮行过来哋。<small>她哭着走过来了。</small>

以上各例连动句式中，前一 VP 都是后面 VP 的"方式"，且不带宾语成分，都只能用"起"。如果前一 VP 是带宾语的，则 3 个持续标记均可使用：

（89）伊□ban⁴⁴起/紧/嗮墙食烟。<small>他靠着墙抽烟。</small>

▶ **四、持续体标记来源探讨**

湘桂边苗族汉话的持续体标记一共有"起""紧""着""哩""嗮""滴"6 个，其中"起"为 4 个点所共有，"紧"为兰蓉、车田两个点所共有，其余为各个点独有。以下从语义演变、语言接触、音韵推堪等角度探讨这些持续标记的来源。

（一）"起"的来源

从语义演变路径看，"起"从趋向补语经历结果补语、动相补语，演化为持续标记，在湘语、西南官话等一些南方方言中均有体现（吴福祥，2001）。湘桂边苗族汉话的持续标记"起"应来源于表完结或结果的动相补语，陈前瑞（2008）分别称之为"完结体"和"结果体"。陈前瑞（2008）把汉语中"完、好、过"等表示动作完毕或结束的补语性标记称为"完结体"；把"着、到、见"等表示动作有结果及结果状态的补语性标记称为"结果体"。① 通过考察汉语"着"的语义演变以及日语、韩语结果体的语法意义，陈前瑞（2008：115）还提出了具有类型学价值的"语法化双路径"现象，即：结果体可同时向完成体/完整体（路径一）与进行体/未完整体（路径二）发展。其语义基础是："结果意义成分一方面联系着动作完成的意义，另一方面联系着状态持续的意义，这使得语法化的双路径成为可

---

① 陈前瑞（2008）把表状态持续的"着（zhe）"看作广义结果体，把"猫逮着了耗子"中的"着（zháo）"看作狭义结果体。本书结果体取狭义。状态持续本书视作持续标记。

能。"在此基础上，陈前瑞（2009，2021）又分别从近代汉语"着"的用法发展和扩大语种范围的类型学视野下更深入、细致地探讨了这种双路径现象的价值和解释力。从我们调查的结果来看，苗族汉话中"起"主要用作完结体，却也同时具有完整体标记和持续体标记用法。虽然并非各苗族汉话点的"起"都有如"着"一般完整的语法化双路径，但其从完结体出发也同时具备两个演化方向：一条演化为准完整体标记，一条演化为持续体标记。这一演化模式可能给语法化双路径现象带来新的思考，我们将在后文中展开，此处不赘述。

据罗自群（2006：117），持续标记"起"的分布范围较广，主要集中在湘语和西南官话中。从地理语言学角度看，主要分布于绥宁、城步、龙胜、资源的湘桂边苗族汉话正好处于西南官话和湘语的"包围"之中，青衣苗人在弃用苗语转用汉语过程中吸收周边方言中普遍使用的"起"是最自然不过的。

（二）"紧"的来源

城步兰蓉与资源车田两个苗族汉话点均使用"紧"作持续标记。从已有研究文献看，"紧"作为持续标记不见于湘语和西南官话，但广泛分布于赣语、粤语、客家话、平话以及部分湘南土话中。杨永龙（2005）的研究表明，从"稳紧"义形容词到持续、进行体助词，是不少汉语方言中"紧"的语法化路径："稳紧"义形容词（结果补语）＞唯补词（动相补语）＞持续体助词＞进行体助词。第一章中我们曾列举了兰蓉、车田苗族汉话中"紧"的结果补语和动相补语用法，这里不再举例。也就是说，通过共时推堪，可以清晰地看到"紧"在兰蓉、车田苗族汉话中从结果补语到动相补语再到持续标记的演化路径。

从语言接触角度也不难解释"紧"的来源。湘桂边青衣苗所处的湘西南和桂北是一个语言状况复杂、语言接触频繁的地带。在这一区域，除了湘语及西南官话，赣语、湘南土话、桂北平话均有分布，且都有可能与青衣苗人使用的语言发生接触。历史上湖南曾接纳了大量江西移民，特别是元明时期。谭其骧（1987）认为："湖南人来自天下，江、浙、皖、闽、赣东方之人居其什九；江西一省又居东方之什九；而庐菱一道，南昌一府，又居江西之什九。"据鲍厚星（1998）、罗昕如（2002）、陈立中（2002）、陈晖（2002）、彭泽润（2002）等，湘西南说土话的居民多是唐宋以后从江西中、北部移民而来。由于江西的大量移民，湘西南汉语方言受赣语影响明显，且有不少赣语分布。绥宁北部、隆回北部、洞口大部被划为赣语洞绥片（陈晖、鲍厚星，2007）。无论是赣语（曾毅平，1998；谢留文，1998）、湘南土话（卢小群，2002），还是桂北平话（伍和忠，2018），都有持续体标记"紧"。处于同一语言区域的湘桂边青衣苗人借用"紧"是十分自然的。

（三）"嗮"的来源

车田点的"嗮"［sai⁴⁴］为记音，本字不可考。"嗮"不见于湘语及桂北西南官话，我们曾在第一章分析其准完整体用法时推测其可能是车田苗族汉话从省会强势方言南宁白话中借入的标记。"嗮"作为一个标记，在不同的方言文献中记字不一样。杨焕典（1998）、林亦、覃凤余（2008）等记作"哂"；伍和忠（2018）记作"嗮"。其本字究竟为何，无从考证。我们从语音更近似考虑，选择记为"嗮"。应该指出的是，据林亦、覃凤余（2008）及伍和忠（2018），南宁白话中"嗮"有动相补语用法、完整体用法、已然体用法，并无持续体用法。南宁白话持续体标记一般用"住"（伍和忠，2018）。如果借用的推测成立，车田点"嗮"的持续标记用法应是借入后演化出来的。此外，我们的调查表明，在车田苗族汉话中，"起""紧""嗮"是3个基本平行的标记，但"嗮"的使用频率相对较低。所以，不排除另有一种可能就是："嗮"从南宁话借入较晚，借入以后复制了兼有完整体标记和持续体标记的"起"和"紧"的用法。亦即分两步：先借入，再复制"起"和"紧"的语法意义。但这种复制模式与一般语言接触理论所谈到的复制不太一样。据 Heine & Kuteva（2003，2005）的分类和看法，接触引发的语法演变机制主要有借用和复制两种：

　　借用：源语成分的语法语素迁移到受语之中（源语→受语）

　　复制：模式语的语法意义或语法结构被复制到复制语里（模式语→复制语）

如果把汉语某个标记的意义复制到苗语某个标记之上，自然汉语是模式语，苗语是复制语。但苗族汉话的形成并非一般接触意义上的汉语影响苗语的结果，而是青衣苗人弃用苗语转用汉语并不断吸收新的汉语成分的结果。这个过程是渐变的、缓慢的，其间经历了较为长期的苗汉兼用期，李蓝（2004）称之为"古苗汉混合语"阶段。苗汉混合后仍然不断借用、吸收汉语成分和结构，直至最后苗语只留下极少数底层成分而基本成为"汉语"的面貌。转用完成之后，因受周边强势汉语方言影响，苗族汉话势必继续吸收汉语相关成分。在这个过程中，吸收和借用不同时期、不同层次的汉语成分，甚至由于族群迁徙吸收不同地域方言中的汉语成分是极其自然的。"起""紧""嘅"这几个平行标记之中，可能既有不同的历史层次，也有不同方言的影响。比如"起"来自湘语或西南官话，历史层次较早；"紧"来自赣语、平话或湘南土话，时间相对较晚；"嘅"来自南宁粤语，借入时间最晚。在这个不断学习、吸收汉语成分的过程中，先借入或转用的"起""紧"作为一种"模式"复制、类推到后借入的"嘅"之上是有可能的。长期来看，三个完全平行的标记同时使用并不符合语言经济原则，目前可能正处在一种难以见出胜负的竞争当中。

（四）"哩"的来源

虽然湘语和湖南、广西境内的西南官话少见甚至不见记为"哩"或语音近似 [lɛ⁰] 的持续标记，但如果扩大汉语方言的考察视野，则会发现：记为"哩"或语音近似 [lɛ⁰] 的持续标记不少，分布也较为广泛。如山西平鲁话的"哩"[li]，忻州话的"哩"[liə]（田希诚、吴建生，1995）；云南个旧、蒙自、开远话的 [lə]（杨时逢，1969）；福州、莆田、古田、厦门、漳州等地的"唎"或"哩"，记音为 [lɛ] 或 [le]（陈章太、李如龙，1991；陈泽平，1996）；湖南嘉禾话的 [lɤ]（杨时逢，1974）等等。罗自群（2006）基于音韵比较推堪探讨了汉语方言中读 [l] [n] 声母的持续标记的来源，认为 [l] [n] 声母是 [t] 声母的弱化形式，汉语方言中的"哩""唎""勒""哩"等持续标记应源于中古的"著"。这一推测遭到不少学者的质疑，不同地域方言中的这一类标记也确实可能具有不同的来源。如对于客家话的"哩"，刘泽民（2003）、李小华（2013）和黄映琼、温昌衍（2017）等就倾向于认为其源自"来"，并有更多微观的、过渡性的证据。陈曼君（2017）的考察表明，闽南方言中的持续标记"唎"应来自"处"，并非"著"。

从伟江苗族汉话"哩"的语法功能来看，倒确是与"著"的历时演变相似。在伟江苗族汉话中，"哩"除了作持续标记，还可作结果体标记和完成体标记：

（90）伊打哩一只野猪。他打到一头野猪。（结果体）

（91）小张杀哩伊屋里嘎只鸡□ni⁵⁵。小张杀了他家的那只鸡。（完整体）

这恰好吻合吴福祥（2004）、陈前瑞（2008）所构拟的"著"的语法化的双路径，即从结果体分别演化出完整体标记和持续体标记。当然，这只是一种语义旁证，并不能断定"哩"一定源自中古的"著"。

（五）"滴"的来源

虽然关峡苗族汉话周边方言中罕见"滴"，但我国不少方言点存在声母为 [t]，韵母或介音为 [i] 的持续体标记。如记字为"的"，记音为 [ti] 的就有山东牟平话（罗福腾，1995）、山西洪洞话（乔全生，1998）、甘肃武都汉王话（莫超，2004）、湖南常德话（郑庆君，1999）等；记字为"底"，记音为 [ti] 的如新疆乌鲁木齐话（周磊，1995）；记字为"地"，记音为 [ti] 的有福建永安话（陈章太、李如龙，1991）；记字为"得"，记音为 [ti] 的有湖南吉首话（李启群，2002）、东安土话（鲍厚星，1998）等。① 对于汉语方言中这些记字为"的""底""地""得"且韵母为 [i] 或有 [i] 介音的持续标记，罗自群（2006）通过音韵比较推堪认为，"不管它是否还读入声调，是否还保留入声韵尾，都很有可能是来源于遇摄药韵的'著'，没有入声韵尾、不读入声调的持续标记，应该可以看作是进一步的弱化形式"。这一结论只是一种推测，未必能得到所有学者的认同。不过，本书可以为这一推测提供关峡苗族汉话持续标记"滴"的语义演变与"著"平行的证据。梁银峰（2010）认为，中古的"著"是从处所介词演化为持续体标记的：

处所介词"著"（"在"义）＞持续体标记"著"

处所介词"著"（"到"义）＞结果补语＞进行体标记"著"

本书的持续体包含梁文的持续体（状态持续）和进行体（动作进行）。也就是说，从来源看，表状态持续的"著"应来自"在"义处所介词，表

---

① 同样记字为"得"，吉首话为轻声 [ti⁰]，东安土话为入声 [ti⁴²]。

动作进行的"著"应来自"到"义处所介词。而关峡苗族汉话中的"滴"正好既保留了"在"义处所介词用法，也保留了"到"义处所介词用法。如：

(92) 帽哩挂滴壁高头。帽子挂在墙上。（"在"义）

(93) 伊走滴山上去呱。他跑到山上去了。（"到"义）

关峡点的"滴"作为持续标记，既可以表状态持续，也可以表动作进行；而作为介词，既可用作"在"义处所介词，也可用作"到"义处所介词，这种对应应非偶然。持续标记"滴"完整保留着两种处所介词的用法，应是中古"著"演化为持续标记的两个语源在汉语方言中留存下来的难得的证据。此外，从结果体语法化的双路径来看，"滴"的演化模式也与"著"完全平行。关峡点的"滴"还保留着结果体用法，如：买滴买到、打滴打到、看滴看到。同时也可作为受到一些限制的准完整体标记。如：

(94) 昨日伊戴滴顶红帽哩。昨天她戴了一顶红帽子。

(95) 伊杀滴□mei²¹³只鸡。他杀了那只鸡。

显然，跟"紧""着""嗰""哩"等持续标记一样，关峡的"滴"也经历了从表结果的动相补语分别演化出完整体标记和持续体标记的语法化双路径，完全吻合"著"的语义演变模式。因此，关峡的"滴"为声母为[t]，韵母或介音为[i]的持续体标记来源于"著"提供了完整的语义演化证据。

兰蓉点独有的"着"，音[to³³]，我们在第一章分析其准完整体用法时，从音韵和语义演化模式两个方面论证其源于中古的"著"。此处不再重复。

第三节　湘桂边苗族汉话进行体与持续体的聚焦度

Johanson（2000）认为，人们在特定参照点观察情状时，对情状在心理上关注或聚焦的程度会有所不同，这种关注或聚焦的程度就是聚焦度。陈重瑜（1978）认为"在"能用于实际的动作或习惯性行为，"着"只能用于实际进行的动作，因此，"在"所标记的时间域（temporal contour）比

"着"宽，不如"着"精确。时间域与聚焦度在分析语言事实时，其含义比较接近。

陈月明（2000）关于"在"和"着"的比较让人很受启发，文中说到如果某人在邮局填单子，其隐蔽行为可能是寄包裹或拍电报。我们可以从直观行为的角度说"他在填单子""他填着单子"，也可以从隐蔽行为的角度说"他在寄包裹""他在拍电报"，却不能说"他寄着包裹""他拍着电报"。陈月明的结论是："在"表活动的进行，"着"表动作的持续。活动可以是隐蔽行为，动作则一般是直观行为。陈前瑞（2008）指出，这一差别完全符合聚焦度规律，即聚焦度高的"着"仅用于个体或局部动作，聚焦度低的"在"还可以用于整体或多场合事件。他在此基础上对北京话的"正""在""正在""着""呢"等 5 个内部视点标记的聚焦度进行了排序：

着＞正＞正在＞在＞呢

从左到右聚焦度依次降低，其中"着、正、正在"是高聚焦标记，"在"是低聚焦标记，"呢"是无聚焦标记。我们对湘桂边苗族汉话的调查表明，因为采用的标记形式不同，或者因为标记的语法化程度不同，苗族汉话的进行标记与持续标记的聚焦度呈现出与北京话很不一致的格局。

北京话中持续体标记"着"的聚焦度高于所有进行体标记，但苗族汉话的情况似乎正好相反。关峡、兰蓉、伟江 3 个点都是进行体标记的聚焦度高于持续体标记。先看聚焦度高的行为事件：

（96）关峡：a. 我一进门，看滴伊滴□me^{53}食药。我一进门，看见他在吃药。

　　　　　b. 我一进门，看滴伊食滴药。我一进门，看见他在吃药。

（97）兰蓉：a. 我一入门，得见伊是□ni^{55}食药。

　　　　　b. 我一入门，得见伊食着/紧药。

（98）伟江：a. 我一入屋，得见伊是□ni^{55}食药。

　　　　　b. 我一入屋，得见伊食哩药。

"伊食药他吃药"这一情状是参照时点正在发生的，属高聚焦事件，动词前的进行体标记"滴□me^{53}""是□ni^{55}"可以使用，动词后的持续标记"滴""着""紧""哩"也可以使用，还可以进行体与持续体标记共同使用。但是，聚焦度低的行为事件就显现出差异来：

(99) 关峡：a. 伊食不得酒，*伊滴□me⁵³食药。_{他不能喝酒，他在吃药。}

b. 伊食不得酒，伊食滴药。_{他不能喝酒，他在吃药。}

(100) 兰蓉：a. 伊食不得酒，*伊是□ni⁵⁵食药。

b. 伊食不得酒，伊食着/紧药。

(101) 伟江：a. 伊食不得酒，*伊是□ni⁵⁵食药。

b. 伊食不得酒，伊食哩药。

在以上情状中，"他在吃药"并不是参照时间正在进行的实际动作，而是最近一段时间都发生的惯常行为，属低聚焦事件。在这样的句子中，三个点都不能使用进行体标记，只能使用持续体标记。我们由此可以断定，苗族汉话中的进行体与持续体标记的聚焦度正好与北京话、普通话相反，即：进行体标记＞持续体标记。而车田点的情况则与以上三个点则不一样，其进行体标记"是"在聚焦度上似乎与持续体标记"起""紧""嗮"没有区别。无论高聚焦情状还是低聚焦情状，两类标记均可使用：

(102) 车田：a. 我一入门，撞紧伊是食药。

b. 我一入门，撞紧伊食起/紧/嗮药。

(103) 车田：a. 伊食不得酒，伊是食药。

b. 伊食不得酒，伊食起/紧/嗮药。

不难看出，车田点的进行与持续两类标记都既可用于高聚焦事件，也可用于低聚焦事件。那么，车田与另外三个点的差异，以及关峡、兰蓉、伟江三个点与普通话、北京话同类标记聚焦度完全相反的格局如何解释？我们认为可以从标记形式及其语法化程度上得到相对统一的解释。

先来看车田与另外三个点之间的差异。这正好是因为车田点的进行体标记形式与另外三个点不一致造成的。车田点的"是"已演化为时体副词，相当于普通话表进行的"在"，不需要依赖指示词形成处所结构来表进行，语法化程度相对较高；而关峡、兰蓉、伟江点的进行体标记都采用"处所介词＋指示词"的处所表达结构，语法化程度较低，还兼有"处所性"。兼有"处所性"的进行体标记带来的语法后果是：倾向于要求动作行为是在一定处所内发生的具体、直观的动作行为，而不宜是惯常或隐蔽性的动作行为。这种"处所性""直观性"反映到时间域便是时间域的窄化和精确化，也就是要求"高聚焦"。车田点的"是"已没有处所性，是纯粹的时体副词，处所性带来的"高聚焦"要求也就不复存在。关峡、兰蓉、伟江三个苗族汉话所呈现的进行体标记聚焦度高于持续体标记也与此相关：进行体标记的处所性带来的"高聚焦"要求提升了这类标记的聚焦度，而致使其聚焦度高出持续标记。另一方面来看，苗族汉话的持续标记的聚焦度则不及普通话的"着"，在普通话中，"他不能喝酒，他吃着药"一般是不能说的，因为"着"的聚焦度非常高，不能用于这种低聚焦情状。按照一般规律，持续标记的聚焦度应高于进行标记，因为不管"状态的持续还是动作的持续，它都要求情状在某一参照点仍然存在"（陈前瑞，2008）。苗族汉话中进行标记与持续标记聚焦度的反常格局，与进行标记使用处所表达结构有关；其持续标记聚焦度较低则可能与进行标记高聚焦度的"压制"有关。

第四节　"起""紧""着""嗰""哩""滴"等标记的类型学价值

我们认为，湘桂边苗族汉话"起""紧""着""嗰""哩""滴"等标记至少具有以下两个方面的类型学价值：

▶ 一、提供了"不完全"语法化双路径的系列标记

陈前瑞（2008）曾构拟了"着"的语法化双路径，即：

$$\text{"附着"义动词} > \text{结果补语} > \text{结果体} \Big\langle \begin{matrix} \text{动作有结果} > \text{完成体} > \text{完整体} \\ \text{状态持续} > \text{进行体} > \text{未完整体} \end{matrix}$$

在此基础上，陈前瑞（2008）结合日语、韩语等其他亚洲语言论证了结果体语法化双路径的类型学意义。陈前瑞（2021）在类型学视野下扩大语种范围对结果体语法化双路径现象作了更深入的研究，认为"从结果体分别发展出进行体或完成体"的双路径可对汉语的"着"、盖丘亚语的-na；以及英语进行体构式的早期用法作出一致性的解释。在此基础上，他进一步指出："从结果体发展出完成体的路径较为常见，兼有从结果体发展出进

行体的路径则较为少见。虽然在大陆各洲都有零星分布，但仅在亚洲北部集中分布，可视为北亚语言区域特征的一种体现。"

普通话的完结体、结果体标记只有"过"和"着"演化为典型的体标记。其中"过"演化为经历体标记；"着"演化为完成体标记和持续体标记，现代汉语只继承了持续体标记。其他标记均止步于动相补语，如"完、好、到、见"等。湘桂边苗族汉话"起""紧""着""嗬""哩""滴"6个标记不约而同地沿着完成和持续两条路径演化，无一例外发展为完整体标记和持续体标记，成为一组集中展示语法化双路径的标记系列，为结果成分分别向完整体和持续体发展保存了鲜活的语义演变链，也进一步印证了结果体语法化双路径具有较普遍的类型学意义。从语言区域来看，湘桂边苗族汉话属汉语南方方言，其普遍存在的双路径现象也丰富、扩大了我们对该现象分布区域的认识。

我们认为，从苗族汉话"起""紧""着""嗬""哩""滴"等标记的演化模式来看，所谓"语法化双路径"存在着明显的语法化程度不均衡现象，汉语方言中更常见的双路径可能是语法化程度较低的"不完全"双路径。即其双路径未必都如共同语的"着"那样具有完整的虚化链：一条路径虚化为完整体，另一条路径虚化为未完整体。汉语方言的多数情况则可能是前一条路径只到了受限制的准完整体，尚未彻底虚化为完整体；[1] 后一条路径只到了进行体，[2] 或者还停留在静态持续阶段，而尚未演化为未完整体。因为这两条路径上都可能遇到更具优势的完成体标记、持续体标记与之竞争、挤压、限制其语法化过程的发展。这进一步印证了陈前瑞（2009）在谈及结果体的价值时所言："由于体标记有多种不同的来源，因此在许多方言里，这种一体两面的结果体在竞争中并不占据优势，使得这种用同一个标记表示不同体貌的现象成为一种相对特殊的案例。"此外，这也符合汉语作为分析型语言的特点。Bybee（1997）指出，分析型语言缺乏高度语法化的语法手段。陈前瑞（2008）进一步指出："就体貌意义而言，分析型语言

---

① 车田点"起""紧""嗬"作为完整体标记的虚化程度高于其他苗族汉话点。

② 陈前瑞（2008）把持续体的语法化过程区分为状态持续、进行体、未完整体三个阶段。此处的"进行体"是沿用陈氏的区分方法，指持续体语法化过程的第二个阶段。

更可能拥有像完结体或完成体这样一些语法化程度较低的语法形式，而较少拥有像完整体或过去时这样一些语法化程度更高的语法形式。"

▶ 二、展现了完结体形成双路径演化格局的可能性

陈前瑞（2008，2009，2021）十分重视结果体的价值，其系列研究不断深入地论证了结果体"语法化双路径"的类型学意义。湘桂边苗族汉话完结体"起"的演化模式给语法化双路径现象带来了新的思考，或对其具有一定的补充作用。

在 Bybee 等（1994）所构拟的完整体或过去时标记演化过程中，完结体地位突显，是多种时体标记语法化的源头。简而言之，其语法化路径是：完结体＞完成体＞完整体＞过去时。陈前瑞（2008）指出，汉语中最经典的例子是词尾"了"（完整体）来自表示动作完结的补语"了"（完结体）。陈著认同 Bybee 等（1994）提出的完整体语法化路径，但未提及完结体其他可能的演化模式。从苗族汉话来看，完结体"起"同样可以呈现双路径的演化格局。如前所述，各个苗族汉话点，"起"都是典型的完结体标记，同时"起"还具有准完整体和持续体用法。在持续标记的语法化程度上，关峡、兰蓉、伟江的"起"只表静态持续。而车田点的"起"不仅可以表静态持续和动态进行，还演化出陈前瑞（2008）界定的"未完整体"用法，如"醒起醒着""活起活着""红起红着"等。因此，车田点"起"提供了一个"起"作为完结体兼结果体拥有语法化双路径的样本。即：

$$\text{趋向动词} > \text{趋向补语} > \text{结果补语} > \text{完结体/结果体} \begin{cases} \text{完整体} \\ \text{静态持续} > \text{进行体} > \text{未完整体} \end{cases}$$

当然，车田点"起"的特殊性在于它同时兼作结果体标记，这就不能排除以上所谓双路径仍然是从结果体演化而来。但是，关峡、兰蓉、伟江的"起"都只有完结体用法，没有结果体用法。纯完结体"起"虽不具备如"着"一般完整的双路径，但也展现出"不完全"的双路径格局：[①]

---

① 由于本章只是一种概括性论述，且缺乏历时语料，无法对"起"等标记每一个环节的演变进行双重理解分析，还有待在后续研究中结合更细致的专题田野调查对这些标记进行具体语言使用环境的分析。

趋向动词＞趋向补语＞结果补语＞完结体 ＜ 准完整体 / 持续体（静态持续）

因此，我们认为，虽然结果体的双路径现象更常见、典型，语法化程度也更高，但完结体也可能具有语法化双路径。但这一论断尚需得到更多语言事实的支持和更具体的演化过程证据。王芸华（2016）以湖南双峰荷叶话为例证明湘语的"起"具有从"完结相"（即本文的完结体）到持续体标记的演化路径。从完结体到完成体、完整体是体的经典演化路径，王芸华（2016）则从湘语角度展示了从完结体到持续体也是汉语体演变的一条路径。

刘丹青（1996a）提到苏州话及北部吴语的"好"同时存在以下用法：

（104）饭烧好哉。饭做好了。

（105）我勒里挑水，水挑好就去。我在挑水，水挑完就去。

（106）我吃好饭哉，吃勿落哉。我吃了饭了，不能吃了。

（107）我拎好箱子勒海。我提着箱子呢。

（104）中"好"表示"烧"这一动作的完结，与普通话动词后的补语"好"同一性质；（105）中的"好"相当于"完"，刘丹青（1996）也认为："水挑好"最贴近的普通话翻译是"水挑完"。因此，（104）（105）中的"好"是表完结的动相补语，即完结体。（106）中的"好"不再是"完"，而相当于"了"或"过"，是完整体标记。（107）中的"好"则显然是持续体标记，相当于"着"。不难看出，吴语的"好"与苗族汉话"起"相似，也具有完结体、完整体和持续体用法，具备完结体分别演化为完整体和持续体的可能。不过，刘丹青（1996b）把类似例（107）的持续体视作"完成持续体"（即成续体）的一种，并认为"成续体"是完成体的引申用法。匿名审稿专家则指出："成续体可看作广义结果体，从结果体到完成体在吴语里也较为常见。因此，只能说明'好'兼有完结体和结果体功能，其完成体实际从哪个环节发展出来的要慎重，除非吴语有明确的过程研究。"目前尚未见到相关方言有明确、细致的过程研究，故只能歧见暂存，留待以后深入。探讨并确定完结体的语法化双路径，确实还需要进一步扩大语言事实的考察范围，并作更细致的体标记个案的演变过程研究。

本章小结

本章主要对湘桂边苗族汉话的内部视点体——进行体和持续体进行专题研究。4 个点主要的进行体和持续体标记可总结如表 2-1 所示。

表 2-1 湘桂边苗族汉话的进行体和持续体标记

方言点 ＼ 体	进行体标记			持续体标记
	远指	中指	近指	
关峡	滴□me⁴⁴/滴□mei²¹底	滴□nie⁴⁴/滴□ni²¹底	滴个/滴个底	起/滴
兰蓉	是 □ni⁵⁵/是 □ni⁵⁵ 道/□uei²⁴ 道 □ni⁵⁵/是 □uei²⁴ 道 □mi⁵⁵/是嗯道（□ni⁵⁵）/是嗯道（□mi⁵⁵）		是□uei²¹³道	起/着/紧
伟江	是□ni⁵⁵/是道□ni⁵⁵		是□lɛ⁵⁵/是道□lɛ⁵⁵	起/哩
车田	是	起/紧/嗰		

湘桂边苗族汉话的进行体标记以处所结构为主，语法化程度较低。其中车田点采用语法化程度相对较高的时体副词"是"。从语义来源来看，兰蓉、伟江、车田的进行体标记都由判断动词"是"演化而来，表现出较强的内部一致性，不同于湘语和西南官话，但与部分湘南土话一致。这种演化具有跨语言的证据，但也可能是受湘南土话影响所致。由于指示词三分的影响，关峡点的进行体标记具有比一般指示词二分方言更为细分、复杂的选择限制。在适用范围上，伟江点的进行体标记要求主语是［＋有生］的，其他点不受此限。

湘桂边苗族汉话持续体标记比较丰富，各点的持续标记之间既有共性，也有个性：四个点共有的持续标记是"起"，兰蓉、车田两个点均有"紧"，其余是各点独有的持续标记，如关峡的"滴"、兰蓉的"着"、伟江的"哩"、车田的"嗬"。各点持续标记存在内部差异，主要表现在是否具有动态持续义、是否有复叠形式、能否用于存在句、能否用于"VP方式＋VP"类连动句式等。持续体标记语义来源多样，"起"来源于趋向动词，"紧"来源于形容词，"着""哩""滴"从音韵和语义演化模式来看很可能源于中古附着义动词"著"。车田点"起""紧""嗬"三个标记基本平行的特殊现象或是苗族汉话形成过程中吸收不同历史层次的汉语成分、受不同方言影响的结果。

本章还对湘桂边苗族汉话进行体标记和持续体标记的聚焦度进行了比较分析，发现苗族汉话进行体标记与持续体标记的聚焦度呈现出与北京话、普通话相反的格局，即：进行体标记＞持续体标记。这种格局与苗族汉话进行体标记多采用语法化程度较低的处所表达结构有关：处所表达结构的"处所性"倾向于要求动作行为是在一定处所内发生的具体、直观动作行为，而"处所性""直观性"反映到时间域便是时间域的窄化和精确化，也就是要求"高聚焦"。

最后探讨了苗族汉话"起""紧""着""嗬""哩""滴"等标记的类型学价值。苗族汉话"起"的语义模式证明，或许不唯结果体才有语法化双路径，完结体也可以有语法化双路径，但这一结论尚需更多语言事实和过程研究的支持。而"紧""着""嗬""哩""滴"等标记则为结果义同时向完整体和持续体发展提供了新的成系列的语言事实，进一步印证了结果体语法化双路径的类型学意义。不过，汉语方言中更常见的双路径可能是语法化程度较低的"不完全"双路径，未必都如共同语"着"那样具有完整的虚化链。

第三章
湘桂边苗族汉话的其他体及若干貌

本章主要描写和研究湘桂边苗族汉话中除完整体、已然体、进行体、持续体之外的其他体及若干貌。主要包括全部阶段体，如起始体、延续体、完结体和结果体；其他外部视点体，如经历体、将实现体、重行体。另描写若干有代表性的貌，包括短时貌、尝试貌、反复貌、随意貌等。按照重点描写、突出特色的原则，与共同语几乎没有差异的体貌标记，如部分苗族汉话点的起始体标记“起来”、经历体标记“过”等与共同语几无二致，我们将略写。再如短时貌，苗族汉话与所有南方方言一样不用“VV”重叠式，而用“V（一）下”，本章也将一笔带过。而与普通话差异较大的体貌标记，或用法上有特色的体貌现象，本章将重点描写，如完结体和结果体，可能受苗语底层影响产生的以“起”作主要标记的将实现体等。

第一节　湘桂边苗族汉话的阶段体

一、起始体

苗族汉话的起始体表达形式比普通话丰富，也比周边汉语方言显得更为多样。主要有以下 9 种：起来、起咧、起里、起□$k^{h}uai^{44}$、起、来、紧来、嘶来、……滴……呱等。以下分标记描写。

（一）起来①

4个苗族汉话点中，除伟江点之外，另外三个点都可用"起来"作起始体标记。如：

（1）关峡：天色冷起来呱，要多穿咘衣。天冷起来了，要多穿点衣服。

（2）兰蓉：伊哩唱起歌来呱。他们唱起歌来了。

（3）车田：音乐还有响，伊就跳起舞来咘。音乐还没响，她就跳起舞来了。

同普通话一样，苗族汉话"起来"也有合用式与分离式两种用法。例（1）是合用式，例（2）和（3）是分离式。伟江点至今没有吸收周边方言和共同语强势的起始体标记"起来"，说明该点似乎是受共同语和周边方言影响最小的，至少在起始体表达形式上如此。王巧明（2019）、姜礼立（2019）均指出，伟江处于大山包围的深谷中，受外界影响最小，是湘桂边苗族汉话语言面貌保存最好的语言点。

在兰蓉苗族汉话点，起始标记"起来"有一种不同于普通话和其他汉语方言的用法。"起来"可以和"死""生生孩子"搭配：

（4）伊死起来呱。他开始进入死的状态了。

（5）伊妇娘生起来呱。他老婆开始生了。

在普通话和一般汉语方言中，"死"和"生"都是不能带起始标记的动词。一般不能说"他死起来了""他老婆生起（孩子）来了"。这可以从动词的过程结构上得到解释。"V起来"一般要求动词过程结构有起点、有续段，至少有起点，否则不符合起始体的语义要求。据郭锐（1993），"死"是一个典型的"点结构"动词，"点结构"的特征主要是瞬时性和变化性，动作一开始就结束，起点与终点重合。也就是说，"点结构"动词的过程结构分解不出起点和续段，必然无法与"起来"搭配。但是，兰蓉苗族汉话中"死"的过程结构却不一定是如此，例（4）的合法性至少给"死"赋予了起点，说明兰蓉苗族人把"死"至少看作一个有起点、有终点的过程，而不是一个起点与终点重合的"点结构"。当地苗族人认为人在最后断气之

---

① 各苗族汉话点表起始的"起来"发音有差异，关峡点为 [tɕʰie⁴⁴ la⁰]，兰蓉点为 [tɕʰi³³ lei⁰]，车田点为 [i³³ lai⁰]。

前有一种"濒死状态"，开始进入"濒死状态"，即可表述为"死起来呱"。这种对"死"的认知与理解一定程度上影响到"死"的句法功能，所以我们认为：从跨语言、跨方言的角度看，动词的过程结构存在一定的差异性。不同族群对同一动作行为的认知、理解模式的差异可能会影响到动词的过程结构及其句法语义表现。跨语言的考察也可以看到不同族群对"死"的过程结构的理解存在差异。比如汉语一般不能说"他正在死"，但英语中"die"却可以用进行体：

(6) He is dying.

　　他即将死去。

(7) They are dying.

　　他们正陆续死去。

例（6）是"He"处在死去的过程之中，即死的终点时刻尚未到来，但即将到来；例（7）是"They"作为一个群体，这个群体之中有的人已经死了，有的人即将死去。这两个句子翻译成汉语都不能直接采用进行体，例（6）一般用表即行的"即将"，例（7）虽可以用"正"但还需要其他的句法运作。其中例（6）可以很好地说明，"die"在英语中恐怕也不是"点结构"，而是一个有续段的过程。也就是说，从"死"的句法表现来看，兰蓉的"伊死起来呱"赋予了"死"以起点，英语"He is dying"则赋予了"die"以续段。[①]

再来看例（5）中的"生"。郭锐（1993）认为"生"是一个"双限结构"动词，即有起点、有续段、有终点。我们认为按照郭锐（1993）的标准，"生"似乎不应该是双限结构，而是后限结构。因为郭文检验动词是否有起点和续段的句法槽是"V了"，即：如果动词能加"了"且能表示开始，说明动词的过程结构有起点，并且有续段；如果加"了"表示结束，那么说明动词的过程结构有终点。而"生了"显然不能表示"生"这一动作行为的开始，而只能表示结束，所以只能表明其过程结构有终点。这可以与"哭了"比较，"哭了"一般表示开始，说明其有起点、有续段，所以

---

① 调查表明，兰蓉苗族汉话可以赋予"死"以起点，但仍然无法赋予"死"以续段，当地不存在"正在死""在那儿死着"一类的说法。

"哭起来"是很自然的搭配。因此，按照郭锐先生的检验标准："生了"一般表结束，说明"生"的过程结构有终点；"正在生""生着（孩子）"说明其有续段。"生"应该是一个有续段、有终点的过程结构，属于典型的"后限结构"。"后限结构"动词正好缺乏起点，所以普通话和一般汉语方言中"生"都不能搭配突显起点的起始标记。① 但在兰蓉苗族汉话中，却并非如此，例（5）的合法性给"生"赋予了起点，说明兰蓉苗族人把生孩子视作一个有起点、有续段、有终点的过程，"生起来呱"重在指明开始进入生产的状态。因此，兰蓉苗族汉话的"生"比普通话的"生"更接近双限结构动词。这也再次说明，不同族群对同一动作行为的认知、理解模式的差异可能会影响到动词的过程结构及其句法语义表现。

（二）起咧 $[\text{t}\varsigma^{h}\text{i}^{33}\text{lie}^{44}]$

伟江点不用"起来"，用"起咧"。在伟江苗族汉话中，"来"和"咧"声调不一样。"来"是阳平调，调值为22；"咧"是阴去调，调值为44。"起咧"和共同语"起来"的用法相似，有合用式与分离式两种用法。如：

（8）天气冷起咧哇，要多穿□ki⁴⁴衣。_{天冷起来了，要多穿点衣服。}

（9）听哩个信息，伊笑起咧哇。_{听到这个消息，她笑起来了。}

（10）伊哩打起（咧）哇，你去劝下。_{他们打起来了，你去劝一下。}

（11）客□ɖiŋ⁴⁴还没到，伊就食起酒（咧）哇。_{客人还没到，他就喝起酒来了。}

与普通话"起来"不同的是，"起咧"中的"咧"有时可以省略，如（10）（11）中的"咧"可以说，也可以不说。普通话的"来"在这种情况下一般不能隐省。

（三）起里 $[\text{t}\varsigma^{h}\text{ie}^{44}\text{li}^{0}]$

"起里"是关峡点独有的起始体标记。作为起始体标记它的用法是"V起里"。调查发现，在关峡苗族汉话中，"起里"也可以单独作谓语或用在动词前，相当于动词"开始"。如：

---

① 甘肃定西话的"生_{生孩子}"用"养"，起始标记用"开"，也有"她养开了"（相当于"她生起来了"）的说法。调查对象为肖艳，甘肃定西市安定区人，1996年7月生，湖南师范大学在读研究生。

（12）电影起里咧！电影开始了！

（13）起里唱戏咧！开始唱戏了！

显然，动词后的起始体标记"起里"应是从动词"起里"演化而来的。由"开始"义动词演化为起始体标记，这样的现象不见于汉语普通话，普通话的"开始"至今仍然是动词。也不见于目前我们所掌握的其他汉语方言。但是，跨语言的研究表明，BEGIN>INCEPTIVE（即"开始、启动>起始体"）是一条在数种语言中被印证的演化路径。如英语、尼加拉语、塔塔尔语、哈萨克语均有此类现象（Bernd Heine，Tania Kuteva，2012《语法化的世界词库》，龙海平等译）。《语法化的世界词库》在谈到这一语法化路径时特意说道："这一过程虽然概念上有理可据，不过还需要更多证据进一步研究其亲缘和地域分布特征，特别需要那些已处在语法化演变成熟阶段的案例。"该书尚未发现并提及汉语及其方言的例证。关峡苗族汉话的"起里"从开始义动词到起始体标记可以为语法化的世界词库提供来自汉语方言的新证据。如：

（14）搭八点钟唱起里，唱到十二点钟。从八点开始唱，唱到十二点。

（15）囝囝人食早饭嘅时辰就追起里，追到个时辰。孩子们吃早饭的时候就开始追了，追到现在。

需要指出的是，"V 起里"表起始仍然受到限制，语法化程度不高，主要表现为句中必须有时间起点，如例（14）中"八点钟"、例（15）中"食早饭嘅时辰"等。例（1）（2）一类的句子在绥宁关峡苗族汉话点中不能用"起里"，只能用"起来"。

（四）起□kʰuai⁴⁴

"起□kʰuai⁴⁴"是车田苗族汉话的一个起始体标记，它跟关峡点的"起里"一样，是一个从"开始"义动词演化而来的起始体标记。用在动词后作体标记时，除了"打"等少量动词之外，一般句中还需要时间起点标记。如：

（16）伊哩打起□kʰuai⁴⁴吔，你去劝下。他们打起来了，你去劝一下。

（17）利钱□kai⁵⁵下条月日算起□kʰuai⁴⁴。利息从下个月算起。

（18）细嘠崽咧一下课就追起□kʰuai⁴⁴吔。孩子们一下课就追起来了。

例（16）动词用"打"，不需要时间起点，"起□k^huai^{44}"的用法已经与"起来"无异。例（17）（18）中有时间起点，即"下条月日"和"下课"。车田点的"起□k^huai^{44}"也可以作"开始"义动词：

(19) 客□na^{55}冇来，伊就起□k^huai^{44}食起酒来呸。客人还没来，他就开始喝起酒来了。

(20) 利钱□kai^{55}下条月日起□k^huai^{44}算。利息从下个月开始算。

显然，跟"起里"一样，"起□k^huai^{44}"的起始体标记用法应是由"开始"义动词演化而来的。但车田点的"起□k^huai^{44}"在"打"等少量动词之后已不需要时间起点的配合，语法化程度略高于"起里"。四个苗族汉话点中两个点同时具有"开始"义动词虚化为起始体标记的现象，为汉语起始体标记的演化路径提供了新的语言事实，也为跨语言的起始标记研究补充了来自汉语方言的例证。调查表明，兰蓉苗族汉话也有"起□khuai^{44}"，但只有"开始"义动词用法，尚未产生后置于动词的起始体标记用法。"起□khuai^{44}"表"开始"不见于资源话、城步话、新化话，甚至不见于整个湘西南老湘语、赣语和西南官话，但同时为兰蓉、车田两个苗族汉话点所共有，也说明这两个点之间词汇的一致性与关联性。

（五）起①

在各苗族汉话点，由趋向动词虚化而来的"起"都可以表起始。如：

(21) 关峡：囝囝人七点钟就追起，追到个时辰。孩子们七点就开始追，追到现在。

(22) 兰蓉：伊里打起呱，你去劝下着。他们打起来了，你去劝一下。

(23) 伟江：食起！吃起来！

(24) 车田：细噶崽唎一下课就追起呸。孩子们一下课就追起来了。

单用"起"字表起始时，如果句中没有时间起点，就比较受限。如（22）（23）所示，只能用在"打""食吃"等少量动词之后。"起"是如何从趋向动词演化为起始标记的，我们将在第四章分析"起"的多功能性时谈及，此处不赘述。

---

① 表起始的"起"的发音关峡为［tɕ^{h}ie^{44}］，兰蓉为［tɕ^{h}i^{33}］，伟江为［tɕ^{h}i^{33}］，车田为［i^{33}］。

（六）来①

在兰蓉、伟江、车田 3 个苗族汉话点，句末用"来＋已然体标记"，类似于普通话的"来了"，均可表示起始，但一般限于自然现象。如：

（25）兰蓉：落雨来呱。开始下雨了。

（26）伟江：吹大风来哇。开始刮大风了。

（27）车田：涨大水来呐。开始涨大水了。

以上例句均为自然现象。但兰蓉点的"来"作为起始体标记已经不限于自然现象，"唱戏""喝酒"等人类的动作行为都可以用"来"表起始：

（28）唱戏来呱。开始唱戏了。

（29）伊里食酒来呱。他们喝起酒来了。

用趋向动词"来"表起始，在苗语中有相似的用法，如黔东苗语：

（30）ta⁵⁵ noŋ¹³ ta⁵⁵ ʑaŋ⁵⁵.

　　　来　雨　来　了

　　　下起雨来了。

（31）nəu⁵⁵ ki⁵⁵ ta⁵⁵ ʑaŋ⁵⁵.

　　　他　哭　来　了

　　　他哭起来了。

再如，离苗族汉话最近的分布在绥宁、城步境内的红苗支系语言坝那语（李云兵，2017）：

（32）khai³⁵ kja⁴⁴ xa⁴⁴ mo⁴⁴ dai²⁴ nĩ²² tɕeu⁵³ xo⁵⁵ ta³¹³ ʑa⁴⁴.

　　　客　家　还　没　到　他　就　喝　来　了

　　　客人还没到他就喝起来了。

苗语中的 ta⁵⁵/ta³¹³ 是从相当于"来"的趋向动词虚化为起始体标记的，但苗语中 ta⁵⁵/ta³¹³ 的起始标记功能比较强大，不限于用在自然现象上，已经相当于汉语的"起来"（唐巧娟，2020），如例（31）（32）。我们认为苗族汉话中用"来"表起始的现象应是苗语底层语法的影响，属语言接触引发

---

① 各苗族汉话点"来"的发音略有差异：兰蓉为［lei²⁴］，伟江为［lie²²］，车田为［lai²¹³］。

的语法演变。当然，据我们调查，属老湘语的城步话也有类似用法，如：

（33）城步：动风来呱。_{开始刮风了。}开始刮风了。

城步苗族自治县自古作为苗乡，境内汉语方言曾长期与苗语接触，受苗语影响也是情理之中。跨语言的研究表明，"来"演化为状态变化标记比较常见，部分语言中状态变化标记也被视为起始体标记。如桑戈语（Sango）的"ga"原本是"到······来"义，演化为起始体标记（Thornell，1997）。加纳皮钦英语（Ghanaian PE）的"come"也演化为起始体标记（Huber，1996）。因此，"来"演化为起始标记具有一定的跨语言共性。

（七）紧来 [tɕin³³ lai⁰]、嗮来 [sai⁴⁴ lai⁰]

"紧来""嗮来"是车田苗族汉话独有的与"起来"平行的一对起始标记。我们曾在前文的相关研究中指出，车田苗族汉话点中的"起""紧""嗮"是3个用法几乎平行的体标记，都可以作为表完结和结果的动相补语、完整体标记、持续体标记，事实表明它们各自加上"来"之后，也是完全平行的起始体标记：

（34）天气冷起来/紧来/嗮来吔，要多穿□ka⁵⁵衣裤。_{天气冷起来了，要多穿}

点衣服。

（35）音乐还有响，伊就跳起/紧/嗮舞来吔。_{音乐还没响，她就跳起舞来了。}

3个起始标记均可搭配形容词，如例（34）；也都具有分离式用法，"V起/紧/嗮"与"来"之间可插入宾语，如例（35）。3个起始标记用法完全相同，可以相互替换，均为车田苗族汉话中语法化程度较高、相当于共同语"起来"的起始标记。车田苗族汉话"起""紧""嗮"3个标记在动相补语、完整体、持续体、起始体4类体范畴中表现出几乎完全平行的意义和用法，这在汉语方言中是罕见的。按理说也不符合语言表达的经济原则，但却是车田苗族汉话中客观存在的语言事实。这也许是苗族汉话作为"民汉语"的特点，是青衣苗族人在学习、转用汉语的过程中吸收了不同历史层次、不同方言来源的多个标记，而且标记之间在用法上相互影响，甚至复制语法意义的结果。从我们所调查的情况来看，当地"起来"的使用频率高于"紧来"和"嗮来"，这里有两种可能：一是受共同语或周边汉语方言的影响；二是"紧来"和"嗍来"是后起的、复制了"起来"用法的起始标记。

(八) ……滴［ti⁴⁴］……呱［kua⁰］

"V＋滴＋O＋呱"是关峡苗族汉话中一种比较特殊的表起始的格式。这里的"滴"是动相补语，相当于"到"，整个格式相当于"V到O了"。如：

(36) 你干□ŋa⁵³做滴生意呱？你怎么做起生意来了？

(37) 音乐还麻响，伊就跳滴舞呱。音乐还没响，她就跳起舞来了。

(38) 客还麻来，伊就食滴酒呱。客人还没来，他就喝上酒了。

这种起始体表达方式一般用于反预期或听话人觉得意外的"开始"。比如（36）中"你开始做生意"是反预期的；（37）中的音乐还没响"伊"就开始跳舞，（38）中客人还没来，"伊"就开始"食酒"，都是让听话人觉得意外的动作行为。如果取消句子的反预期或意外性，就不能用"V＋滴＋O＋呱"。比如（37）如果前一小句改成"音乐一响"就不能用"跳滴舞呱"，只能用"跳起舞来呱"。

"滴"在关峡点是表结果义的动相补语，用在动词后相当于"V到"或"V着（zháo）"。从结果义衍生出起始义不见于《语法化的世界词库》。但在汉语中，结果补语衍生出起始义状态补语是存在的。现代汉语"V上O了"格式也可以表达起始意义，这种起始义主要来自状态补语或曰动相补语"上"。刘月华（1998）指出"上"用在动词后可以表示"新动作或状态的开始"的状态意义。按照趋向意义＞结果意义＞状态意义的演化路径，这种状态意义就是从结果意义发展出来的。王晓雯（2012）也把"上"看作现代汉语中的一个准起始体标记。如此看来，"V＋滴＋O＋呱"从表结果到表起始也就有理可据了。

综上所述，湘桂边苗族汉话起始体表达形式比较多样，一共有9个。其中"起"为4个点所共有，"起来""来"为3个点所共有，其余均为各个点所独有，呈现出既有共性也有个性的格局。其中绝大多数标记都有趋向动词"起"或"来"的参与。从拥有起始标记的数量来看，车田有6个，关峡有 4 个，兰蓉、伟江各 3 个，小结如表 3-1。

表 3-1　湘桂边苗族汉话的起始体标记

方言点	起始体标记
关峡	起来/起里/起/……滴……呱
兰蓉	起来/起/来
伟江	起咧/起/来
车田	起来/紧来/嗮来/起□khuai⁴⁴/起/来

▶ 二、延续体

一般体貌研究文献把动词后的虚化成分"下去"称为继续体，如戴耀晶（1997）、伍和忠（2018）等。卢英顺（2000）、高顺全（2001）、陈前瑞（2008）则认为动词后虚化的"下来""下去"可合称"延续体"。我们采用"延续体"的说法，将这两个标记放在一起考察。主要考虑是这两个标记的来源完全一致，都是虚化的趋向补语成分，且两个标记所表示的体意义是相关联的："下来"表示从过去某个时间到参照点的延续，"下去"表示从参照点向未来时间的延续，在时间轴上正好代表前后相续的两个阶段，都涉及情状的延续。

从我们调查的情况来看，湘桂边苗族汉话的延续体标记跟普通话一致，主要采用虚化的趋向补语"下来"和"下去"。但跟普通话不一样的是，4 个点的延续标记"下来""下去"与动词之间均可插入"起"。如：

（39）关峡：把伊讲（起）下去，麻打岔。让他说下去，别打岔。

（40）兰蓉：要望嘅人就望（起）下去，我哩先行呱。想看的人继续看下去，我们先走了。

（41）伟江：一日□lei²² （起）下来，我累哩该死。一天做下来，我累得该死。

（42）车田：□ŋ³¹□han³⁵ 算（起）下来，一年也捞不咧好多钱。这样算下来，一年也挣不了多少钱。

"起"在不少南方方言中可以作状态补语标记或趋向补语标记（吴福祥，2001）。在各苗族汉话点，延续标记"下来""下去"和动词之间皆可插入补语标记"起"。除车田点外，各点用"起"的频率比不用"起"高。

老人用"起"多，年轻人用"起"少。从这个角度判断，用"起"应该是固有形式，不用"起"当是受共同语影响所致。在湘语中，不少湘语点这类标记之前插入"起"还具有强制性，比如益阳话，单音节动词或形容词之后用"下去"必须插入"起"（崔振华，1998；徐慧，2001）：

（43）他咯咖赚起下去会发大财啰。他这样赚下去会发大财的。

（44）他有讲起下去。他没说下去。

（45）你咯咖生活下去也不是一只路咮。你这样生活下去也不是一回事呀。

　　例（43）（44）中动词是单音节的，必须插入"起"；例（45）中动词是双音节的，不能插入"起"。这跟韵律有明显关系，动词是单音节时"V单＋起"正好凑成一个双音节音步。动词是双音节时不需要"起"来凑成双音节音步，"起"作为一个轻读成分在韵律上不能单独成为一个音步，反而显得多余。苗族汉话应该是受共同语影响，（39）～（42）这样的"V单＋起"也可不必插入"起"。

　　伟江点的例（41）还有一种普通话没有的用法，"一日□lei²²（起）下来"也可以说成"□lei²²一日下来"。　"一日"之后还可加上宾语，即"□lei²²一日工下来"，相当于"做一天事下来"。类似用法主要存在于关峡、伟江两个点。再看个关峡点的例子：

（46）a. 读三年书下来，伊头发哩脱完呱咧。三年书读下来，他头发都掉光了。

　　　　b. 三年书读下来，伊头发哩脱完呱咧。

　　在关峡点，a、b两句都可以说，但普通话显然只能用 b 的语序，"读三年书下来"普通话须说成"三年书读下来"。吴福祥（2003）认为，"VO 不C"是南方方言从历史汉语中沿用下来的固有语序，"V 不 CO"是后起的。同样，我们认为，关峡、伟江点的"VO 下来"应是保留了其固有语序，而"OV 下来"则是受共同语影响后起的语序。

　　下面谈谈湘桂边苗族汉话中延续体标记"下来"和"下去"的一些差别：

　　一是搭配词类的差异。"下去"可与形容词搭配，"下来"一般不能与形容词搭配。以兰蓉和伟江为例：

（47）兰蓉：嗯呲冷下去，要冷死人嘅。这样冷下去，会冷死人的。

（48）伟江：个□ŋ³¹嘎急起下去，会急出病来。这样急下去，会急出病来。

不难看出，"下去"搭配的形容词一般是消极意义的，表示情况如果再继续下去，将会产生不良后果。这种现象在湘语中也较为常见，如湘语益阳话也是如此（崔振华，1998；徐慧，2001）。

二是过程结构的差异。从过程结构来看，"下来"是"续段＋终点"，且突显终点；"下去"是"起点＋续段"，且突显起点。这种过程结构的差异会给这两个标记带来一些区别。首先是时体意义，王林哲（2006）认为"下来"表完成意义，"下去"表持续意义，实际上也是着眼于前者突显"终点"、后者突显"起点"的过程结构差异。在句法组配上，"下来""下去"有一个明显的差异，那就是"数量短语＋V（起）下来"可以说，而"数量短语＋V（起）下去"不能说。类似例（46），"三年书读（起）下来"四个苗族汉话点都可以说，但"三年书读（起）下去"就都不能说。再如：

（49）关峡：a. 一场戏唱起下来，伊一身嘅汗。一场戏唱下来，他一身的汗。

　　　　＊b. 一场戏唱下去，你抵不起嘅。一场戏唱下去，你受不了的。

（50）车田：a. 一节课上下来，学生□na⁵⁵蛮欢喜伊。一堂课上下来，学生很喜欢她。

　　　　＊b. 一节课上下去，学生□na⁵⁵走咃。一堂课上下去，学生都跑了。

王林哲（2006）认为，"一场戏""一节课"之类的数量短语实际上都具有突显终点的特性。从有界无界的角度看，这些数量短语都代表一个有内在终止点的有界事件，这个有界事件对后面动作的有界性作了极强的界定（沈家煊，2004），突显该动作在时间轴上的终止点。数量短语的有界性及其突显终点的特性与"下来"的过程结构是相符的，因为"下来"的过程结构正好是"续段＋终点"且突显终点。反之，"下去"的过程结构为"起点＋续段"且突显起点，而"一场戏""一节课"之类的数量短语不突显起点，所以就不能组配。

▷ 三、完结体和结果体

陈前瑞（2008）为了给汉语构建一个完整的阶段体范畴，在起始体、延续体之外增加了完结体和结果体。他把"完、好、过"等表示动作完毕或结束的补语性标记称为"完结体";把"着(zháo)、到、见"等表示动作有结果及结果状态的补语性标记称为"结果体"。这些补语性标记一般也被称为动相补语(phase complement)。在湘桂边苗族汉话中,除了可用"完、好、过"等表示动作完成或结束以外,各点均有不同于共同语的完结体、结果体标记。

完结体标记:

关峡:起

兰蓉:起、紧、着

伟江:起

车田:起、紧、嗍

结果体标记:

关峡:滴

兰蓉:紧、着

伟江:哩

车田:起、紧、嗍

我们可以看到,苗族汉话中完结体标记共性大于个性,而结果体标记则个性大于共性。"起"是使用最广的、最普遍的完结体标记,四个点都有;"紧"为兰蓉和车田所共有。结果体标记除了兰蓉和车田共有的"紧"之外,其余均为各个点所独有。其中"起、紧、着、嗍"4个标记有"兼类"现象,这与普通话及一般汉语方言是不太一样的。普通话的完结体和结果体一般采用不同的标记,没有出现一个标记兼作完结体和结果体的现象。据我们初步调查,一般汉语方言大抵也是如此。如湘语完结体一般用"咖、呱、起、完、好"等动相补语;结果体一般用"哒、倒、到、哩、见"等动相补语,极少出现一个标记兼作完结体和结果体的现象。而在湘桂边苗族汉话中,除了伟江的"哩"和关峡的"滴"只能作结果体以外,其余4个标记均兼具完结体和结果体用法:

兰蓉:切紧/着切好　　收紧/着收好(完结体)

　　　撞紧/着碰到　　买紧/着买到(结果体)

车田:切起/紧/嗍切好　　□nai⁵⁵起/紧/嗍收好(完结体)

撞起/紧/哂碰到　　要起/紧/哂买到（结果体）

伟江：切起切好　　　收起收好（完结体）

碰哩碰到　　　要哩买到（结果体）

关峡：切起切好　　　收起收好（完结体）

碰滴碰到　　　买滴买到（结果体）

不难看出，这种标记"兼类"现象主要发生在兰蓉点和车田点，兰蓉点的"着"和"紧"兼具完结和结果意义，车田点的"起""紧""哂"3个标记均兼具完结和结果意义。如此普遍的完结体和结果体兼具现象在此前的研究中还未见提及，比较罕见，具有一定的类型学价值。

与普通话同类标记比较，苗族汉话中这6个表完结和结果的标记还有一点值得关注。普通话这两类标记中只有"过"和"着"演化为真正虚化的体标记，"过"演化为经历体标记，"着"演化为完整体标记和持续体标记，现代汉语只继承了持续体标记。其他标记都止步于动相补语，如"完、好、到、见"等，没有演化为虚化程度较高的体标记。而苗族汉话这6个标记均未止步于动相补语性质，而是不约而同地沿着完成和持续两条路径继续演化，无一例外地发展为准完整体标记和持续体标记，成为一组集中展示"语法化双路径"的标记系列。《语法化的世界词库》中对来源意义为"结果"的形式的语法化路径基本没有涉及，苗族汉话的结果体标记无一例外的"语法化双路经"可为其提供系列语言事实。其类型学意义我们已在第二章中进行了阐述，此处不赘述。

另外，这6个标记也丰富了完结体和结果体的词汇来源。Bybee等（1994）收集了具有完结体标记的语言35种，其中来源于完成或结束义动词的有12种，来源于位移或趋向义动词的有5种，来源于消失等意义的有5种，来源于位移和方向复合意义的有3种，10种来源不明。结果体标记的词汇来源相对单一，主要来自静态动词，如have、be等。苗族汉话除了有来自完成或结束义的"完""好"之外，6个标记的词汇来源分别如下：

起（完结兼结果）：趋向动词

紧（完结兼结果）：形容词

着（完结兼结果）：附着义动词

嗰（完结兼结果）：来源不明

哩（结果）：附着义动词

滴（结果）：附着义动词

　　陈前瑞（2008）指出，汉语的完结体和结果体标记形式数量多、来源广，从类型学角度来看是非常突出的。苗族汉话的这些标记丰富和补充了这两类阶段体标记的来源。比如，"紧"兼表完结体和结果体就为这两类标记增加了"稳紧"义形容词的词汇来源，此前未见有报道。结果体标记的词汇来源也不像 Bybee 等（1994）所描述的那样单调，可以来自附着义动词、趋向动词、"稳紧"义形容词等。如果罗自群（2006）的推测成立，则汉语结果体标记来自附着义动词具有明显的优势，6 个结果体标记有 3 个来自附着义动词。这种词汇来源的多元格局与汉语作为分析型语言形态不发达的特点是密切相关的。Bybee（1997）指出，分析型语言缺乏高度语法化的语法手段，所以更可能拥有较多的像完结体之类的语法化程度较低的语法形式。

第二节　湘桂边苗族汉话的其他外部视点体

　　在第一章中，我们已经专题描写并探讨了湘桂边苗族汉话的完整体和已然体两种外部视点体。除此之外，苗族汉话还有经历体、将实现体、重行体等外部视点体。重行体涉及说话人的主观意愿，也有人将其归入貌。

▶　一、经历体

　　湘桂边苗族汉话的经历体标记跟普通话和周边汉语方言一样，均使用"过"，兼有表完成的用法。从标记形式和时体意义来说，并无特色。但李云兵（2017）发现，龙胜牛头青衣苗话经历体有两个动态助词，语义上有细微的差别，"□tɕe⁴⁴"是表感同身受的经历体标记，强调心理感受；"过"是表动作行为或变化过程的经历体标记，强调过程。我们在关峡、兰蓉、伟江、车田均未发现使用两个经历体标记的现象。但调查表明，车田点的

"过"在用法上具有与其他苗族汉话点和一般方言不同之处。车田点经历体用"过",可以在"过"后加"来",也可以在句末加"来",形成"V 过来 O 来"的特殊句式。例如：

（51）我去过（来）北京（来）。我去过北京（了）。

（52）我骂过（来）伊（来）。我骂过他（了）。

以上两个例句中，"过"后的"来"和句末的"来"都可以不说。句末的"来"类似句尾"了"，用与不用会形成强调"经历"还是强调"完成"的区别：不用句末的"来"强调"经历"；用上句末的"来"则强调"完成"，且更凸显现时相关性。动词前有否定词"冇没"时，两个"来"都不能用：

（53）伊去过来几多地方，就是冇去过北京。他去过很多地方，就是没去过北京。

后一小句有否定词"冇"，"过"后和句末都不能用"来"。

此外，当句中有指示过去时点的时间词语时，句末不能用"来"：

（54）伊□mie52前做过来生意。他以前做过生意。

"过"后的"来"可用可不用，但句末则一定不能用"来"。

有的句子一般用于强调"经历"，而不大可能强调"完成"，句末也不能用"来"：

（55）我手断过来一次。我的手断过一次。

（56）老王话过来你。老王说起过你。

两个句子都强调"经历"，不太可能理解成表"完成"，句末不能用"来"。

有的行为事件属于常规行为，一般用于强调"完成"，不大可能强调"经历"，句末必须用"来"。比如：

（57）我食过来早饭来。我吃过早饭了。

（58）我洗过来手来。我洗过手了。

"吃早饭""洗手"这样的常规行为一般不会用于表示经历，只能强调常规行为的完成并具有现时相关性，所以句末必须用"来"。

关峡、兰蓉、伟江的经历体标记"过"在体意义和用法上与共同语的

"过"几无二致，本书不作描述。4 个苗族汉话点的"过"既可以表经历，也可以表完成。陈前瑞（2008）将表经历的"过"与句尾"了"一起归入完成体，表完成的"过"则与"完、好"等补语性标记一起归入完结体。刘丹青（2017）则认为，"过"的完成用法在汉语中"虽可归属完成体，但作为完成体标记在体系统中的作用并不重要"。我们的体系不设专门的完成体，而将经历体与已然体分立，"过"的完成用法只在经历体用法中简单提及，并不为其专设一个体的类别。

二、将实现体

关峡、兰蓉、伟江的苗族汉话中均有一种用"起"指明某种事态或结果将要实现的特殊体现象，我们将其称之为"将实现体"。这种体的部分语言事实与湘语某些事态助词的用法相似，但主要表现形式不见于普通话、湘语、西南官话及周边其他方言。将实现体标记"起"主要用于祈使句，也可有条件用于陈述句，一般跟在一个动补结构之后，指明动补结构所代表的事态或结果将要实现。如：

（59）关峡：你捉话讲清楚起。你把话说清楚。

（60）兰蓉：嗯道□ni⁵⁵有条蛇，你把伊棒死起！那边有条蛇，你把它打死！

（61）伟江：我把工夫□lei²²完起才去。我把事情做完才去。

（59）（60）是祈使句，"起"一般位于句末；（61）是陈述句，"起"一般位于两个紧缩的小句之间，表明前一动作行为实现后再进入下一个动作行为。"起"在句中没有实际意义，主要用于帮助指明事态、结果将要实现。普通话或一般汉语方言中找不到对应的表达形式。关峡和伟江的"起"还可以用于指明某种消极事态将要实现，这种用法一般与"会"共现。如：

（62）关峡：你个嘎□nai³³，会把刀□nai³³坏起。你这样砍，会把刀砍坏的。

（63）伟江：莫食哇，会食醉起。别喝了，会喝醉的。

（62）中"把刀□nai³³坏把刀砍坏"、（63）中"食醉喝醉"都是消极事态，"起"无实义，帮助指明消极事态将要实现。这种指明消极事态将要实现的"起"在湘语长益片可以用"去"。如长沙话"会感冒去""会送被打死去"等，其中的"去"也无实义，主要帮助指明消极事态即将发生。湘语中类似用法的"去"和关峡、伟江苗族汉话中的"起"都可以看作事态助词。曹广顺（1995）指出，近代汉语中有个活跃的事态助词"去"，其功能主要是"指明事物或状态已经或将要发生某种变化"。长沙话中的事态助词"去"继承了表示事态将要发生变化的用法，且主要表消极事态将要发生。从标记的语法性质来看，关峡、伟江苗族汉话中的"起"具有与湘语"去"平行的用法，也可以看作事态助词。从时体功能来看，则可以看作"将实现体"标记。（62）（63）中"起"的事态助词用法可以在湘语中找到平行的标记，而（59）（60）（61）中的"起"从性质来讲也可以看作事态助词，但其用法找不到对应形式，一般汉语方言中也没有平行标记，其来源值得探究。我们认为，苗族汉话中的这种较有特色的"将实现体"现象应是语言接触的结果。具体来说，可能是湘桂边苗族人转用汉语之后，把苗语底层语法形式"将完成体"意义复制到汉语"起"上的结果。根据李云兵（2002），苗语中存在一种"将完成体"，表示"在某一时刻动作或历程将要去进行并完成"，使用的标记主要是动态助词 tan^{44}（掉）、$tɕa^{44}$（起来）、tou^{44}（给）三个，一般位于句末，少数情况下位于句中。其中助词 tan^{44}、$tɕa^{44}$ 的句法位置及语法意义均与苗族汉话的"起"等将实现体标记十分近似。

先来看 tan^{44}，语义上源于"掉"，在苗语中是一个表动作或历程完成的助词，在句中通常用于表达"将要进行并完成的动作或历程"（李云兵，2002）。多用于祈使句句末，在陈述句中一般用于两个动作或历程之间。如：

（64）mua^{43} lo^{43} $qhau^{55}$ $tʂua^{13}$ i^{44} tsu^{24} tan^{44}

把　个　洞　鼠　那　堵　掉

把那个老鼠洞堵起来。

（65）ko^{55} mua^{43} $tlei^{31}$ ku^{55} tau^{55} mo^{21} tan^{44} ni^{44} tua^{31} to^{13} kau^{31} ua^{44}

我　把　水　挑　回　去　掉　才　来　和　你　做

我先把水挑回去后才来和你一起做。

（64）中 tan^{44} 位于祈使句句末，表示"堵"这一动作或历程将要完成，与（59）（60）等苗族汉话用例中的将实现标记"起"的句法位置和语法意义比较接近。（65）中 tan^{44} 用于陈述句，用在两个小句之间，表示前一动作行为完成之后进入下一个动作行为，与（61）中"起"的句法位置与语法意义高度一致。

再来看 tɕa⁴⁴，类似于"起"或"起来"，作动态助词时句法位置及功能与 taŋ⁴⁴ 一致，通常位于祈使句句末，在陈述句中一般位于两个小句之间，语义上比 taŋ⁴⁴ 更强调动作或历程"将要完成的状态"（李云兵，2002）。如：

（66）tʂhei⁵⁵ tei³¹ tʂhau⁴⁴ naŋ⁴⁴ mo²¹ tlai⁴⁴ tou⁴⁴ ʂou⁴⁴ so⁴³ ntʂan⁵⁵ tɕa⁴⁴

　　　 抬　 些　 衣　 这　 去　 挂　 在　 上　 墙　 起　 来

　　　拿这些衣服去挂到墙上。

（67）ni²¹ mua⁴³ tei³¹ ȵua¹³ lai²⁴ tɕa⁴⁴ tou⁴⁴ hou⁴⁴ tʂei⁵⁵ ta⁴³ to²¹ tau⁵⁵ mo²¹

　　　 她　 把　 些　 小孩　扔　起来　 在　 里　 屋　 独　 个　 回　 去

　　　ni²¹ na²⁴ ʑi¹³

　　　 她　 娘　 家

　　　她把孩子丢在家里自个儿回娘家去。

（66）中的 tɕa⁴⁴ 位于祈使句句末，主要表示"衣服挂到墙上"这一状态将要完成，与（59）（60）等苗族汉话用例中将实现标记"起"的句法位置和语法意义接近。（67）中的 tɕa⁴⁴ 位于陈述句中两个小句之间，同样表示前一动作行为实现之后才能进入下一个动作行为，与（61）中苗族汉话"起"的句法位置与语法意义接近。而且，值得注意的是，从李云兵（2002）的用例来看，这个将完成标记在苗语中也来自趋向词"起"或"起来"。如此便更有可能把这个标记的语法功能复制到汉语的"起"上，使汉语的"起"承担起类似苗语将完成体标记 tɕa⁴⁴ 的功能。基于苗语 taŋ⁴⁴、tɕa⁴⁴ 等助词与苗族汉话"起"作为将实现标记在句类选择、句法位置和语法功能上的一致性，我们认为湘桂边苗族汉话中的将实现体现象极有可能是苗语将完成体用法复制到汉语"起"这一标记上的结果，属语法意义的复制，是语言接触引发的语法演变（吴福祥，2013）。据我们调查，绥宁话、新化话、资源话等湘语及湘桂两省西南官话均没有这类体现象，但城步儒林话存在将实现体。如：

（68）你把佢吃完起！你把它吃完！

（69）个个事情我做完起才行。这件事我做完才走。

这种用法与城步县境内的兰蓉苗族汉话完全一致。城步是苗族自治县，苗族是主体民族，苗族人口占比近 60%。苗语曾与当地汉语方言广泛、深度接触，苗语的将完成体影响到当地汉语方言是完全有可能的。我们倾向于认为城步儒林话"起"的这种特殊用法是苗语影响当地汉语方言的结果，也是语言接触引发的语法演变。

▶ 三、重行体

"重行体"是表达对过往动作或事件不满意或由于客观因素导致失败或失效而需要让动作行为重新进行一次的标记形式。刘丹青（1996）表述为：表示"上一次无效、失效或不理想的情况下再做一次"。"重行体"的名称学界有不同的提法，有的称之为"再次体"，有的归入"反复体"，也有的称"重行貌"。普通话表示"重行"意义没有专门的虚化的体标记，而采用词汇手段，主要是在动词前加副词"再"或"重新"。汉语南方方言多采用动词后虚化的"过"表重行。如湘语沅江话：

(70) 冇写好，写过！没写好，重写！

(71) 调过一件，个件要不得。重新换一件，这件不行。

我们对湘桂边苗族汉话的调查表明，苗族汉话中的重行体表达形式更依赖动词前的"再""重新"等词汇手段，动词后的重行标记"过"一般需要与"再""重新"等配合使用。兰蓉苗族汉话则不用"过"表重行，只能用"再""重新"等副词。

(72) 关峡：个个字哩麻写好，再写（过）一趟。这个字没写好，再写一遍。

(73) 伟江：衣裤没洗干净，重新洗（过）一道。衣服没洗干净，重新洗一遍。

(74) 车田：冇称好，再称（过）一□dai²¹³。没称好，再称一次。

以上三例中动词后的重行体标记"过"都可以省略不说，但动词前的副词"再""重新"不能省略。关峡、伟江、车田的"过"没有（70）（71）这一类用法。在关峡、伟江、车田点，发音合作人在自然状态下都不用"过"作重行标记，经过提示认为动词后可以加"过"，但"过"必须与"再""重新"共现。而在兰蓉点，发音合作人经过提示也认为不能用"过"。也就是说，"过"作为重行标记在湘桂边苗话中十分受限，语法化程度也比较低。这一情况与大部分汉语南方方言不太一样，我们认为应该是湘桂边苗族汉话受西南官话影响较大的结果。据伍和忠（2018），广西境内西南官话的重行体也是较少用"过"而更依赖"再""重新"等副词。如荔浦话：

（75）即个汤忒咸喇，加点水再煮（过）一下。这汤太咸了，加点水再煮一下。

（76）锅盖还门盖贴，再盖（过）一次。锅盖还没盖好，再盖一次。

我们调查了桂林话，情况也是如此。如：

（77）衣服没洗干净，重新洗（过）一道。衣服没洗干净，重新洗一遍。

（78）这杆笔不好写，再调（过）一杆。这支笔不好写，换一支。

广西境内操苗族汉话的当地人均可讲不标准的桂林话，说明苗族汉话与桂北西南官话深度接触是不争的事实。重行体标记"过"的用法与桂林话如出一辙也就不足为怪了。

第三节　湘桂边苗族汉话的若干貌

Comrie 关于体的经典定义是"体是观察情状的内部时间构成的不同方式"。戴耀晶（1997）在此基础上修正为"体是观察时间进程中的事件构成的方式"。这两个较为接近的定义都努力将体范畴区别于时范畴，同时承认体与"时间进程"的关系。对于与时间进程关系不大或没有关系的类似体现象，多数学者愿意另立术语称为"貌"，如张双庆（1996）。本书沿袭传统，仍将其称作"貌"。同时，我们认为，"时间进程"应理解为"时位"，而不是"时量"。所以，"短时""反复"等涉及时量的"体"，我们将其归入"貌"。尝试、随意等则更与时间进程无涉，也宜归入"貌"。以下专题描写湘桂边苗族汉话的短时貌、尝试貌、反复貌和随意貌。

▶ 一、短时貌

本书的短时貌指相当于普通话动词重叠所表示的语法意义。湘桂边苗族汉话跟一般汉语南方方言一样，不用动词重叠表短时，而在动词后使用

"一下"及其变体。关峡、伟江、车田的短时貌标记均为"一下"或"下"。兰蓉的短时貌标记为"一下咃""下咃"或者"下"。由此看来，苗族汉话的短时貌标记似乎并无特色。但有一点值得注意，我们在调查中发现，关峡、兰蓉的短时貌标记演化出一种可用在补语位置上的类似"V得（一）下"的格式，对事物表示一种积极肯定的评价。"V得（一）下"的意义大抵相当于"还不错，值得一V"。范晓蕾（2011）将其称之为"估价"（evaluatives），是介于义务情态和认识情态之间的一种情态。如：

（79）关峡：个□yi⁴⁴菜食得下。_{这个菜味道还不错。}

（80）兰蓉：□uei²⁴单衣服望得下咃。_{这件衣服还不错。}

这种情态意义在伟江、车田采用的表达形式有差异。伟江用"V得□ki⁵⁵_点"，其中"□ki⁵⁵"是小量标记，相当于"点"。车田直接用"V得"，与新化话及大部分湘语完全一致，即"V得"可以直接表示积极肯定的估价情态。

按照范晓蕾（2011）构拟的汉语能性情态语义地图，经过调查，我们认为：湘桂边苗话中这种由短时貌标记"一下"及其变体参与的估价情态应是苗族汉话中能性补语"V得"从表"内在能力"经过"条件可能""条件许可"等语义节点演化而来，即：内在能力＞条件可能＞条件许可＞估价。

关峡、兰蓉苗族汉话的能性补语结构在共时平面上仍然可以看到这4种不同情态意义的用法：

（81）关峡：伊食得行得。_{他能吃能走。}

兰蓉：伊食得眠得。_{他能吃能睡。}（内在能力）

（82）关峡、兰蓉：伊感冒呱，食不得酒。_{他感冒了，不能喝酒。}（条件可能）

（83）关峡：个东西麻坏，还食得。_{这东西没坏，可以吃。}

兰蓉：□uei²⁴个东西麻坏，还食得。_{这东西没坏，可以吃。}（条件许可）

（81）的"V得"表内在能力，（82）的"V得"表条件可能，内在能力和条件可能属动力情态；（83）的"V得"表条件许可，属义务情态。前文（79）（80）则属估价情态。值得注意的是，在关峡、兰蓉苗族汉话中，"V得"表内在能力、条件可能、条件许可均不需要与短时貌标记组配，但表示估价义则常需要短时貌标记的参与。而且，关峡和兰蓉点还有所不同，关峡苗族汉话表估价时"V 得"与"（一）下"是强制组配；兰蓉苗族汉话表估价时"V 得"与"（一）下（吔）"是非强制组配，即短时貌标记可不用。苗族汉话的短时貌标记是如何参与到估价情态构式中去的？特别是关峡点这种强制性组配是如何形成的？可能需要从估价构式的形成机制、构件特征及构式压制角度进行专题研究，此处暂不涉及。

短时貌标记用于"V 得"之后表估价情态的现象在湘桂边其他方言中也有发现。比如，我们调查的桂林话也有类似现象：

（84）这件衣服看得（一）下（子）。这件衣服还不错。

（85）这个菜吃得（一）下（子）。这个菜味道还不错。

桂林话的"一下"及其变体在估价构式中也不是强制性组配，只用"V 得"即可表示估价义。

▶ 二、尝试貌

（一）尝试貌标记及其来源

本书的尝试貌指相当于普通话"VP 看"中助词"看"所表示的语法意义。普通话中有两个语义上相关联，有时会共现的"看"需要区分。即：

（86）你尝尝看，看味道怎么样？

前一小句句末的"看"表尝试，是尝试貌标记；后一小句句首的"看"仍是动词，带小句作宾语，已从"瞻视"义泛化为"测试"义（蔡镜浩，1990）。一般认为，汉语尝试貌标记"看"即是"看"从"瞻视义"到"测试义"再到"尝试义"演化的结果（蔡镜浩，1990；吴福祥，1995；蒋冀骋、龙国富，2005）。

在湘桂边苗族汉话中，各点的尝试貌标记既有共性也有个性：

关峡：□sai^{33}／看

兰蓉：候／望

伟江：望

车田：望／看

从这一格局我们不难看出，4 个苗族汉话点有 3 个用"望"，"望"是湘桂边苗族汉话最通行的尝试貌标记，显然是古汉语看视义动词"望"演化而来。关峡、车田 2 个点的主要看视义动词和尝试貌标记分别为"□sai⁴⁴"和"望"，但也兼用"看"，且"看"的使用频率相对较低，应是受共同语或周边方言影响的结果。兰蓉的"候"和"望"是平行的尝试貌标记和测试义动词，但看视义动词只能用"望"，不能用"候"，如"望电影""望戏"不能说"候电影""候戏"。"候"的演化下文将作专题说明。关峡的"□sai⁴⁴"是当地苗族汉话中的看视义动词，但本字不明，也不见于其他苗族汉话点和周边方言。据我们调查，关峡的"□sai⁴⁴"应不是苗语底层的遗留。王辅世（1985）记录的"看"是 ŋi⁴⁴，姬安龙（2012）记录的"看"是 nɑŋ⁴⁴。我们调查的黔东苗语凯里话看视义动词有 ŋe⁴⁴ 和 ɕʰe³⁵ 等，其中 ɕʰe³⁵ 兼作尝试貌助词；凤凰山江苗语是 en⁵³，实义动词兼尝试貌标记。从语音形式来看，关峡的"□sai⁴⁴"与文献记录及我们所调查的苗语看视义动词差别都比较大。

兰蓉的"候"，音［hao⁴⁴］。候，《广韵》注音为：胡遘切。匣母一等候韵去声。匣母一等字兰蓉今读"h"，候韵今读"ao"，如：猴［hao²⁴］、后［hao³³］、厚［hao³³］等。尝试貌标记读［hao⁴⁴］，记为"候"，声韵均符合演变规律，只声调稍有不合。从语义上来看，古汉语中"候"是看视义动词。《说文》："候，伺望也。"并从"观察义"泛化出"测试义"（蒋冀骋、龙国富，2005）。如：

（87）攀辇即利而舍，候遮扞卫不行。（《国语·晋语》）

上述例句中的"候"，韦昭注为："候，候望。""候"为观察义动词。后引申为测试义。如：

（88）辟若倪之见风也。（《淮南子·齐俗》）

对于句中的"倪"，汉高诱注为："倪，候风者也。""候风"即为"测风"，"候"为"测试"之意。"候"还可与看同义连文，形成"候看"表测试：

（89）得暖则作速，伤寒则作迟。数入候看，热则去火。（《齐民要术》卷五）

句中"候看"指人去感受养蚕室内温度的高低，并非用眼睛观察。"候看"泛指测试。因此，与"看"一样，"候"完全具有从测试义动词演化为尝试貌标记的语义基础。只不过共同语中"看"虚化成功，"候"没有虚化成尝试貌标记；而在兰蓉苗族汉话中"候"成功虚化为尝试貌标记，且保留了测试义动词的用法。如：

（90）候你尝下着，候味道若何啊。你尝下看，看味道怎么样。

前一小句句首的"候"是尝试貌标记，后一小句句首的"候"是测试义动词。兰蓉点的尝试貌标记和测试义动词"候""望"并用，都是方言存古的表现。从历史层次来看，"候"比"望"更为古老。

（二）尝试貌表达形式的语序问题

湘桂边苗族汉话的尝试貌表达形式存在两种相反的语序：一种与普通话一致，是"VP＋尝试貌标记"；另一种是"尝试貌标记＋VP"。后者比较特殊。

"VP＋尝试貌标记"的尝试貌表达形式主要在广西境内的伟江和车田。如：

（91）伟江：个盒磁带你先担归去听下望。这盒磁带你先拿回去听听看。

（92）车田：你来提下望，望/看有好重。你来提一下看，看有多重。

如上所示，伟江、车田的尝试貌均采用"VP望"的表达形式。车田点有一点值得关注，如（92）所示，句末的尝试貌标记只能用存古的"望"，但测试义动词则是"望""看"两可。据调查，车田苗族汉话表实义的看视义动词也是两可，如既说"望戏""望电影"，也说"看戏""看电影"。说明"看"是后来进入当地苗族汉话的，至今虚化的尝试貌助词仍然只能用"望"。但是，车田"望"后置的尝试貌表达形式"VP望"，因为"看"的介入，导致开始出现一种句首用"看"、句末用"望"的特殊"看VP望"格式。目前动词还仅限于"猜"和"试"。例如：

（93）看你猜下望，□o²¹³□dai²¹³是么？你猜猜看，这是什么？

这种趋势继续发展，很可能会导致"看VP看""看VP""VP看"等表达形式的出现，即尝试貌标记将变为"望/看"两可，语序上则变为后置、前置并存。

与共同语相反的"尝试貌标记＋VP"语序主要在湖南境内的关峡和兰

蓉。关峡、兰蓉点的尝试貌标记一般置于句首。如：

(94) 关峡：□sai⁴⁴/看我来尝下，□sai⁴⁴/看味道遮兴滴。我来尝尝看，看味道怎么样。

(95) 兰蓉：候/望你来试下，候/望举得起麻着。你来试试看，看举不举得起。

如上所示，关峡的尝试貌标记"□sai⁴⁴/看"两可，前置于VP；兰蓉的尝试貌标记"候/望"两可，也前置于VP。普通话一般不能说"看我来尝一下""看你来试一下"。据调查，这种尝试貌标记的特殊语序似乎也不是苗语底层遗留或苗语影响所致。因为我们调查了黔东苗语凯里话，其表尝试的ɕʰe³⁵只能置于动词或动词性结构之后；凤凰山江苗语表尝试的en⁵³也只能位于动词或动词性结构之后。一般认为，汉语尝试貌助词"看"的形成，其语法环境是连动式"V看"或"VP看"，是连动式语义重心前移而"看"语义不断泛化的结果（蔡镜浩，1990；吴福祥，1995；蒋冀骋、龙国富，2005；楚艳芳，2014）。苗族汉话中尝试貌标记"□sai⁴⁴/看""候/望"均置于句首，显然不会是如共同语的"看"那样，即虚化于连动式之中，最后位于句末成为语气助词。因此，我们认为，汉语方言中"看"类尝试貌标记的语法化过程未必只有类似共同语"看"一条路径。关峡和兰蓉尝试貌标记位于句首的用法，极有可能虚化于"看视义动词＋小句宾语"的句法环境之中。

兰蓉苗族汉话的尝试貌标记"候/望"还可以位于主谓之间。且看：

(96) 兰蓉：你候/望来试下，候/望举得起麻着。你来试试看，看举不举得起。

这种语序相当于"你看来试一下"，也是普通话所没有的，且不见于周边方言。整体来讲，兰蓉的尝试貌表达方式应该看作尝试貌标记前置于VP的类型。

此前学界基于历史文献对汉语尝试貌标记的研究，基本聚焦于"看"。如楚艳芳（2014）认为：尝试态助词是中古新产生的一个词类，仅有"看"一个成员。如果仅从一般历时文献来看确实如此，但若扩大语言事实的考察范围，特别是将视野转向田野，转向方言口语，则未必如此。湘桂边苗族汉话中一共存在4个尝试貌标记，都来自看视义动词。其中"候""望"是存古的；"看"则明显是受共同语或周边方言影响后来进入的；"□sai⁴⁴"

义为"看"，为关峡点所独有，来源及本字不明。4个点有3个点用存古的"望"作主要的看视义动词和尝试貌标记，且既有前置的，也有后置的。说明当地苗族人在转用汉语时，当时当地的汉语口语中一定存在动词"望"乃至尝试貌标记"望"，但它只用于口语中，没有机会进入传世文献。"候"见于传世文献，但止步于测试义动词，未能虚化为尝试貌标记。所以，传世文献中迄今为止我们只看到"看"虚化成了尝试貌标记。

三、反复貌

根据动作重复的量的限制，重复可分为限量重复和非限量重复（陈前瑞，2008）。限量重复如"敲了一下""敲了几下"；非限量重复如"敲来敲去"。本书把动词的各种复叠形式所表达的非限量重复称为"反复貌"，大抵相当于陈前瑞（2008）的"反复体"。湘桂边苗族汉话中"反复貌"的主要表达形式有：

（一）加叠

即两个单音节动词的 VV 重叠式再叠结在一起的表达形式，即用 V_1V_1 V_2V_2 表反复。如：

关峡：讲讲笑笑说说笑笑

兰蓉：话话笑笑说说笑笑

伟江：入入出出进进出出

车田：去去转转去去来来

其中有一些加叠形式在语序上与普通话存在差异。比如车田点的"去去转转"相当于"去去来来"，普通话一般只能说"来来去去"。"说说笑笑""唱唱跳跳"，在车田点既可以说"话话笑笑""唱唱跳跳"，也可以说"笑笑话话""跳跳唱唱"。关峡、兰蓉、伟江则与普通话语序一致，没有车田点语序的灵活性。

（二）对叠

即通过套接词语将两项词语对举叠结起来，形成间接复叠的表达形式。如普通话"走来走去""翻来覆去""东游西荡"等。其中动词可以相同，也可以形式上不同，但在意义上相近或相对而形成对举。如：

关峡：行来行去走来走去　左讲右讲左说右说

兰蓉：行去行转走来走去　东扯西掰东说西说

伟江：话去话转说来说去　东猖西舞东游西荡

车田：翻去翻转翻来翻去　东望西望东看西看

其中"V 去 V 转"是湘桂边苗族汉话一个较有特色的表反复的对叠格式，相当于普通话的"V 来 V 去"，能产性很强，可以反复发生的动作行为均可使用这一格式。如：走去走转跑来跑去、捶去捶转打来打去、望去望转看来看去、听去听转听来听去。其中的"转"与"去"对举，相当于"来"，保留了古汉语中"转"的"回还、回转"之义。这一格式在兰蓉、伟江、车田 3 个苗族汉话点都高频使用，关峡点没有"V 去 V 转"，只有共同语广泛使用的"V 来 V 去"。兰蓉、伟江、车田也可使用"V 来 V 去"，但使用频率上明显低于"V 去 V 转"，应该是从共同语或周边方言中吸收的格式。从这个对叠格式的使用，也能看到关峡是受共同语或周边方言影响最大的苗族汉话点。

与兰蓉、伟江点比较，车田点仍然表现出对叠形式在语序上的灵活性，"V 去 V 转"可以将语序调换为"V 转 V 去"。如：翻转翻去翻来翻去、行转行去走来走去、话转话去说来说去。

(三) 回叠

即利用顶真式手段，形成回文一样的镜像结构来表达动作行为的反复（陈前瑞，2002）。如：吃了睡，睡了吃。你瞅瞅我，我瞅瞅你。苗族汉话中的回叠式反复貌如：

关峡：打呱骂，骂呱打打了骂，骂了打

兰蓉：食呱眠，眠呱食吃了睡，睡了吃

伟江：食哇呕，呕哇食喝了吐，吐了喝

车田：食咧眠，眠咧食吃了睡，睡了吃

这种回叠格式具有一定的能产性，部分形容词也可以进入，表达性质状态的反复，如：干呱湿，湿呱干干了湿，湿了干、红哇白，白哇红红了白，白了红。

(四) 超词复叠

即基式为超词形式的复叠，中间不嵌入其他成分。如"一 V 一 V""V

啊 V 啊"等。湘桂边苗族汉话中，表反复的超词复叠与普通话基本是同构的。如：

关峡：一眨一眨　数啊数啊

兰蓉：一□ŋa⁵⁵一□ŋa⁵⁵一拐一拐　望啊望啊看啊看啊

伟江：一□kui⁵³一□kui⁵³一翘一翘　洗啊洗啊

车田：一□ȵiao⁴⁴一□ȵiao⁴⁴一眨一眨　翻啊翻啊

（五）间接复叠

即复叠成分之间嵌入了其他成分的复叠形式。据陈前瑞（2002），普通话中表达反复意义的间接复叠主要有嵌"又"式、嵌"啊"式。如"数了又数""敲啊敲"。苗族汉话中也有这两种反复貌表达形式。如：

关峡：听呱又听听了又听　数啊数

兰蓉：来呱又来来了又来　行啊行走啊走

伟江：病哇又病病了又病　走啊走跑啊跑

车田：寻唎又寻找了又找　话啊话说啊说

伟江有一种较为特殊的间接复叠不见于其他苗族汉话点和普通话。这种复叠式的基式为"V＋动量"，中间嵌入"啊"，形成超词形式的间接复叠"V＋动量＋啊＋V＋动量"。如：

话道啊话道说了一遍又一遍

唱道啊唱道唱了一遍又一遍

这种复叠式的基式"话道""唱道"应该是"话一道""唱一道"隐省数词"一"的结果。

整体来看，湘桂边苗族汉话的反复貌比较丰富，与共同语大同小异，但也存在一些共同语阙如的表达形式。如车田点所表现出来的四音格在语序上的灵活性、某些复叠形式的存古现象、"V＋动量＋啊＋V＋动量"之类的特殊复叠形式等，都是颇有特色的。此外，我们也可以看到，湘桂边苗族汉话的反复貌形式上的复叠与意义上的反复具有明显的象似性。

四、随意貌

随意貌是指语言中表达随意、随便情状的表达形式。据调查，湘桂边苗族汉话的随意貌均没有专用的虚化标记或特殊格式，多在动词前采用语义相当于"随意""随便"的副词性成分。如：

(97) 关峡：我乱翻呱几篇就捉书还把伊呱。我随便翻了几页就把书还给他了。

(98) 兰蓉：伊□ko²¹³□tie⁴⁴食呱几口就出门呱。他随便吃了几口就出门了。

(99) 伟江：莫急呀，你□xɑo⁴⁴□dɑo⁴⁴话两句。别着急，你随便说几句。

(100) 车田：你□mi⁴⁴□mɑo⁴⁴□hɑo⁵³□nɑn⁴⁴下就行吔。你随便做一下就行了。

不难看出，4个苗族汉话点表达随意貌的副词形式各不相同，没有共性。其中，兰蓉的"□ko²¹³□tie⁴⁴"，伟江的"□xɑo⁴⁴□dɑo⁴⁴"，车田的"□mi⁴⁴□mɑo⁴⁴□hɑo⁵³"均本字不明。关峡点的"乱"理据比较透明，且很有特色。"乱"在关峡苗族汉话中有两种不同的用法，一种与普通话一样，用作贬义形容词，表示"凌乱、无序"。另一种即是表随意、随便貌的副词，无贬义，是普通话和一般汉语方言所不具备的用法。比如：

(101) 麻着急，你乱讲两句。别着急，你随便讲两句。

句中"你乱讲两句"当然不是劝人乱讲话，而是劝人"随意讲""随便讲"。"乱"的这种副词用法没有贬义，不见于普通话和其他方言，可以视作"乱"在关峡苗族汉话中的一种创新演化。

本章小结

本章重点考察了湘桂边苗族汉话中全部的阶段体，如起始体、延续体、完结体、结果体；部分外部视点体，如经历体、将实现体、重行体；若干貌现象，包括短时貌、尝试貌、反复貌、随意貌等。

阶段体中，起始体标记非常丰富，并存在"开始"义动词向起始体标记演化的现象。兰蓉苗族汉话起始体有"伊死起来呱她死起来了""伊生起来呱她生起来了"一类的说法，说明动词的过程结构可能存在跨方言、跨语言的差异性。延续体与普通话采用同样的标记形式，但部分点的语序体现出南方方言特色。完结体和结果体兼用一套标记，且不约而同地沿着完成和持续两条路径演化，无一例外地均发展为准完整体标记和持续体标记，成为一组集中展示"语法化双路经"的标记系列，具有类型学价值。

外部视点体中，经历体均用"过"，但车田点形成"V过来O来"的特殊句式，句末是否用"来"形成强调"经历"与强调"完成"的对立。以"起"作标记的将实现体应是语言接触引发的语法演变。基于苗语 taŋ⁴⁴、tɕa⁴⁴ 等助词与"起"作为将实现标记在句类选择、句法位置和语法意义上的一致性，本书推断苗族汉话中将实现体现象极有可能是苗语将完成体用法复制到汉语"起"上的结果。重行体受西南官话影响较大。

貌现象中，苗族汉话短时貌标记"一下"及其变体在部分点成为估价情态构式的构件，在汉语方言中不多见；尝试貌标记多样且存古现象较为突出，关峡、兰蓉点尝试貌标记前置于VP的语序未见其他方言有报道，丰富了汉语尝试貌标记的演化模式；反复貌方面，部分点表反复的四音格语序灵活、"V＋动量＋啊＋V＋动量"之类的特殊复叠形式颇具特色；随意貌皆用副词性成分，关峡随意貌副词"乱"是贬义形容词"乱"在当地汉话中的创新演化。

第四章
湘桂边苗族汉话"起"的多功能性研究

"起"在现代汉语中既是一般动词，也是趋向动词。《现代汉语词典》（第7版）将其作为两个词条分别释义。刘月华（1998）对现代汉语趋向补语"起"的语法意义进行了比较细致的刻画，认为"起"的语法意义包括趋向意义、结果意义、状态意义，另有若干特殊用法。蔡瑱（2013）基于普通话和部分汉语方言构拟了"起"的概念空间，但尚有遗漏语义节点和语义节点紧邻关系设置不科学的问题，值得进一步讨论。在本书前几章的体貌专题研究中，我们不难看出：苗族汉话中"起"的体功能非常强大，可以承担完结体、结果体、完整体、持续体、起始体、将实现体等多种体功能。苗族汉话中的"起"不仅功能比一般汉语方言强大，还演化出若干不见于普通话和其他方言的语法功能。本章主要在语义图视域下考察湘桂边苗族汉话中颇具特色的多功能形式"起"，在此基础上补充、调整、修正已有的"起"的概念空间，并探讨若干与"起"相关的演化问题。

第一节　湘桂边苗族汉话中"起"的功能

"起"在湘桂边苗话中可以作为动词或动词性语素，如"起屋""起身""起风""起云""起包""起作用"等。此外，"起"还具有以下十余种语法功能。

》 一、趋向补语

表示通过动作使人或事物从低处向高处移动。与普通话无异，4个苗族汉话点均有。如：

（1）伟江：伊拥起个囝人崽就行哇。他抱起孩子就走了。

（2）车田：伊担起瓯哩就食。他端起杯子就喝。

（3）兰蓉：伊担起包走呱。他拿起包跑了。

（4）关峡：伊捡起帽哩戴滴我额头上。他捡起帽子戴在我头上。

▶ 二、结果补语

表示"突出""隆起"，或使事物聚合以至固定，或达成某种预想的结果等。与普通话差别不大，4 个苗族汉话点均有。如：

（5）伟江：伊额头上鼓起个大包。他头上鼓起来一个大包。

（6）车田：伊担门□jia^{55}起，担钱□nai^{55}起。他把门关起，把钱藏起。

（7）兰蓉：贼遭受捉起呱。贼被抓住了。

（8）关峡：我崽考起大学呱。我儿子考上大学了。

▶ 三、动相补语

我们所调查的 4 个苗族汉话点，"起"均具有表完结的动相补语功能，相当于普通话的"完"或"好"。陈前瑞（2008）称之为"完结体"，属阶段体之一种。如：

（9）伟江：我□lei^{22}起饭哇。我做好饭了。

（10）车田：我杀起鸡哋。我杀完鸡了。

（11）兰蓉：先把肉切起，等下炒菜。先把肉切好，等一下炒菜。

（12）关峡：你嘅衣连起呱。你的衣服做好了。

车田点的"起"还具有表结果的动相补语功能，相当于普通话的"到"或"着（zháo）"。陈前瑞（2008）称之为"结果体"，属阶段体之一种。如：

（13）车田：我撞起伊哋。我碰到他了。

▶ 四、完整体标记

表完结的动相补语进一步虚化就会成为完整体标记。在我们调查的 4 个苗族汉话点，"起"都发展出了准完整体标记用法，语音上读轻声，语法意义上接近于普通话的词尾"了"。如：

(14) 伟江：昨日，我要起两本书。昨天，我买了两本书。

(15) 车田：我食起你昨□ti⁵⁵要嘎金橘哩，好食！我吃了你昨天买的橘子，好吃！

(16) 兰蓉：上半日，我买起一只鸡。上午，我买了一只鸡。

(17) 关峡：小张杀起伊屋里嘅□mei²¹³只鸡。小张杀了他家的那只鸡。

从目前的方言语法研究成果来看，"起"作动相补语的用法报道较多，但虚化为完整体标记的汉语方言尚不多见。在苗族汉话中，与专用的完整体标记相比，"起"作完整体标记的用法受到较多限制，主要表现为可结合的动词有限，一般不能用在动结式与宾语之间等。各苗族汉话点均另有虚化程度更高、用法上更为自由的核心完整体标记，如龙胜伟江的"哇"、资源车田的"唎"、绥宁关峡和城步兰蓉的"呱"。

吴福祥（1998）在谈到动相补语和完成体①助词的区别时提到四个方面的标准：有无可能式、能否用在动结式之后、能否后接完成体助词、音韵上是否轻读。湘桂边苗族汉话中的"起"都符合其中三条，即均无可能式、不能后接完成体助词、音韵上读轻声。车田、兰蓉、关峡的"起"可用在动结式之后形成"VC起"格式，但这种用法的"起"我们将其看作表将实现体的事态助词。下文详述。

▶ 五、持续体标记

据调查，湘桂边苗族汉话的 4 个点，"起"都是常用的持续标记之一。其语法意义相当于"着"。如：

(18) 伟江：岩头上雕起几个字。石头上刻着几个字。

(19) 车田：伊手□ie⁵⁵担起一□dai³³瓯哩。他手里端着一个杯子。

(20) 兰蓉：水个边□lε³³栽起一排柳叶树。河边栽着一排柳树。

(21) 关峡：伊哭起行过来呱。她哭着走过来了。

4 个点中，伟江、兰蓉、关峡的"V起"不能重叠，唯有车田苗族汉话

---

① 吴福祥（1998）的完成体即本书的"完整体"，下同。

的“V起”可构成“V起V起”重叠式，相当于普通话的“V着V着”。如：

（22）伊话起话起就□kɑ44起来哋。他说着说着就哭起来了。

（23）雨落起落起就冇落哋。雨下着下着没下了。

六、起始体标记

刘月华（1998）认为“起”除趋向意义、结果意义之外，还可表示“进入新的状态”的状态意义。如：

（24）直到两个孩子躺在炕上响起鼾声，她还在院子里。

（25）我不知为什么那样激动，以致微微打起了哆嗦。

“进入新的状态”也就是表示新的状态“开始并持续”，因此“起”的这种用法在一些研究中也被称为“始续义”状态补语或“始续体”，如张静（2010）、蔡瑱（2013）、余娟娟等（2015）。湘桂边苗族汉话中的“V起”，不仅有类似普通话的“始续义”状态补语用法，如“屋里响起很大嘅声音屋子里响起好大的声音”（关峡），还有不见于普通话的起始体标记用法。如：

（26）伟江：我行起哇！我出发了！

（27）车田：食起！吃起来！

（28）兰蓉：你哩先食起，我等下再来。你们先吃起来，我等一下再来。

（29）关峡：伊哩打起呱，你去劝下。他们打起来了，你去劝一下。

（26）和（27）的说法并不见于普通话，普通话一般不用“我走起了”表示“我出发了”，也不用“吃起”表示“开始吃”。（28）中的“食起”，（29）中的“打起”，在普通话中也须用“V起来”表达。当然，在湘桂边苗族汉话中，“V起来”仍然是更常用的起始体表达形式，但“V起”具有起始体标记的用法是事实。湘语宁乡话中的“起”也有类似的起始体用法（邱震强，2002）。

七、比较标记

在龙胜伟江、资源车田的苗族汉话中，“起”还可以作比较标记。如：

（30）伟江：伊高起我个额头。他比我高一个头。

（31）车田：伊大起我十多岁。他比我大十多岁。

城步兰蓉、绥宁关峡的苗族汉话中，"起"不能直接作为比较标记，只能与"比"字配合形成"X比YA起……"句式：

（32）兰蓉：伊比我高起个额头。他比我高一个头。

（33）关峡：伊比我大起十几岁。他比我大十多岁。

此前关于"起"作比较标记的用法，主要有罗福腾（1992）、钱曾怡（2001）提到山东方言，邱震强（2002）提到湖南宁乡话，刘丹（2019）提到重庆潼南话。据我们比较，"起"用作比较标记实际上存在两种虚化程度并不一致的情况。一种是不依赖后续数量成分，可直接形成"XA起Y"句式，虚化程度相对较高。如山东方言：

（34）莱州：这个屋子暖和起那个屋子。这间屋子比那间屋子暖和。

（35）荣城：他不矮起我。他不比我矮。

（36）济南：抱得一孙子，强起三金子。有一个孙子，比有三块金子强。

一种是必须后接数量成分，只能用于"XA起Y＋数量成分"句式，虚化程度相对较低。宁乡话、潼南话、苗族汉话都是如此。下列句子在湘桂边苗族汉话和宁乡话、潼南话中都是不合法的：

*（37）伊高起我。他比我高。

*（38）伊大起我。伊比我大。

*（39）围墙高起地面。围墙比地面高。

吴福祥（2010）认为，差比式中的"起"也是一种动相补语，我们赞同。苗族汉话中的"起"用作比较标记时，都与表完成的动相补语构成等平行句式。例（30）（31）中的"起"都可以替换成动相补语：

（40）伟江：伊高起我个额头。——伊高哇我个额头。

（41）车田：伊大起我十多岁。——伊大咧我十多岁。

"起"作为比较标记，在明清时期具有山东方言背景的文献中出现较多，如《醒世姻缘传》《聊斋俚曲》等，非山东方言背景的文献中也偶有出现：

（42）素姐说："姓龙的怎么？强起你妈十万八倍子！"（《醒世姻缘传》）

（43）虽不如中一双，还强起没一个。（《聊斋俚曲》）

（44）蔡逆的坐船，高起我们五六尺呢。（《清朝秘史》）

例（44）出自《清朝秘史》，作者陆士谔，系江苏青浦（今属上海）人，并无山东方言背景。据我们调查，吴语上海话，湖南麻阳、永顺、会同等地西南官话，益阳、隆回等地湘语等均有"起"作比较标记的用法，但都接近于苗族汉话的情况，必须后接数量成分，且多用于说话人认为差距较大的差比句式。

八、准终点介词

在龙胜伟江、资源车田苗族汉话中，"起"有一种看似终点介词的用法。其句式为"V＋起＋方所词语"。如：

（45）伟江：帽哩挂起道□ni[55]。帽子挂在那里。

（46）车田：伊担画粘起墙头上□ie[55]。他把画贴在墙上。

吴福祥（2010）依据东莞、宁乡方言中"起"的类似用法，推断"起"已经演化为终点介词，并构拟了虚化路径：趋向动词＞趋向补语＞终点介词，认为"这类终点介词的直接来源当为趋向补语"。其用例如：

（47）宁乡：斗笠挂起那里。斗笠挂在那儿。（邱震强，2002）

（48）东莞：件偻着起身度暖郁郁。这件大衣穿在身上暖洋洋。（陈晓锦，1992）

蔡瑱（2013）分析汉语方言中"起"的这类终点介词用法时，关注到终点介词"起"和持续态有关联，但未能清晰揭示其性质和来源。我们认为，"起"的此类用法还不能完全看作"终点介词"，因为在这些方言中，V后的"起NP处所"并不成立，且"起"后还可以添加"在"义处所介词，"起"实际上仍然黏附于前面的状态动词。这种"起"仍可以视作持续标记，但受句式影响，其持续义弱化，正在向终点介词演化。这类准终点介词用法是"V＋起持续＋介词＋处所词语"句式中介词隐省的结果。我们的推断证据来自共时和历时两个方面，具体我们将在后文构建"起"的概念空间时讨论，此处不赘述。

九、"快"义唯补词

在龙胜伟江、绥宁关峡苗族汉话中，"起"可用在"行走"之后作补语，表示"快"的意思。一般用于祈使句，催促听话人加快行走的速度。我们将这一用法称之为"快"义唯补词。例如：

(49) 伟江：行起咘！快点儿走！

(50) 关峡：你行起咘，麻挨！你快点儿走，别拖拉！

这种用法只用在动词"行"等行走义动词之后，不能与其他动词结合。语义重心在补语"起"上，且"起"须重读。量词"咘"表示"一些、一点儿"，须强制出现，不能省去。湘语长益片，如宁乡、益阳、湘阴等地，"起"也有类似用法，如"走起点""走起些"等。其中的"点、些"也不能省略，"起"须重读。

▶ 十、强调助词

"起"作强调助词的提法，最先见于林素娥、邓思颖（2010）对湘语邵东话"起"的特殊用法的研究。该文提到邵东话"起"在"等给"字连动句、使令类使役动词句、处置式等句式中，黏附在句中第一个动词上，意义很虚，主要作用在于强调动作情状，普通话中找不到对应的词语，权且将其处理为"起强调功能的助词"。调查表明，苗族汉话中"起"有类似用法，但只可用于前两类句式，即表给予的连动句和使令类使役动词句。以下分别举例论述。

伟江、车田、关峡 3 个点的"起"可以用于表给予的连动句，构成"V＋起＋NP＋把给＋NP"句式。如：

(51) 车田：你明□ti^{55} 担起本书把我。你明天带本书给我。

(52) 关峡：你赚起个□san^{21} 钱把遮个啊？你赚这么多钱给谁啊？

(53) 伟江：你□lei^{22} 起单衣把伊嘛。你做件衣服给他嘛。

该类句式所表达的语义是"受惠事物转移并达到某个终点，且转移和达到是两个分离的过程"（沈家煊，1999）。据朱德熙（1979），可进入该句式的动词包括 Va "卖"类，如（51）中的"担带"；Vb "买"类，如（52）中的"赚"；Vc "炒"类，如（53）中的"□lei^{22}"。其中"卖"类具有［＋给予］的语义特征；"买"类具有［＋获得］的语义特征；"炒"类具有［＋制作］的语义特征。伟江、车田两个点的强调助词"起"前可以使用这三类动词，而关峡的强调助词"起"前则只能使用少数"买"类动词，如"赚""赢""抢""收"等，且要求"起"后NP具有［＋大量］的语义特征，如（52）。

4个苗族汉话点的"起"都可以用于使令类使役动词句，构成"V使令＋起＋NP＋VP"句式。如：

（54）伟江：劝起伊读书 _{劝他读书}

（55）车田：派起我出差 _{派我出差}

（56）兰蓉：催起伊做事 _{催他做事}

（57）关峡：喊起伊食饭 _{叫他吃饭}

进入该句式的动词须具有命令、吩咐、请求、劝告、派遣等使令义，如上述句中的"劝""派""催""喊"等。"起"没有实际意义，功能在于强调前边的动作行为。笔者的母语湘阴南湖洲话（属湘语长益片）"起"也有类似用法。

十一、将实现体标记

在龙胜伟江、城步兰蓉、绥宁关峡3个苗族汉话点，"起"还可以用作事态助词，指明某种事态或结果将要实现。我们在第四章中将"起"的这种体意义称之为"将实现体"。这种"起"必须跟在结果补语VC之后，形成"VC起"格式：

（58）伟江：你个嘎□nai⁴⁴，会把刀□nai⁴⁴坏起。_{你这样砍，会把刀砍坏的。}

（59）兰蓉：我把衣洗干净起再行。_{我把衣服洗干净再走。}

（60）关峡：你捉伊食完起！_{你把它吃完吧！}

句中"起"均表示某事态或结果将要实现。从句法位置来看，句末是"起"此类用法的常规位置，如（58）和（60）；（59）是一个紧缩复句，"起"仍然可以视为位于前一小句的句末。从句类来看，将实现体标记"起"可以用于陈述句，如（58）和（59）；也可用于祈使句，如（60）。从所述事态的性质来看，"起"可用于各类事态：（58）是消极事态，（59）是积极事态，（60）是中性事态。其中（58）与湘语中的事态助词"去"的用法十分相似。如长沙话"会疯咖去""会打死去""会把刀砍坏去"等都表示某条件下消极事态将要发生。湘语中"去"的这种用法是近代汉语事态助词"去"的用法的遗留。曹广顺（1995）指出，近代汉语中有个活跃的事态助词"去"，其功能主要是"指明事物或状态已经或将要发生某种变化"。长沙话中的事态助词"去"继承了表示事态将要发生变化的用法，并演化为主要表消极事态将要发生。苗族汉话中"起"则可用于各种性质的事态或结果。

关于其来源，我们认为（58）中的"起"在汉语方言中有平行的"去"，应当是趋向动词"起"的内部演变。（59）（60）中"起"的用法不见于一般汉语方言，应是苗语将完成体影响的结果，属语言接触引发的语法演变。第三章我们探讨将完成体时已有论证，此处不重复。

此外，还应该看到，已有事态助词研究主要关注"来"和"去"，如曹广顺（1995）、梁银峰（2007）等。"起"作为将实现体标记实际上是一种事态助词用法，目前未见其他汉语方言有报道。这一用法的挖掘为趋向动词演化为事态助词提供了新的有价值的语言事实。

十二、状态补语标记

吴福祥（2001）指出，汉语南方方言中的状态补语标记多源自完成体标记（完成体助词或动相补语）。据我们调查，苗族汉话与汉语南方方言一致，4个点均有"起"作状态补语标记的用法，应是从"起"的动相补语或准完整体标记用法演化而来。例如：

（61）伟江：伊话起口水到处喷。他说得口水四溅。
（62）车田：天暖起受不起。天热得受不了。
（63）兰蓉：你写起个大，有好望。你写得这么大，不好看。
（64）关峡：牛滚起身泥巴。牛滚得一身泥巴。

苗族汉话中"起"可用作状态补语标记，但都不是最常用状态补语标记。各点均另有比"起"更常用、自由度更高的状态补语标记，如龙胜伟江的"哩"、资源车田的"唎"、城步兰蓉的"得"、绥宁关峡的"哩"。兰蓉和关峡苗族汉话"起"作状态补语标记比较受限，一般只用于感叹或描写性很强的状态补语。

十三、趋向补语标记

我们调查的4个苗族汉话点均有"起"作趋向补语标记的用法。这里的趋向补语包括语义较实的表空间位移的趋向补语，也包括虚化的表"延续体"的趋向补语。如：

(65) 伟江：畀伊自家行起下来。让他自己走下来。

(66) 车田：你担东西担起过来！你把东西拿过来！

(67) 兰蓉：□ŋ^{52}□tie^{44}打起下去，要打死人嘅。这样打下去，会打死人的。

(68) 关峡：个色算起下来，一年麻挣得几个钱到。这样算下来，一年挣不到几个钱。

(65) 和 (66) 中"下来""过来"表空间位移，(67) 和 (68) 中的"下去""下来"是"延续体"标记。湘语中也有"起"作趋向补语标记的用法，如益阳话。如 (65) 至 (68)，当"起"前动词是单音节时，益阳话趋向补语标记"起"的使用具有强制性（崔振华，1998）。苗族汉话中，"起"作趋向补语标记时，可省略不说，但以说"起"更为常见。我们推断，省略"起"的说法是受共同语影响所致。

▶▶ 十四、傀儡能性补语

"傀儡能性补语"由赵元任（1968）最早提出，赵先生说："有两个常用的补语'了'和'来'，没有什么特殊的意义，其作用在于使可能式成为可能，是一种傀儡补语。"如"唱不了""唱不来"一类。吴福祥（2010）考察发现，汉语方言中存在一种从趋向动词到傀儡补语或能性标记的演化模式。该文观察到的傀儡能性补语主要是吴语和其他方言中的"来"、西北方言的"下"。据我们调查，湘桂边苗族汉话点均有"起"作傀儡能性补语的用法。如：

(69) 伟江：我写不起哦。我写不了。

(70) 车田：天暖起受不起。天气热得受不了。

(71) 兰蓉：伊话不起嘅。他说不了的。

(72) 关峡：伊□mei^{213}色脾气，我抵不起。他那个脾气，我受不了。

关于傀儡能性补语的来源，吴福祥（2010）依据西北方言"下"构拟的演化模式为：趋向动词＞趋向补语＞（结果补语＞）动相补语＞傀儡补语。我们认为"起"的傀儡能性补语用法应当来自结果补语，具体将在下文讨论"起"的概念空间时论证。

▶ 十五、准话题标记①

刘月华（1998）在论及"起"的特殊用法时认为"起"可"用于从某方面说明、评论人或事物""用于表示说话意义的动词后，引进所谈的人或事"。其中部分例子可视为话题标记。如：

（73）论起吃喝，我倒是外行。（刘月华，1998）

这个"论起"中的"论"实际上言说意义已经弱化，"V 起"主要用于引入话题"吃喝"。在另外一些句子中则还能看到或隐或显的言说义。如：

（74）说起 3 年前顺昌县的那场"教师流失风波"，吴老师犹历历在目。

（北京大学现代汉语语料库）

这个"说起"既有"吴老师或某人说到了"的意思，也可以看作用"说起"引入话题。我们认为，这一类"V 起"是虚化尚不彻底、尚未完成的话题标记。正因为作为话语标记的"V 起"处于虚化过程中，姑且将其称作"准话题标记"。在湘桂边苗族汉话的 4 个点均有"V言说起"作准话题标记的用法，如"话起""讲起""提起"等：

（75）伟江：话起食酒，我真嘠食不哩。说起喝酒，我真的不能喝。

（76）车田：话起开车，伊是高手。说起开车，他是高手。

（77）兰蓉：提起伊，我就蛮大嘠火。说起他，我就很生气。

（78）关峡：讲起打麻将啊，□mei²¹³是伊最欢喜嘅事。说起打麻将，那是他最喜欢的事。

第二节　"起"在汉语方言中的其他功能

从上文不难看出，苗族汉话"起"的功能十分丰富。目前尚未见到"起"的语法功能如此多样的汉语方言。当然，在其他汉语方言中，"起"尚有少数不见于苗族汉话的功能，主要如下：

---

① 准确地说，"起"并不能单独构成话题标记，要和言说动词构成"V言说起"才能作话题标记。

▶ 一、起点介词

从目前我们能见到的方言材料来看，北京口语、贵州织金话、山东淄博话有"起"作起点介词的用法。另据我们调查，山东菏泽话的"起"也有类似用法。在这些方言中，"起"既可以介引空间起点，也可介引时间起点。先看北京口语，如：

（79）这次出国要起上海离境。（陈刚等，1998）

（80）我起 1949 年就在北京工作。（同上）

（79）"起"介引空间起点，（80）介引时间起点。贵州织金话，山东淄博话、菏泽话也有类似用法。如：

（81）织金：起学校到我家要走二十分钟路。从学校到我家要走二十分钟路。
（祁连会，2018）

（82）淄博：起淄川到博山用不了多少时间。从淄川到博山用不了多长时间。
（王浩，2007）

（83）菏泽：你起小儿就坑我。你从小就坑我。（同上）

另据吴福祥（2010）提到，成书于 19 世纪末 20 世纪初的北京口语文献《官话指南》和《小额》中存有较多"起"作起点介词的用法。

▶ 二、经由介词

"起"的经由介词用法主要见于北京口语和山东潍坊话。如：

（84）北京话：起这条胡同穿过去。从这条胡同穿过去。（陈刚等，1998）

（85）潍坊话：你走大路远，我起小路走近些。你走大路远，我从小路走近些。
（黄伯荣，1996）

（84）中"这条胡同"不是起点，是"穿"经由的路线；同样，（85）中"小路"是"走"的经由路线。吴福祥（2010）推测"经由介词"与"起点介词"都源于"（从/由……）开始"义动词"起"。

▶ 三、先行标记

在一些汉语方言中，"起"可作为先行标记，语义上相当于副词"先"，句法位置上一般后置于动词或动词性结构，也可置于句末。表先行的"起"主要见于吴语、赣语和徽语绩溪话。如：

(86) 温州：洗面勾你洗起，我徕接落洗。你先洗脸，我们接着洗。（毛继光等，2016）

(87) 金华：侬去起。你先去。（曹志耘，1996）

(88) 南昌：是渠打我起。是他先打我。（熊正辉，1995）

(89) 抚州：你吃几汤起，等下再吃饭。你先喝汤，等下再吃饭。（付欣晴，2006）

(90) 绩溪：尔坐下起。你先坐一下。（赵日新，2003）

先行标记"起"可以与副词"先"共现，"起"一般只能后置于动词或动词性结构，"先"则可前置也可后置。如：

(91) 抚州：你先做作业起，等下再画画。你先做作业，等下画画儿。（付欣晴，2006）

(92) 平阳：你走起先。你先走。（蔡填，2013）

金华话中，"起"可以置于句末，标示整个事件的"先行"意义：

(93) 侬斩点儿我用子起。你先匀点儿给我用一下。（蔡填，2013）

句中"起"置于句末，其语义辖域不是"斩点"，也不是"儿我用子"，而是整个谓语部分"斩点儿我用子"。这里的先行体意义就不光是动词的，而是指向整个事件的。戴耀晶（1997）认为，"把体看作是属于动词的一个范畴，这是不完善的，也不完全符合语言事实"。因此，他对"体"的定义是：体是观察时间进程中的事件构成的方式。刘丹青（1996）也认为"体的意义是附加于整个事件而不限于动词本身"。

第三节 "起"的概念空间及相关讨论

语义图模型是兴起于欧洲的一种新的语言类型学研究范式，近十多年来越来越受到汉语语法学界的重视。张敏（2010）对语义图原理做了如下论述："某种语法标记（含语法结构，如双宾结构）若具有多重意义/用法，而这些意义/用法在不同语言/方言里一再出现以同一个形式负载的现象，则其间的关联绝非偶然，应是有系统的、普遍的，可能反映了人类语言在概念层面的一些共性。这种关联可基于'语义地图连续性假说'将之表征在一个连续的区域（即概念空间）里。"李小凡（2015）认为，语义图是破解虚词偏侧关系的理想工具，可以使"方言虚词比较无从对齐的症结迎刃而解"。"起"作为汉语中的一个多功能形式，既有实词的功能，但更多是虚词用法，且在不同方言中存在较为明显的偏侧关系。基于不同方言事实的"起"的概念空间的构建，是破解其偏侧关系，观察其语义关联模式并揭示其蕴含共性的关键一步。蔡瑱（2013）基于普通话、西南官话、冀鲁官话、湘语、吴语、赣语、粤语等方言中"起"的语义功能初步构建了"起"的概念空间。如图 4-1 所示：

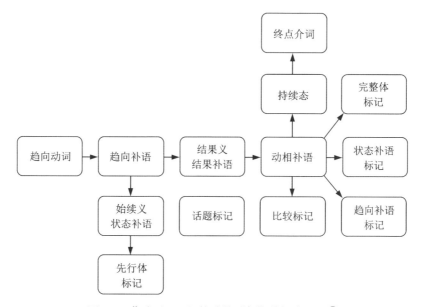

图 4-1　蔡瑱（2013）构建的 "起" 的概念空间①

概念空间图是依据大量语言或方言事实构建起来的，采用的是"自下

---

① 蔡瑱（2013）对"起"的概念空间有两处构拟，略有不同，此图根据蔡文两处构拟整合而成。

而上"也就是"不完全归纳法"的逻辑路径。不完全归纳法的缺陷是由于语言或方言数量有限而遗漏语义节点或节点紧邻关系设置不科学，因此需要扩大语言或方言数量来校验、补充、修正概念空间。蔡瑱（2013）构建的概念空间为我们观察"起"的语义演化模式提供了良好的基础。但结合我们对湘桂边苗族汉话及更多方言事实的考察，则仍有调整、补充的空间。

▷▷ 一、去除"终点介词"节点

前文我们曾提到，"起"的所谓"终点介词"用法实际上是"动词＋起$_{持续}$＋介词＋处所词语"句式中介词隐省的结果，是看似"终点介词"，但还不是真正的终点介词。我们的推断证据来自共时和历时两个方面。

共时层面，"起"的所谓"终点介词"用法所构成的"动词＋起＋处所词语"句式中，均可在"起"后添加"在"义介词，构成"动词＋起＋介词＋处所词语"句式。伟江和车田"起"的"终点介词"用法均存在三个平行句式：

（94）伟江：a. 帽哩挂起道□ni^{55}。帽子挂在那儿。

           b. 帽哩挂起是道□ni^{55}。

           c. 帽哩挂是道□ni^{55}。

（95）车田：a. 画粘起墙头上□ie^{55}。画儿贴在墙上。

           b. 画粘起是墙头上□ie^{55}。

           c. 画粘是墙头上□ie^{55}。

在伟江和车田苗族汉话中，"是"可用作处所介词，相当于"在"。调查表明，在伟江和车田苗族人的语言习惯中，以上三个平行句式中a式和b式使用频率高，而c式使用频率低，可能是受普通话影响后起的句式。a式是b式受经济原则驱使，隐省介词"是"的结果。隐省的句法动因，可能是"起"和"是"在这样的句式中实际上都是动词和处所词之间的"联系项"，两个"联系项"只需保留一个即可，介词隐省以后持续标记"起"同样起到"联系项居中"的作用。此外，也可能因为语义冗余，隐省介词并不减损语义信息，也不影响语义表达。a式中的"起"是持续标记，可以从句式变换关系中获知。a 式可变换为等价的 d 式，而 d 式中的"起"是持续标记无疑：

（96）伟江：a. 帽哩挂起是道□ni^{55}。→ d. 帽哩是道□ni^{55}挂起。

（97）车田：a. 画粘起是墙头上□ie^{55}。→ d. 画是墙头上□ie^{55}粘起。

此外，兰蓉和关峡苗族汉话的相关句式也可以作为旁证。在兰蓉苗族汉话中，"起"后的介词不能隐省，只能使用 b 式：

（98）帽嘀挂起是□ni^{55}道。帽子挂在那儿。

关峡苗族汉话则根据动词的不同分化为两种情况。"起"之前若是位置类动词（戴耀晶 1997），如"挂""放""贴"等，只能使用 b 式；若是体态、姿势类动词，如"倚站""坐"等，可使用 a 式和 b 式：

（99）帽哩挂起滴壁高头。帽子挂在墙上。

（100）伊坐起滴个底。他坐在这里。→ 伊坐起个底。他坐在这里。

其他方言的情况也是如此。邱震强（2002）认为，宁乡话"他坐起个里""斗笠挂起那里"中的"起"在语义上仍然相当于普通话的"着"。事实上，这类句式中"起"不仅语义上相当于"着"，句法上也仍然是前面动词的核心标注成分，"起个里""起那里"在句法上并不成立。据我们调查，宁乡话该句式也可以添加介词，构成 b 式：

（101）他坐起在个里。他坐在这里。

（102）斗笠挂起在那里。斗笠挂在那里。

另胡明扬（1996）提到浙江海盐话的此类句式：

（103）茶杯摆起（勒）台子浪。茶杯摆在桌子上。

（104）钟挂起（勒）墙头浪。钟挂在墙上。

介词"勒"相当于"在"，可用可不用。罗昕如（2008）认为，该句式是"动词＋动态助词＋处所词"句式，也没有把"起"看作介词。总之，无论是来自苗族汉话的语言事实，还是其他方言的证据，都指向"起"是持续标记，而不是终点介词。

罗昕如（2008）较早注意到湖南境内湘语、赣语、西南官话、客家话、湘南土话均存在"动词＋动态助词＋介宾短语"句式。据观察，该文所列举的方言语料中动态助词以持续体助词"起、倒、哒"等为主，另有少量完整体助词，如"咖"。其中提到新化方言该句式中的动态助词可略去不用，如：

(105) 三猛子跪起在地下。→ 三猛子跪在地下。

罗昕如（2008）也为"动词＋动态助词＋介宾短语"句式找到了来源于近代汉语的证据。转引几例如下：

(106) 盖所谓不善之杂，非是不知，是知得了，又<u>容着在这里</u>，此之谓自欺。（《朱子语类》）

(107) 我的刀须还在床上，不曾<u>拿得在手里</u>。（《二刻拍案惊奇》）

湘桂边苗族汉话中的相关句式应是从近代汉语中类似句式沿用、发展而来。罗文还找到了近代汉语中不出现动态助词的例子，认为这正好与湖南方言该句式动态助词隐省不用的趋势是一致的，如：

(108) "容"字又是第二节，缘不奈他何，所以<u>容在这里</u>。（《朱子语类》）

同是《朱子语类》，"容着在这里"也可不用"着"，说成"容在这里"。罗文在此基础上进一步论证，这一句式在湖南方言和近代汉语中都体现出"动态助词使用上的灵活性"。从更广泛的语言事实来看，我们认为该句式在演化过程中出现了分化：一种演化趋势是罗文所关注的动态助词隐省，演化出"动词＋介宾短语"句式。近代汉语、普通话、新化话等部分方言沿着这一条路径发展。普通话中甚至介词都已可以隐省，如"包放桌上了"完全可以说。另一种演化趋势则是介词隐省，演化出"动词＋动态助词＋处所词语"句式。海盐话、宁乡话、东莞话、伟江和车田苗族汉话等均沿着这一条路径发展。到目前为止，这些方言中的"起"仍然应视作持续标记，但受句式影响，"起"表持续的意义正在弱化。

▶ 二、增加若干语义节点

从湘桂边苗族汉话和其他汉语方言"起"的功能来看，蔡瑱（2013）所构建的概念空间遗漏了一些语义节点，应进行补充。主要如下：

（一）增加"将实现体标记"节点

如前所述，湘桂边苗话中"起"具有"指明某种事态或结果将要实现"的功能，可称作"将实现体标记"，实际上是一种事态助词用法。曹广顺（1995）在研究近代汉语助词系统时，细致考察了汉语三个事态助词"了₂""来""去"的历时形成过程和语法意义。梁银峰（2007）从语法化角度对"来"和"去"从趋向动词到事态助词的演化路径和相关条件作了更进一步的研究。从已有研究成果可以看到，趋向动词是事态助词的演化之源。我们认为，与"来""去"相似，将实现体标记"起"也源于趋向动词"起"。

首先，"起"作为趋向动词有表示"指明事态或结果实现"的语义基础。"起"的基本语义是"由低处向高处移动""立足点在低处，也可在高处"（刘月华，1998）。当我们立足点在位移的终点，也就是高处时，"起"所代表的位移过程就是一个事态或结果实现的过程。"事物到达高处"投射到事件结构上，就是"事态或结果的实现"。

从句法环境来看，"起"在苗族汉话中作事态助词只能用于结果补语之后形成"VC 起"。这种"VC 起"格式在历代汉语中未见，已有汉语方言研究成果也未提及有这种用法。我们推测其在苗族汉话中可能经历了与"来""去"类似的演化过程。梁银峰（2007）考察表明，"来"是在连动式"V（＋NP）来"中从趋向动词"来"直接虚化为事态助词；"去"的主要演化路径则是"V（＋NP）去"从连动式先演化为目的格式，"去"再从目的动词演化为事态助词。① 无论"来"还是"去"，有一个共同点，都是在"VP＋趋向动词"格式中演化为事态助词的。由于缺少相关历史文献，且苗族汉话中也没有留下连动式或目的格式的"VP 起"，我们只能推测：同为趋向动词的"起"应该也经历了从"VP＋趋向动词"到"VP＋事态助词"的演化过程，其机制是重新分析。也就是说"VP 起"起初正如"VP 来/去"一样，是连动结构，随着语义重心前移至 VP，"起"逐步虚化为事态助词。其中"VP 起"中的 VP 演化为只限于结果补语 VC 也可以解释，事态的实

---

① 除此之外，"去"还有一条从动相补语演化为事态助词的路径。

现或变化要求产生一定的结果，结果补语 VC 保证了较强的结果性而与事态的实现、变化在语义上相谐。

"起"与"去"的相似性，我们还可用苗族汉话中的"起"和"去"的可替换性作为旁证。在关峡、伟江苗族汉话中，"起"作为事态助词有时可替换为"去"。如：

(109) 关峡：个兴滴打，会捉团团人打死起/去！这样打，会把孩子打死的。

(110) 伟江：我□lei²² 完起/去再行。我做完再走。

句中"VC 起"可以替换为"VC 去"，都表示事态或结果将要实现。与"起"不同的是，在伟江点，"去"还可以表示事态或结果已然实现，而"起"不能。也就是说，在伟江苗族汉话中，"起"和"去"既有平行之处，也有互补之处。综上，我们认为"起"作为将实现体标记的演化路径为：趋向动词＞事态助词。

（二）增加"强调助词"节点

如前所述，苗族汉话及部分湘语点的"起"可以用作强调助词。主要用于给予义连动句、使役句等特殊句式中附着于第一个动词后起强调作用，意义较虚，普通话中没有对应表达形式。这一功能在蔡瑱（2013）中并未提及。关于"起"的这种用法的来源，林素娥、邓思颖（2010）也未进行探讨。我们认为，"起"的"强调助词"用法来自动相补语。

首先看二者语义上的关联性。苗族汉话中"起"的动相补语意义相当于动词后的"完"或"好"，主要表示完结。而"起"作"强调助词"的用法实际上也暗含着完结。请看以下两例：

(111) 关峡：你赚起个□san²¹ 钱把遮个啊？你赚这么多钱给谁啊？

(112) 伟江：你劝起伊去读书个。你劝他去读书吧。

(111) 是给予义连动句，句中的"赚起"暗含"完结"义，"赚个□san²¹ 钱"这一事态已完结。(112) 是祈使性的使役句，看似没有完结义，但我们发现，在伟江苗族汉话中，句中这个"起"可以替换为"哩"，"哩"相当于"V 到"中的"到"，陈前瑞（2008）称这一类补语为"结果体"，并认为"结果体"在语义上包含完结。如果用在过去时态中，则"起"暗含的完结意义就更能显现：

（113）我早就劝起伊去读书哇。我早就劝他去读书了。

其次，据我们观察和调查，凡是"起"具有"强调助词"用法的方言，"起"均有动相补语用法，如邵东话、益阳话①、湘阴话等：

（114）邵东话：我煮起饭就洗衣衫。我煮好饭就洗衣服。（林素娥等，2010）

（115）益阳话：阿菜炒起哒，只要吃哒。菜炒好了，就等你吃了。

（116）湘阴话：我把鸡杀起嘚，只等你来嘚。我把鸡杀好了，只等你来了。

在这些方言中，"起"也有"强调助词"用法。因此，我们推测，"起"的强调助词的演化路径为：趋向动词＞趋向补语＞结果补语＞动相补语＞强调助词。

（三）增加"傀儡能性补语"节点

关于傀儡能性补语的来源，吴福祥（2010）根据吴语及其他方言的"来"构拟的演化路径是：趋向动词＞趋向补语＞傀儡补语；依据西北方言"下"构拟的演化路径是：趋向动词＞趋向补语＞（结果补语＞）动相补语＞傀儡补语。虽然苗族汉话中"起"均有动相补语的用法，但我们认为"起"作为傀儡能性补语不来自动相补语，而来自"起"表示"主观上是否有某种承受能力"的只有可能式的结果补语用法。

从共同语的情况来看，刘月华（1998）描述"起"的这种结果补语用法时，将其分为四类：1. 是否具有经济上的支付能力，如"买得起""住不起"。2. 是否能承受时间上的消耗，如"陪得起""耗不起"。3. 是否具有承受某种动作的地位、资格、工作能力，如"惹得起""担不起"。4. 精神与体力上是否能承受，如"经得起""背不起（罪名）"等。据我们观察，后面两个小类中"起"的结果意义已经泛化，具体的能力在向抽象的能力转变，有一部分用法已经很接近傀儡能性补语用法了。如：

（117）我可担不起这个责。→我可担不了这个责。

（118）心情总是这样，经不起风雨。→心情总是这样，经不了风雨。

---

① 益阳话的例子由曾炜提供。曾炜，女，1978年生，高校教师，益阳市赫山区泥江口镇人。

在此基础上，作为结果补语的"V 得/不起"再往前走一步，继续扩大动词的选择范围，就会成为傀偛能性补语。如苗族汉话：

（119）伟江：伊话不起，也写不起。他不会说，也不会写。

（120）关峡：伊食哩亏起，受哩气起。他能吃亏，能受气。

从"买得/不起"到"写得/不起""受得/不起"，"V 得/不起"对动词的选择范围不断扩大，语义不断泛化，不断抽象，因而演化出傀偛能性补语用法。从结构形式来看，傀偛能性补语"V 得/不起"也与"买得/不起"类结果补语完全同构。因此，我们认为"起"的傀偛能性补语用法演化路径当为：趋向动词＞趋向补语＞结果补语＞傀偛能性补语。

（四）增加"快"义唯补词节点

我们认为，湘桂边苗话及部分湘语点用于催促加快速度的"起"是个唯补词。其语义是"快"，只能出现在补语位置上。这种"快"义唯补词的用法导源于"起"的趋向补语用法。

如前所述，"起"作"快"义唯补词主要用于催促加快的"行起呲"句式中，相当于"走快一点儿""走快一些"，其中的量词"呲"不能缺少。实际上，类似用法在近代汉语中已经出现。如：

（121）我们赶起些，那里借宿去。（《西游记》）

（122）师父，爽利走起些，徒弟好去寻经。（《续西游记》）

这两例中"起"后的量词"些"同样不能缺省。由此可见，演化的关键在于"起"要产生一种可以量化的语义。趋向补语"起"只能表示"从低处往高处"的位移趋向，并不能量化，但是位移的距离却可以量化。以祈使句"头抬起！"为例，在沅江话等湘方言中，当觉得听话人的头抬得不够高时，实际上是希望听话人"缩小从头到预设终点的距离"，便可以说：

（123）沅江：脑壳抬起点！头抬起来一点儿！

此时，"起"一定要重读。（122）中"起"获得了量化的意义，但仍然属于空间范畴。而从空间范畴到时间范畴的投射具有普遍性，"缩小到预设终点的距离"投射到时间范畴就是"加快位移的速度"。"V 起一点儿"就会演化出"加快速度"的语义。也就是说"起"从趋向补语到"快"义唯补词中间有一个过渡，即出现量化空间位移距离的"V 起点"或"V 起些"。据我们调查，无论是湘桂边苗族汉话，还是湘语各次方言，凡是"起"可以作"快"义唯补词的方言，同时也都有量化空间位移距离的"V 起点"或"V 起些"一类用法。这种量化空间位移距离的"V 起"结构仍然可视为趋向补语，不必另立语义节点。因此，"快"义唯补词的演化路径应当是：趋向补语＞"快"义唯补词。

（五）增加"起始体标记"节点

普通话中典型起始体标记是"起来"。苗族汉话中"起来"是最常用的起始体标记，"起"也可以作为起始体标记，但受到许多限制，主要是结合的动词有限，主要是"行走""食吃""打"等少数几个。根据语义演变规律，这种起始体标记显然是在"起"的结果补语基础上产生的。梁银峰（2007）、吴福祥（1996，2010，2017）等都认为汉语趋向补语的语义演变呈现出"趋向意义＞结果意义＞时体意义"的普遍性规律。梁银峰（2007）、吴福祥（2017）还以"起来"为例论证其语义演变路径为：趋向义＞结果义＞起始义。洪波（2000）提出的"平行虚化"理论指出，两个不同的词汇单位分布在相同的句法环境中受到相同因素的影响，可能会出现方向相同的虚化。我们认为"起"和"起来"的"起始义"演化过程应当是平行的，都来自"结果义"。

（六）增加"起点/经由介词"节点

"起"的"起点/经由"介词用法主要见于官话，如北京口语、冀鲁官话、西南官话。苗族汉话中没有"起"作"起点/经由介词"的用法。关于其来源，吴福祥（2010）指出：由于资料的限制，目前还不能对介词"起"的演化过程做出具体描述。但他推测这一用法来自表"开始"义的动词"起"，并以北京口语中的熟语性动宾组合"起根儿"作为证据，认为类似的"起 NP"动宾组合一旦处于连动式"VP$_1$＋VP$_2$"中 VP$_1$ 的位置，就有可能虚化为"起点/经由"介词。这一推论是有道理的。我们发现一个更有价值的"起 NP"有利于说明"起点/经由"介词的来源，那就是"起头儿"。"起头儿"在北京话中可以说"起个头儿""谁起的头儿"，此时"起"

可以看作"开始"义动词。同时,"起头儿"也可用于"你起头儿说",意思是"你从头儿开始说",此时"起"应看作"起点"介词。"起头儿"中的"起"既有"开始"义动词的用法,也有"起点"介词的用法,应该是二者之间的演化关系在共时层面的体现。"起头儿"中"起"的介词用法正是在"起头儿 V"从连动结构重新分析为状中结构的过程中演化出来的。由此可见,"起点/经由"介词极有可能源自"开始"义动词。吴福祥(2010)据此推测的演化路径是:趋向动词>"开始"义动词>起点/经由介词。

▶▶ 三、调整若干语义节点的邻接位置

(一) 调整"始续义状态补语"的邻接位置

蔡瑱(2013)将"始续义状态补语"直接连接于"趋向补语"。我们认为"始续义"表示"进入新的状态",实际上已进入时体意义范畴。如:

(124)我不由得闭上眼睛,深情地拉起了《天鹅》。

"拉起"的语义重点或者说着眼点在于从"不拉"进入"拉《天鹅》"的新状态,可以看作一种时体意义。所以"始续义状态补语"也有人叫"始续体",如余娟娟等(2015)。如前所述,一般认为时体意义不直接来自趋向意义,而来自结果意义。

不过,从已有研究成果来看,"始续义"究竟是从趋向补语演化而来,还是从结果补语演化而来,尚有争议。王国栓(2005)、夏芳芳(2010)、张静(2010)、蔡瑱(2013)等认为"始续义"来源于"趋向义"。张伯江、方梅(1996),刘月华(1980,1998)等则认为,趋向补语从"趋向义"到"结果义"再到"状态义",是一个从实到虚的过程。"始续义"包含于"状态义"之中,那么就应该是从"结果义"演化而来。余娟娟等(2015)对"起"的历时考察结果也是:趋向义>结果义>始续义。我们参照梁银峰、吴福祥等提出的趋向补语语义演变的普遍性规律,认为"起"的"始续义"和"起始义"都是时体意义,都从"结果义"演化而来,而不直接来自"趋向义"。从目前掌握的文献和调查的情况来看,尚未发现任何一种方言,只有"趋向义"和"起始义"而没有"结果义"。因此,在"起"的概念空

间中，我们将"始续义状态补语"与结果补语相连接，"先行体标记"随之调整。

(二) 调整"比较标记"的邻接位置

蔡瑱（2013）将"比较标记"连接于"动相补语"。我们认为"比较标记"应该连接于"结果补语"。原因有二：一是从我们所调查的济南话的情况来看，该方言中"起"有结果补语用法、比较标记用法，却无动相补语用法。[①] 如：

（125）别人家都盖起大房子咧，你看咱家。（结果补语）

（126）你出去打工不强起在家不干活吗？<small>你出去打工不比你在家不干活强吗？</small>
　　　（比较标记）

据调查，济南话"V 起"并没有表示"V 完""V 好"类的动相补语用法。如此一来，按照蔡瑱（2013）的概念空间来切割济南话的语义图，便会出现结果补语与比较标记之间断开的现象，从而违反"邻接性要求"或曰"语义图连续性假设"。

此外，吴福祥（2010）认为"比较标记也是一种动相补语"。由此可以推断，比较标记与动相补语之间应是并列的语义节点，而不应该具有邻接关系。该文还根据山东方言构拟了比较标记"起"的演化路径：趋向动词＞趋向补语＞动相补语/比较标记。据调查，山东方言中的"起"都有结果补语用法。根据语义演变规律，结果补语的虚化程度应处于趋向补语和动相补语之间。因此上述虚化路径应调整为：趋向动词＞趋向补语＞结果补语＞动相补语/比较标记。

基于以上两点，我们拟将"起"的"比较标记"节点调整为与"结果补语"连接，而不是与动相补语连接。

根据以上讨论，我们在蔡瑱（2013）概念空间的基础上去除了 1 个语义节点，增加了 6 个语义节点，调整了 2 个语义节点的邻接位置。依此将"起"的动态化概念空间重新构拟如图 4-2，并在概念空间上切割出兰蓉苗

[①] 济南话发音合作人为韩玉国，男，1969 年 4 月生，济南市历城区人，企业管理人员。全文同。

族汉话和济南话的语义图。

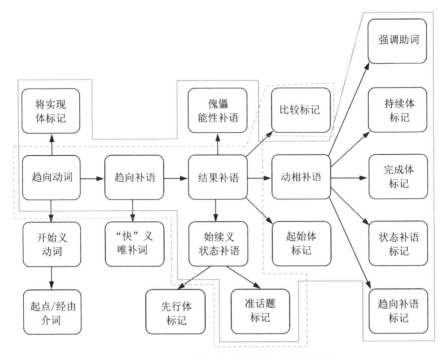

注：实线区域是兰蓉苗族汉话，虚线区域是济南话。

图 4-2　汉语"起"的动态化概念空间

在调查与文献相结合的基础上，本书整理了我国 11 个汉语方言点"起"的功能分布情况，如表 4-1 所示①，涉及苗族汉话、长益片湘语（沅江话）、娄邵片湘语（邵东话）、吴语（温州话）、粤语（东莞话）、西南官话（保康话）、北京官话（北京话）、冀鲁官话（济南话）等方言，均可在"起"的动态化概念空间上切割出连续的语义图。

---

① 关峡、兰蓉、伟江、车田、沅江、北京、济南 7 个方言点为笔者调查所得。北京话发音合作人为刘伟，女，1958 年生，北京市西城区人，制衣厂工人。其余点参考相关文献：邵东话主要参考林素娥、邓思颖（2010）《湘语邵东话助词"起/倒"的语法特点》；温州话综合参考潘悟云（1996）《温州方言的体和貌》、游汝杰（1997）《温州话里带"起"字的补语句》、毛继光、夏冰凌（2016）《认知语言学视角下温州方言中"起"的语法化》；东莞话主要参考陈晓锦（1992）《广东东莞莞城话的"起"》以及陈晓锦（1993）《东莞方言说略》；保康话主要参考李辉（2019）《湖北保康方言中的助词"起"》。

表 4-1　11 个汉语方言点"起"的功能分布

功能	关峡	兰蓉	伟江	车田	沅江	邵东	温州	东莞	保康	北京	济南
趋向动词	+	+	+	+	+	+	+	+	+	+	+
趋向补语	+	+	+	+	+	+	+	+	+	+	+
结果补语	+	+	+	+	+	+	+	+	+	+	+
动相补语	+	+	+	+	+	+	+	+	+	+	−
傀儡能性补语	+	+	+	+	+	−	−	−	−	−	−
始续义状态补语	+	+	+	+	+	+	+	+	+	+	+
先行体标记	−	−	−	−	−	−	+	−	−	−	−
准话题标记	+	+	+	+	+	+	+	+	+	+	+
比较标记	−	−	+	+	−	−	−	−	−	−	+
起始体标记	+	+	+	+	+	−	+	−	+	−	−
强调助词	+	+	+	+	+	−	+	−	−	−	−
持续体标记	+	+	+	+	+	−	+	−	−	−	−
完整体标记	+	+	+	+	+	−	−	−	−	−	−
状态补语标记	+	+	+	+	+	−	−	−	−	−	−
趋向补语标记	+	+	+	+	+	−	−	−	−	−	−
将实现体标记	+	+	+	−	−	−	−	−	−	−	−
开始义动词	−	−	−	−	−	−	−	−	−	+	−
起点/经由介词	−	−	−	−	−	−	−	−	−	+	−
"快"义唯补词	+	−	+	−	+	−	−	−	−	−	−

本章小结

通过以上分析、讨论，我们不难发现，湘桂边苗族汉话"起"的功能呈现出高度的丰富性和内部一致性。从丰富性来看，伟江苗族汉话"起"具有 16 种功能，关峡苗族汉话 15 种，兰蓉苗族汉话和车田苗族汉话各 14 种。而冀鲁官话济南话只有 6 种、西南官话保康话 7 种、吴语温州话 10 种。从一致性来看，各苗族汉话点之间"起"的偏侧关系不明显。只在将实现体标记、"快"义唯补词、比较标记 3 种功能上体现出差异，在趋向动词、趋向补语、结果补语、始续义状态补语、动相补语、起始体标记、准话题标记、傀儡能性补语、强调助词、完整体标记、持续体标记、状态补语标记、趋向补语标记等13种功能上体现出高度一致性。这也从一个语法个案的角度，证明了散点分布于湘桂边区域的苗族汉话在语法上的一致性及其可能存在的同源性。语义图视域下苗族汉话"起"的功能分析扩大、深化了我们对"起"的认识，给我们呈现了若干有价值的语言事实、语义演变路径及蕴含共性。如：

1. 传统上认为从趋向动词演变为事态助词的只有"来"和"去"，苗族汉话为我们提供了"起"也可演化为事态助词的全新语言事实。在伟江、兰蓉、关峡3个苗族汉话点，"起"均有帮助指明事态或结果将要实现的功能，且十分活跃。此外，"起"作傀儡能性补语、"快"义唯补词、强调助词、起始体标记等在此前的相关研究中也较少甚至从未提及。

2. 苗族汉话及更多的方言事实都证明"起"的终点介词功能尚未完全演化出来。"起"的"准终点介词"用法实际上仍然可看作持续标记，但受句式影响其持续义正在弱化，进一步演化或许会成为终点介词。

3. "起"的比较标记用法此前认为只在山东话等北方方言中存在，似乎是"山东特色"，事实上苗族汉话、宁乡话等南方方言也存在，但其虚化程度不如北方方言高。

4. 傀儡能性补语一般来自动相补语，但也可能来自结果补语。各苗族汉话点的"起"均有傀儡能性补语用法，通过共时推堪，我们认为其更有可能来自只有可能式的"V得/不起"一类结果补语，而不是动相补语。

5. 通过基于苗族汉话的"起"的功能研究，还可发现关于"起"的若干有价值的蕴含共性。比如：①某方言中"起"若有准终点介词用法，则一定有持续体标记功能。②某方言中"起"若有比较标记功能，则一定有结果补语功能。③某方言中"起"只要有强调助词、持续体标记、完整体标记、状态补语标记、趋向补语标记中的任何一种功能，则一定有动相补语功能。④某方言中"起"若有"快"义唯补词功能，则一定有空间位移趋向补语"起"被量化的"V起点""V起些"一类用法。

第五章
关峡苗族汉话指示词三分及其在进行体中的表征①

　　本书第二章曾提到关峡苗族汉话进行体表达形式的特殊性。这种特殊性主要是由于关峡苗族汉话进行体标记采用"滴在＋指示词"的处所结构，而关峡点的指示词系统还保留着三分的痕迹。具体来说，关峡苗族汉话的指示词呈现由"个［kəu²¹³］""□ni⁴⁴""□mei²¹³"分别对应"近—中—远"的三分格局。"个"相当于普通话"这"，表近指；"□ni⁴⁴"一般用于指示离说话人稍远或离听话人较近的视野之内的空间距离，可称之为"中指"或"近远指"；"□mei²¹³"一般用于指示视野内更远的或视野之外的空间距离，表远指。②　"□ni⁴⁴"和"□mei²¹³"的双音节指示词分别为"□ni⁴⁴底［te⁵³］"和"□mei²¹底［te⁵³］"，与"滴在"形成处所结构表进行时合音为"□nie⁵³"和"□mɛ⁵³"。因此，关峡苗族汉话的进行体标记因其指示词系统的特殊性可根据空间距离、时间距离、心理距离选用以下 3 组共 6 个处所结构来表示：

　　近指进行体标记：滴个在这／滴个底在这里
　　中指进行体标记：滴□nie⁵³在那／滴□ni⁴⁴底在那里
　　远指进行体标记：滴□mɛ⁵³在那／滴□mei²¹底在那里
　　其指示词系统的三分格局在不同语义范畴中表现如何？从哪些方面影

---

　　①　本章以《绥宁关峡苗族平话指示词三分及其在进行体中的表征》为题发表于《云梦学刊》2023 年第 2 期。

　　②　如果把这一系统中的"中指"看作"近远指"，那么其指示词系统也可以看作先区分近指和远指，然后再将远指二分，也就是"层层二分"。但无论如何存在三个不同的指示词则是无疑的。

响和制约进行体的选择？指示词三分是否与苗语底层遗留相关？本章将对此进行深度描写和一定解释。

第一节　指示词三分在不同语义范畴中的分类描述

▶▶ 一、指示空间

指示空间距离的远近是指示词的核心语义，其他功能都是在此基础上衍生出来的。关峡苗族汉话指示词指示空间距离时，呈现出由"个""□ni^{44}""□mei^{213}"分别对应"近—中—远"的三分格局。[①] 如：

近指	中指	远指
个这	□ni^{44}那	□mei^{213}那
个底这里	□ni^{44}底那里	□mei^{21}底那里
个边这边	□ni^{44}边那边	□mei^{21}边那边
个只这只	□ni^{44}只那只	□mei^{21}只那只
个哋这些	□ni^{44}哋那些	□mei^{21}哋那些
滴个在这	滴□nie^{53}在那	滴□me^{53}在那

关峡苗族汉话在指示视野范围内的三个个体时，无论听话人处在何种位置，都严格三分。如：

(1) 鸡崽滴个底，鸡婆滴□ni^{44}底，鸡公滴□mei^{21}底。小鸡在这里，母鸡在那里（中指），公鸡在那里（远指）。

(2) 大崽坐滴个底，□la^{33}崽坐滴□ni^{44}底，伊爹爹坐滴□mei^{21}底。大儿子坐在这里，小儿子坐在那里（中指），他爸爸坐在那里（远指）。

当三个个体中有一个在视野范围之外时，一般情况下须用"□mei^{213}"指示视野之外的个体，视野之内较远的个体则既可用"□ni^{44}"也可用"□mei^{213}"。如：

(3) 个只鸡把你，□ni^{44}/□mei^{21}只把你哥，□mei^{21}只鸡婆把你姐。这只

---

① "□mei^{213}"位于两字组的前字时连读变调为低降调21。

鸡给你，那只给你哥，那只母鸡给你姐姐。

（4）崽滴个只桌哩上看书，我去□ni⁴⁴/□mei²¹ 只桌哩上看书，你去楼
上□mei²¹ 间房里看书。儿子在这张桌子上看书，我去那张桌子上看书，你去楼
上那间房里看书。

例（3）中给姐姐的"那只母鸡"在视野之外，必须使用远指词
"□mei²¹³"；给"哥哥"的"那只"在视野之内的较远处，"□ni⁴⁴"和
"□mei²¹³"两可，中指和远指表现出中和倾向。例（4）亦是如此，"楼上那
间房"在视野之外，必须使用远指词"□mei²¹³"；"我"去的"那张桌子"
在视野之内的较远处，则"□ni⁴⁴"和"□mei²¹³"两可，中指、远指中和。

单独说到视野之外的某个个体时，关峡苗族汉话也用远指词
"□mei²¹³"，不用中指词"□ni⁴⁴"。例如：

（5）阿，我□mei²¹ 个手机呢？妈，我那个手机呢？

说话人问妈妈"那个手机"在哪儿，"那个手机"一定在视野之外，用
远指词"□mei²¹³"来指示。因为视野之外意味着空间距离、心理距离更远。
蒋华（2004）指出，在普通话中，指示的人或事物是否在说话人目力所及
范围之内，会影响到对指示词"这/那"的选择。在关峡苗族汉话中，是否
在视野范围之内，则会影响到说话人是否需要强制性地使用远指词
"□mei²¹³"。

在关峡苗族汉话中，受经济原则驱使，当中指和远指的成分在句中有
其他定语来区分时，中指和远指也可以中和，即中指、远指可同时选用
"□ni⁴⁴"或者"□mei²¹³"。例如：

（6）个只鸡把你，□ni⁴⁴/□mei²¹ 只把你哥，角角里□ni⁴⁴/□mei²¹ 只把
你姐。这只鸡给你，那只给你哥，角落里那只给你姐姐。

（7）个只鸡把你，□ni⁴⁴/□mei²¹ 只把你哥，□ma³³□xa⁵³□ni⁴⁴/□mei²¹
只把你姐。这只鸡给你，那只给你哥，外面那只给你姐姐。

例（6）中三只鸡都在视野范围内，且空间上是"近—中—远"分布，
按理说应该严格三分，但由于句中"角角里"作为远指个体的定语已经把
它与中指的个体区分开来，受经济原则的驱使，此时"□ni⁴⁴"和
"□mei²¹³"的对立已无必要。例（7）中，远指的个体（即给"姐姐"的那
只鸡）在视野之外，按理说必须用"□mei²¹³"，但由于定语"□ma³³□xa⁵³

外面"已经把它与中指的个体（即给"哥哥"的那只鸡）区分开来，则用"□ni^{44}"也无妨了。

跨语言的研究表明，在指示词三分的语言里，指示词的选择往往牵涉听话人的距离因素。日语「これ」（近指）、「それ」（中指）、「あれ」（远指）即是典型的例子。在关峡苗族汉话的指示词系统中，指示词的选择既受到说话人距离因素的影响，也受到听话人距离因素的影响。比如，当说话人只需指示"近—远"两个个体时，近指用"个"，远指则用"□ni^{44}"或"□mei^{213}"都可以。如果听话人离远指事物较近，则更倾向于用"□ni^{213}"。而从接下来的例子我们可以更清晰地看出，苗族汉话指示词的选用受到听话人因素的制约。普通话的"你把那张桌子搬过来"，苗族汉话指示词的选用有三种情况：

（8）你捉□ni^{44}只桌哩搬过来。（听话人离桌子近）

（9）你捉□ni^{44}/□mei^{21}只桌哩搬过来。（听话人离桌子远）

（10）你捉□mei^{21}只桌哩搬过来。（桌子在视野之外）

在听话人离说话人较远的情况下，如果听话人在桌子旁，离"那张桌子"距离近，就只能使用中指词"□ni^{44}"，如例（8）。这说明其指示词的选用充分考虑了听话人离所指事物的距离，与日语的「それ」（中指）相似。如果听话人没在桌子那儿，离"那张桌子"距离较远，那说话人就根据自身离桌子的距离选用"□ni^{44}"（中指）或"□mei^{213}"（远指），如例（9）。如果桌子在视野之外，则只能用远指词"□mei^{213}"，如例（10）。这也就说明，在关峡苗族汉话的指示词三分系统里，说话人和听话人的距离因素共同制约着指示词的选用，但以说话人因素为主，听话人因素为辅。

二、指示时间

从空间范畴向时间范畴隐喻，是跨语言的普遍特征。关峡苗族汉话指示词所构成的时间指示词或短语如：

近指	中指	远指
个时辰这时候	□ni^{44}时辰那时候	□mei^{21}时辰那时候
个日这天	□ni^{44}日那天	□mei^{21}日那天

关峡苗族汉话在指示时间距离时，无论是过去的时间还是将来的时间，根据时间距离的远近都呈现出一定的三分倾向，但不如指示空间距离那样工整、严格。例如：

(11) 伊昨日夜头 12 点才归来，□ni⁴⁴/□mei²¹ 时辰我眼死呱咧。他昨天晚上 12 点才回来，那时候我睡了。

(12) □mei²¹ 时辰你还□la³³。那时候你还小。

例（11）中的"那时候"指"昨天晚上 12 点"，属较近的过去时间，指示词一般用"□ni⁴⁴ 时辰"，但也可用"□mei²¹ 时辰"。例（12）中"那时候"指若干年以前，属较久远的过去时间，只能用"□mei²¹ 时辰"。

指示将来时间时，也会因时间距离的远近产生对时间指示词的选择倾向。比如：

(13) 我下半日 5 点多钟就归来，□ni⁴⁴/□mei²¹ 时辰可能有点堵车。我下午 5 点多就回来，那时候可能有点堵车。

(14) 明年暑假我才归来，□mei²¹ 时辰你滴遮底？明年暑假我才回来，那时候你在哪里？

例（13）中谈论今天下午的时间，属较近的将来时间，指示词一般用"□ni⁴⁴ 时辰"，但也可用"□mei²¹ 时辰"。例（14）中谈论"明年暑假"，属较久远的将来时间，只能用"□mei²¹ 时辰"。

由此可见，关峡苗族汉话在指示时间时，无论过去还是将来，离现在较久远的时间在指示词的选择上具有强制性，即只能用"□mei²¹³"；而离现在较近的时间在指示词的选择上则表现出倾向性，即一般用"□ni⁴⁴"，但也可用"□mei²¹³"。

▶ 三、指示方式

关峡苗族汉话指示方式的指示词语有 3 组，即：

近指	中指	远指
个滴这样	□ni⁴⁴ 滴那样	□mei²¹ 滴那样
个兴这么	□ni⁴⁴ 兴那么	□mei²¹ 兴那么
个兴滴这么样	□ni⁴⁴ 兴滴那么样	□mei²¹ 兴滴那么样

如果是指示一般的现时情境中的方式，中指"□ni²¹³"和远指

"□mei²¹³" 已经中和。如：

(15) 你□ni⁴⁴滴/□mei²¹滴包麻要得，是个滴包嘅。你那样包不行，是这样
    包的。

句中是说包饺子。"这样包"用"个滴包"，"那样包"用"□ni⁴⁴滴包"
或者 "□mei²¹³滴包"均可，中指和远指的对立已中和，成为自由变体。但
方式一旦涉及时间的远近及关涉的人或事物的远近，则中指和远指仍然要
区分。例如：

(16) □jie³³□jie³³你□ni⁴⁴滴讲话，我气得要死。刚刚你那样说话，我气得
    要死。

(17) 伊□mei²¹日□mei²¹滴讲话，怪不得乞打。他那天那样说话，怪不得挨打。

例（16）谈论的是眼前距离较近的"你""刚刚"的说话方式，关涉的
人和时间都较近，只能用"□ni⁴⁴滴"；例（17）谈论的是不在眼前的距离较
远的"他""那天"的说话方式，关涉的人和时间都较远，只能用"□mei²¹
滴"。相对于（15）来说，（16）（17）都是有标记的。也就是说，关峡苗族
汉话指示方式在无标记的情况下已经中和，成为自由变体，但在有时间标
记的情况下仍然区分。

▶▶ 四、指示性状和程度

关峡苗族汉话有指示性状的指示词语 1 组，指示程度的指示词语 3 组
（与指示方式重合）：

近指	中指	远指
性状　个色这种	□ni⁴⁴色那种	□mei²¹色那种
程度个滴这样	□ni⁴⁴滴那样	□mei²¹滴那样
程度个兴这么	□ni⁴⁴兴那么	□mei²¹兴那么
程度个兴滴这么样	□ni⁴⁴兴滴那么样	□mei²¹兴滴那么样

在指示性状时，关峡苗族汉话的中指和远指基本已经趋同，常用二分，
即：用"个色"表示心理距离较近的性状，用"□mei²¹色"表示心理距离
较远的性状。但当性状涉及的时间较近且关涉的人或事物较近时，仍会出
现"□ni⁴⁴色"和"□mei²¹色"两可的情况。如：

(18) 我爹爹□ni⁴⁴色/□mei²¹色脾气，你又麻是麻晓得。我爸爸那个脾气，

你又不是不知道。

（19）李白□mei²¹色脾气，皇帝□lie³³受不起。李白那种脾气，皇帝都受不了。

例（18）是说话人安慰刚与爸爸闹过别扭的妈妈（或其他家人），关涉的人"爹爹爸爸"在距离上相对较近，既可用"□ni⁴⁴色"也可用"□mei²¹色"，属自由变体，无倾向性。例（19）因为时间久远（唐朝），关涉的人"李白"在距离上也较远，只能用"□mei²¹色"。

关峡苗族汉话指示程度与指示性状的情况相似，中指和远指基本已经趋同，常用二分，即：用"个滴""个兴滴"表示心理距离较近的程度，用"□mei²¹滴""□mei²¹兴滴"表示心理距离较远的程度。但当程度涉及的时间很近且句中有标记时，仍有"□ni⁴⁴"和"□mei²¹³"两可的情况。如：

（20）个下，你干□ŋa⁵³□ni⁴⁴滴/□mei²¹滴涨气？刚才，你为什么那么生气？

（21）□mei²¹日，你干□ŋa⁵³□mei²¹滴涨气？那天，你为什么那么生气？

例（20）中，"涨气生气"是"个下刚才"发生的事情，时间距离很近，程度指示词既可用"□ni⁴⁴滴"也可用"□mei²¹滴"，属自由变体，无倾向性。例（21）的时间标记词是"□mei²¹日那天"，时间距离较远，只能用"□mei²¹滴"。

由此可见，一般情况下，关峡苗族汉话指示性状和程度中指和远指已经趋同，只采用二分；少数有标记的情况下仍然存在中指和远指两可，但已成为没有选择倾向的自由变体。

▶▶ 五、小结

从上面的分类描述不难看出关峡苗族汉话指示词三分的倾向性规律。关峡苗族汉话指示词三分在不同语义范畴中表现不尽相同：在指示空间时，三分倾向最为明显，最符合"近—中—远"的三分格局；指示时间时，三分倾向开始弱化，出现中指、远指中和现象，但时间距离较近时对中指仍有强制性的选择倾向；指示方式时，在无标记的情况下中指、远指完全中和，成为自由变体，只在方式涉及时间远近或关涉人或事物远近时仍趋区分；指示性状和程度时，中指、远指基本趋同，三分倾向最弱，已趋于二分。也就是说，关峡苗族汉话不同语义范畴中指示词在三分倾向上存在以下等级序列，即：空间＞时间＞方式＞性状、程度。从左至右，三分倾向次第减弱；从右至左，三分倾向次第增强。这一等级序列符合人类语言共性，可以得到类型学研究成果的证实。储泽祥、邓云华（2003）基于跨语言证据提出了指示词从二分到多分的等级序列；刘丹青、刘海英（2005）将其改写为：处所＞个体＞时间＞程度、方式。本书的"空间"包含"处所"和"个体"，因为我们认为指示处所与个体都具有空间性，且在关峡苗族汉话中三分倾向完全一致。而关峡苗族汉话的指示词在指示"方式"和"程度"时三分倾向略有差别，我们将其在等级序列上分开。如果认为其差别甚小而不足以分开，则可视作一个等级，只关乎处理的精细度问题。

第二节　指示词三分与进行体表达形式的选择

　　绥宁关峡苗族汉话的进行体主要通过在动词前使用"滴在＋指示词"的处所结构来表达。如：

（22）伊滴□mε⁵³洗衣服。他在洗衣服。

　　跨语言的考察表明，从处所到进行是人类语言的普遍现象（Heine and Kuteva，2002）。普通话的"在"即是从处所介词演化为进行体标记。湘语多用处所结构，即"在＋指示词"，如长沙话"在个里在这里""在那里"。桂林话进行体也用"在这垱在这里""在那垱在那里""在垱在里"，同样用"在＋指示词"构成的处所结构。我们在第二章中曾指出，"处所介词＋指示词"是一种语法化程度较低、兼有处所意义的进行体表达形式。关峡苗族汉话因其指示词存在三分倾向，所以进行体表达形式有近指、中指、远指3组共6种，比一般汉语方言显得更为细分、多样。那么，关峡苗族汉话在表进行时，其指示词三分会在多大程度上影响到进行体标记的选择？又会从哪些方面表现出不同于二分语言或方言的选择限制？以下我们在深度田野调查基础上进行分析。

▷▷　一、二分与三分

　　现在进行体场景中，说话人往往根据自身与正在发生的动作行为的距离选用"滴个""滴□nie^{53}""滴□mɛ^{53}",兼考虑听话人因素。

如果是描述一近一远两个正在进行的动作行为,则近指用"滴个",远指一律用"滴□mɛ^{53}",中指"滴□nie^{53}"通常不用。如:

(23)我滴个看书,伊滴□mɛ^{53}洗衣裤。我在看书,她在洗衣服。

如果说话人描述与自身存在一定空间距离的非近指的两个正在进行的动作行为,则区分两种情况:一是其中一个动作行为离听话人较近,则一般考虑听话人因素,离听话人较近的动作行为用"滴□nie^{53}",另一动作行为用"滴□mɛ^{53}";二是两个动作行为离说话人和听话人都较远,则说话人根据自身与动作行为的距离酌情选用"滴□nie^{53}"和"滴□mɛ^{53}",或者在辅以手势或表情的情况下两个动作行为都用"滴□mɛ^{53}"。

如果是描述近、中、远三个正在进行的动作行为,则严格按照近指、中指、远指的三分格局来选用进行体标记。如:

(24)我滴个煮饭,伊滴□nie^{53}切菜,崽滴□mɛ^{53}读书。我在煮饭,她在切菜,儿子在读书。

例(24)是有人问说话人一家人都在干些什么,说话人按空间距离远近依次选用"滴个""滴□nie^{53}""滴□mɛ^{53}"表进行:"我"自己用"滴个";"伊"稍远,用"滴□nie^{53}";"崽"在视野之外,最远,用"滴□mɛ^{53}"。

由此可见,关峡苗族汉话的进行体标记在描述两个动作行为时如果不考虑听话人因素,中指进行体标记"滴□nie^{53}"的使用空间已非常有限;但在描述近、中、远三个正在进行的动作行为时,仍然严格按照近指、中指、远指的三分格局来选用进行体标记。

▶▶ 二、过去与将来

在关峡苗族汉话中,在描述过去进行的动作行为时,如果时间距离近,动词前用"滴□nie^{53}""滴□mɛ^{53}"两可;如果时间距离远,则只能用"滴□mɛ^{53}"。比如:

(25)——昨日上半日,你滴□nie^{53}/滴□mɛ^{53}□nɑŋ^{22}底□ŋɑ^{53}?昨天上午,你在干什么?

——我滴□nie^{53}/滴□mɛ^{53}看书。我在看书。

（26）——□mei²¹日上半日，你滴□mɛ⁵³□n̩an²²底□ŋa⁵³？那天上午，你在干什么？

——我滴□mɛ⁵³看书。我在看书。

例（25）问"昨天上午"进行的动作行为，时间距离近，用"滴□nie⁵³""滴□mɛ⁵³"两可。例（26）问"那天上午"进行的动作行为，时间距离远，只能用"滴□mɛ⁵³"。需要注意的是，如果说话人在谈论过去进行的某动作行为时，正好处在那个动作行为的位置，就要用"滴个"。以（25）为例，如果说话人说话时正好处在当时"看书"的位置，就要说"我滴个看书。"此时进行体标记兼有表处所的意义。

关峡苗族汉话描述将来进行的动作行为，无论时间距离远近，一般都用"滴□mɛ⁵³"。如：

（27）明天日九点麻行，我还滴□mɛ⁵³上班。明天九点不行，我还在上班。

（28）明年麻行，伊还滴□mɛ⁵³读三年级。明年不行，她还在读三年级。

例（27）说"明天九点"正在进行的动作行为，例（28）说"明年"正在进行的动作行为，时间距离一近一远，进行体标记一律都用"滴□mɛ⁵³"。同样要指出的是，如果说话人在谈论将来进行的某动作行为时，正好处在那个动作行为的位置，就要用"滴个"。以（27）为例，如果说话人说话时正好在上班的单位，就要说"明天日九点麻行，我还滴个上班"。此时进行体标记兼有处所意义。

从过去进行与将来进行的比较中，我们不难看出，关峡苗族汉话对过去时间的划分相对较细，还保留着三分的痕迹；对将来时间的划分相对较粗，已经成为二分。

▶ 三、视野内与视野外

与指示词三分相关联，动作行为在视野内还是视野外对关峡苗族汉话进行体的选择也有影响。视野之内正在进行的动作行为，近指用"滴个"，中指用"滴□nie⁵³"，远指则"滴□nie⁵³""滴□mɛ⁵³"两可。同样是问视野之内的"你在干什么？"，关峡苗族汉话有三种问法：

（29）你滴个□n̩an²²□te⁵³□ŋa⁵³？（近处）

（30）你滴□nie⁵³□n̩an²²□te⁵³□ŋa⁵³？（不远处）

（31）你滴□nie⁵³/滴□mɛ⁵³□nȵaŋ²²□te⁵³□ŋa⁵³？（远处）

由此可见，视野之内，"滴□mɛ⁵³"不占优势，"滴□nie⁵³"占优势。视野之外的情况则不一样。且看：

（32）——你老婆哩□nȵaŋ²²□te⁵³□ŋa⁵³去呱？你老婆干什么去了？

　　　——A：你□sai³³，伊滴□nie⁵³/滴□mɛ⁵³打牌。你看，她在打牌。（视野内）

　　　——B：应该滴□mɛ⁵³打牌。应该在打牌。（视野外）

在 A 的回答中，"老婆哩老婆"在视野之内，根据说话人所认为的距离远近选择"滴□nie⁵³"或"滴□mɛ⁵³"。在 B 的回答中，"老婆哩老婆"在视野之外，只能用"滴□mɛ⁵³"。也就是说，关峡苗族汉话谈论视野之外正在进行的动作行为时，进行体标记一般只能用远指的"滴□mɛ⁵³"。但是，调查过程中，我们发现一种有趣的现象，关峡苗族人打电话问别人在干什么的时候，虽然此时听话人一般也在视野之外，但只能用中指的"滴□nie⁵³"，而不能用远指的"滴□mɛ⁵³"。这是为何？我们认为这里面有两个原因：一是通信手段拉近了心理距离。"听力所及"就是"目力所及"。电话拉近了说话人和听话人的距离，无论多遥远互相可以听到对方说话，虽不在视野之内却相当于就在面前，就在不远处。二是交际场合决定了说话人和听话人心理距离近。电话问别人在干什么更像是打招呼，话语对象一般是家人、亲人、朋友或其他关系较近的熟人，说话人与听话人的心理距离本来就近。话语对象若是陌生人、关系较远的人或者是第一次打电话，都不大可能直接问对方"你在干什么？"。此外，我们调查还发现，打电话时听话人"是否外出"对说话人会产生影响。如果说话人打电话时已经知道听话人外出，或者电话中听话人告诉说话人自己已外出而不在说话人预设的地点，说话人对进行体的选择就会变成"滴□nie⁵³"或"滴□mɛ⁵³"两可。比如，说话人打电话问丈夫在哪里。丈夫告诉她，"我不在家，我到了绥宁"。说话人就既可以问：你滴□nie⁵³□nȵaŋ²²□te⁵³□ŋa⁵³？也可以问：你滴□mɛ⁵³□nȵaŋ²²□te⁵³□ŋa⁵³？因为外出而不在预设之处，拉远了心理距离。此时进行体标记兼有表处所的意义。

以上我们从二分与三分、过去与将来、视野内与视野外三个维度分析了关峡苗族汉话与指示词相关的进行体表达形式的选择机制。整体来看，关峡苗族汉话因为指示词三分带来了更为细分、多样的进行体表达形式。较之二分方言，空间距离、时间距离、心理距离对关峡苗族汉话进行体标记的选择都体现出更丰富、微妙的制约作用。

第三节　关峡苗族汉话指示词来源推测及相关讨论

根据李蓝（2004）、胡萍（2018）、姜礼立（2019）、王巧明（2019）等学者的调查研究，目前基本可以确定湘桂边区域的苗族汉话是一种系属尚不明确的具有同源关系的汉语方言，是一种保留了苗语底层的少数民族汉语。姜礼立（2019）对湘桂边的城步兰蓉、城步五团、绥宁关峡、龙胜伟江、资源车田等 5 个苗族汉话点指示词语序类型的考察表明，关峡苗族汉话是受汉语影响最大、演变最快的苗族汉话点之一。湘桂边各苗族汉话点的指示词演变不平衡，但大部分苗话点目前仍然或多或少遗留着指示词后置现象（李蓝，2004；胡萍，2018；姜礼立，2019），而绥宁关峡的指示词后置现象已完全消失，只有指示词前置。关峡苗族汉话已经不用语序手段来表达不同距离或视野内外的远指，而是通过不同的前置指示词表达"近—中—远"的三分格局。那么，关峡苗族汉话"个""□ni⁴⁴""□mei²¹³"三个指示词的来源是什么呢？我们认为，这三个指示词都是转用或借用自周边汉语方言，而非苗语底层指示词的遗留。苗语指示词系统多三分或五分。以养蒿苗语（王辅世，1985）、台江苗语（姬安龙，2012）、湘西矮寨苗语（余金枝，2010）以及我们调查的凤凰山江苗语为例：

表 5-1　部分苗语方言的指示词系统

苗语点	指示词	
	近指	非近指
养蒿苗语	noŋ³⁵	nen³⁵ / mɔŋ⁵⁵ / ɛ³³ / i³⁵
台江苗语	na⁵⁵	ma²² / nen⁵⁵ / ʑa³³ / a²² / ʑa²²
矮寨苗语	nəŋ⁴⁴	ei⁵³ / a⁴⁴
山江苗语	nen⁵³	an⁵³ / to⁵³

从上述几种苗语方言的指示词系统来看，无论近指或非近指，苗语指示词在语音上均与关峡苗族汉话指示词差别较大，无法断定关峡苗族汉话的指示词与苗语指示词之间的语音对应或演变关系。

▶ 一、近指词和远指词的来源

如果将视野定格于湘西南汉语方言，则可以较为清晰地看出绥宁关峡苗族汉话指示词系统在这一语言区域的共性。我们调查、统计了湘西南区域包括苗族汉话、老湘语、赣语、湘南土话、西南官话 5 种方言在内的 12 个方言点，其指示词系统如表 5-2 所示：[①]

表 5-2　部分湘西南汉语方言的指示词系统

方言点	指示词	
	近指	非近指
关峡苗族汉话	kəu²¹³	ni⁴⁴（中指）/mei²¹³（远指）
绥宁（长铺）	ko⁴⁴	mei²¹³
绥宁（唐家坊）	ko⁵⁵	n̠in³³（较远指）/n̠in⁵³（更远指）
隆回	ko³¹	n³¹（中指）/me⁵⁵（远指）
洞口	ko³¹	n¹³（中指）/mei⁴⁴（远指）
城步	ko⁴²	ni⁴²（中指）/ni⁵⁵（远指）
怀化	ta⁴⁵	ko²²（中指）/mei⁵⁵（远指）
新化	ko²¹/i²¹	n̠²¹（较远指）/n̠³³（更远指）
蓝山	ko³³	me⁵³
嘉禾	kə³³	mai⁵¹
东安（花桥）	e³³	mai⁴²
东安（石期市）	ai³³	ni³⁵

---

① 表 5-2 所列指示词，关峡苗族汉话和绥宁长铺话指示词为笔者调查所得，蓝山土话指示词参考罗昕如（2016）《湖南蓝山太平土话研究》，嘉禾土话指示词参考卢小群（2002）《嘉禾土话研究》，东安花桥土话指示词参考鲍厚星（1998）《东安土话研究》，东安石期市土话指示词参考蒋军风（2016）《湖南东安石期市土话研究》，其余均参考伍云姬（2009）《湖南方言的代词》。

先看近指词。在 12 个方言点中，9 个点使用〔ko〕系近指词，其音变形式有 ko/kə/kəu 等。从汉语方言的分布看，关峡苗族乡所在的绥宁县是"南湘北赣"的格局。关峡苗族汉话可能受到湘语和赣语的双重影响。从使用最高频、分布最广泛的近指词来看，湘语和赣语实际上是非常一致的，都采用〔ko〕系近指词。不仅湖南境内的赣语洞绥片多用〔ko〕，陈敏燕等（2003）调查了江西境内赣语所属的全部 61 个县市共 95 个点，其中 73 个调查点的近指词用〔ko〕类或者〔ke〕类。关峡苗族汉话近指词"个"，音〔kəu²¹³〕，与湘语、赣语等南方方言一致，是青衣苗族人转用湘语或赣语〔ko〕系近指词的结果。

再看远指词。从表 5-2 不难看出，在我们所调查的湘西南 12 个方言点中，有 8 个点的远指词可以归入〔mei〕系。远指词直接使用〔mei〕的有绥宁关峡、绥宁长铺、洞口、怀化 4 个点，另有 4 个点使用 mē/me/mai 等音变形式。湘西南区域使用〔mei〕系远指词具有一定的区域共性。由此我们推断，关峡苗族汉话使用的远指词"□mei²¹³"是青衣苗族人借用或转用该区域汉语方言远指词的结果。

通过湘桂边苗族汉话的内部比较，还可以看到〔mei〕的早期形式应是〔mi〕。综合李蓝（2004）、胡萍（2018）、姜礼立（2019）等的调查，湘桂边苗族汉话至少另有兰蓉、五团、麻林、牛头、泗水、初水等地使用后置远指词"□mi"，以兰蓉、五团为例：

（33）兰蓉：□uei²⁴ 只鸡□mi⁵⁵ 蛮大。那只鸡很大。

（34）五团：咯个□mi⁵⁵ 是伊嘅。那个是他的。（李蓝，2004）

从语言接触角度看，类似上述两例中的"□mi⁵⁵"，应是苗族汉话在借用汉语方言远指词之后，仍然保留苗语指示词后置语序的见证。近指词"□uei²⁴"和"个"前置，而远指词"□mi⁵⁵"后置，则是苗族汉话指示词语序受汉语影响从后置转变为前置的过渡状态。无论语序上从后置到前置的演变，还是语音上从单元音到复元音的演变，都指向〔mi〕应是〔mei〕的早期形式。姜礼立（2019）也结合麻林、关峡两个苗族汉话点远指表达形式的语序演变推测，从〔mi〕到〔mei〕应是单元音裂变为复元音的结果。

二、中指词的来源

从语音形式看，除了关峡苗族汉话使用〔ni〕作指示词以外，城步老湘语、东安石期市土话同样用〔ni〕，绥宁唐家坊话的〔ȵin〕可以看作其音变形式。此外，隆回、洞口、新化均使用〔n〕作中指或远指词。从〔n〕到〔ni〕，也是符合语音演变规律的。陈敏燕等（2003）把赣语〔n〕〔ŋ〕〔ȵi〕3 种远指词合并为〔n〕类，并认为〔n〕是原型，〔ŋ〕〔ȵi〕是不同地域的相应形式。因此，我们有理由认为关峡苗族汉话的中指词"□ni⁴⁴"同样转用或借用自周边汉语方言。湘西南区域使用〔n〕系指示词同样具有一定的区域共性。这种区域共性还影响到湘西南区域的濒危苗语支系方言，即分布在绥宁、城步境内的"坝那语"。据李云兵（2017），坝那语是湘西南苗族红苗支系使用的母语，是一种新认知的濒危语言，使用人口 2400 余人，主要分布于湖南城步苗族自治县长安营乡的上排、下排、长兴、德胜、六马和绥宁县黄桑坪苗族乡的潭泥、界溪、云头山。坝那语与苗族平话以及老湘语等有长期的接触关系。胡萍（2018）所记录的绥宁黄桑坪乡和李云兵（2017）调查的城步长安营乡指示词系统存在一定区别，但都有〔ni〕：

表 5-3　坝那语的指示词系统①

苗语点	指示词	
	近指	非近指
绥宁黄桑坪	ni⁴⁵	ni⁴⁴（远指）/i⁴⁴（更远指）
城步长安营	nĩ⁴⁴	tiŋ⁴⁴

绥宁黄桑坪苗语点有一个近指词〔ni⁴⁵〕，有一个远指词〔ni⁴⁴〕，仅声调略有区别。城步长安营苗语点则有个近指词〔nĩ⁴⁴〕。这些指示词在当地苗语中都是后置的，语音上则与城步话、关峡苗族汉话等所使用的〔ni〕系指示词高度一致，是坝那语与当地汉语方言长期接触而借用汉语指示词的结果。

---

① 李云兵（2017）主要调查坝那语体貌系统，指示词是我们从李文例句中观察、摘取的，因此可能并不代表城步长安营坝那语指示词系统的全貌。

石德富（2007）、王春玲（2018）都指出，苗瑶语指示词系统往往比较复杂，其中苗语多五分、三分。从表九我们也能清晰看到这样的指示词格局：养蒿苗语五分；台江苗语如将两个"za"合一也是五分；矮寨苗语、山江苗语、黄桑苗语都是三分。我们可以设想，习惯了指示词三分的关峡青衣苗族人在转用汉语以后，除了转用当地汉语方言中的"个"表近指，"□mei²¹³"表远指之外，也借用了该区域方言的指示词"□ni⁴⁴"，且"□mei²¹³"和"□ni⁴⁴"在借用之初语序一定是后置的。"□ni⁴⁴"的指示功能在"个"和"□mei²¹³"的夹缝中确立为"不近不远"的"中指"或曰"近远指"。从姜礼立（2019）的研究来看，关峡点是各苗族汉话点中受外界影响最大、变化最快的。由于受共同语和周边部分汉语方言指示词前置且两分（如绥宁长铺话等）的影响，关峡的"□mei²¹³"和"□ni⁴⁴"语序变为前置，中指词"□ni⁴⁴"不断受到强势的"□mei²¹³"的挤压，不断缩小使用范围，故而形成了关峡苗族汉话目前的指示词使用格局。从前文关于关峡苗族汉话指示词的系统描述及进行体标记的选择规律中，我们可以清晰地看到，"□ni⁴⁴"的使用范围小，且在继续缩小；"□mei²¹³"的使用范围大，且在继续扩大。这种竞争的结果很可能是"□mei²¹³"最终彻底胜出，关峡苗族汉话的指示词从三分简化为二分。事实上，我们的调查也从不同角度证实了这一点。比如，在"□mei²¹³"和"□ni⁴⁴"两可，且是自由变体的情况下，当地人更习惯或者高频使用"□mei²¹³"，而较少使用"□ni⁴⁴"。在远指词的一些较为虚化的用法上，"□mei²¹³"更是"一统天下"。比如：

（35）伊来呱，□mei²¹³我就麻来。他来了，那我就不来。

（36）□mei²¹³你来讲下。那你来说一下。

以上两例中的"□mei²¹³"作连词，"□ni⁴⁴"无此用法。

从湘桂边苗族汉话内部看，不少苗族汉话点仍然残留着后置的远指词"□ni⁵⁵"，皆读阴平调，仅调值比关峡略高。如伟江里木、兰蓉水坪，还有李蓝（2004）提到的中洞等：

（37）里木：道□ni⁵⁵那里

只鸡□ni⁵⁵那只鸡

个只鸡□ni⁵⁵那只鸡

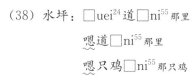

（38）水坪：□uei^{24}道□ni^{55} 那里

　　　　　　嗯道□ni^{55} 那里

　　　　　　嗯只鸡□ni^{55} 那只鸡

（39）中洞：个个人□ni^{55} 那个人

遗留下来的后置的"□ni^{55}"主要有两类 4 种存在形式：

第一类，在表处所的远指词中存在。可分为两种存在形式：（1）在表处所的远指词中作为后置语素存在。如里木的"道□ni^{55}"，相当于"里那"，这是未受汉语语序影响的完全符合苗语底层语序的远指词形式。李蓝（2004）指出，苗语是一种侧重"右分支"（right-branching）的语言。（2）黏附在后起的近指词或远指词上作为词尾存在。如兰蓉水坪的"□uei^{24}道□ni^{55}"，相当于"这里那"。这种形式去掉"□ni^{55}"表近指，加上"□ni^{55}"表远指。"嗯道□ni^{55}"则相当于"那里那"。这种形式中的"□ni^{55}"已经可有可无，不区别意义。这种作为词尾形式存在的"□ni^{55}"，是受汉语影响指示词趋于前置的苗族汉话中后置语序的残留，体现了从后置到前置的过渡特征。

第二类，在量名结构中存在。亦可分为两种存在形式：（1）量＋名＋□ni^{55}。如里木的"只鸡□ni^{55}"，相当于"只鸡那"，是未受汉语语序影响的完全符合苗语底层语序的量名结构。王辅世（1985）《苗语简志》记载，苗语"指示词可以修饰量词或含有量词的修饰词组，修饰时在量词或含有量词的修饰词组的后面"。（2）近指/远指词＋量词＋名词＋□ni^{55}。如中洞的"个个人□ni^{55}"，相当于"这个人那"。这种形式去掉"□ni^{55}"表近指，加上"□ni^{55}"表远指。兰蓉的"嗯只鸡□ni^{55}那只鸡"则相当于"那只鸡那"，"嗯"是后起的远指词。同上，这种形式中的"□ni^{55}"已经可有可无，不区别意义，显然也是苗语后置语序的残留，体现了从后置到前置的过渡特征。

本章小结

绥宁关峡苗族汉话指示词系统呈现出由"个""□ni^{44}""□mei^{213}"分别对应"近—中—远"的三分格局。本章的研究表明，其指示词三分在不同语义范畴中表现不尽相同：指示空间时，三分倾向最为清晰、明显；指示时间时，三分倾向弱化，出现中指、远指中和现象；指示方式时，在无标记的情况下中指、远指完全中和，成为自由变体；指示性状和程度时，中指、远指基本趋同，三分倾向最弱。也就是说，关峡苗族汉话不同范畴的指示词在三分倾向上存在以下等级序列，即：空间＞时间＞方式＞性状、程度。

由于关峡苗族汉话的进行体标记采用"滴在＋指示词"的处所结构，故指示词三分还制约着关峡苗族汉话进行体标记的选择：描述近、中、远三个正在进行的动作行为时，需严格按照近指、中指、远指的三分格局来选用进行体标记。过去进行的划分相对较细，还保留着三分的痕迹；将来进行的划分相对较粗，已成为二分。视野之内的动作行为中指进行体标记占优势，视野之外的动作行为远指进行体标记占优势。整体来看，关峡苗族汉话因为指示词三分带来了更为细分、多样的进行体表达形式的选择。

通过与湘语、赣语、湘南土话等湘西南区域汉语方言及苗语指示词系统的比较分析，我们可以看到该语言区域指示词系统的一些共性，并据此推测关峡苗族汉话的指示词"个""□ni^{44}""□mei^{213}"均是青衣苗族人转用或借用该区域汉语方言指示词的结果，而不是苗语底层指示词的遗留。从竞争态势来看，受共同语或周边汉语方言二分指示词系统的影响，"□mei^{213}"可能渐渐覆盖"□ni^{44}"，从而使关峡苗族汉话指示词系统逐渐趋向二分。

结　语

　　本书在深度田野调查基础上，对南方"民汉语"——湘桂边苗族汉话的体貌标记进行了较为全面的系统描写和专题研究。现拟在综观前文内容的基础上，进一步分析、探讨"民汉语"的语法特点，并总结本书的创新点和有待进一步研究的空间。

第一节　从苗族汉话体貌标记看"民汉语"的特点

▶▶ 一、湘桂边苗族汉话的体貌标记系统

　　基于绥宁关峡、城步兰蓉、龙胜伟江、资源车田四个苗族汉话点体貌标记的田野调查，我们可以得到如下苗族汉话的体貌标记系统：

表 6-1　湘桂边苗族汉话体貌标记系统

外部视点体	完整体	核心	呱、哇、咧
		非核心	起、滴、紧、着、哩、嗰、完
		连用式	哩哇、咧地、咧地咧
	已然体	单用式	呱、哇、咘、哩、嘅、喔、来
		连用式	呱哩、呱嘅、呱哩嘅、咘咧
	经历体		过
	将实现体		起
	重行体		过

（续表）

内部视点体	进行体	近指	滴个、滴个底、是□uei^{213}道、是□le^{55}、是道□le^{55}	是
		中指	滴□nie^{53}、滴□ni^{21}底	
		远指	滴□me^{53}、滴□mei^{21}底、是□ni^{55}、是□ni^{55}道、是□uei^{24}道□ni^{55}、是□uei^{24}道□mi^{55}、是嗯道（□ni^{55}）、是嗯道（□mi^{55}）、是道□ni^{55}	
	持续体		起、滴、紧、着、哩、嗍	
阶段体	起始体		起来、起、起里、……滴……呱、起□khuai^{33}、起咧、来紧来、嗍来	
	延续体		下来、下去	
	完结体		完、好、过、起、紧、着、嗍	
	结果体		起、滴、紧、着、哩、嗍	
貌	短时貌		一下、下、一下嗍、下嗍	
	尝试貌		望、候、看、□sai^{44}	
	反复貌		V$_1$V$_1$V$_2$V$_2$、V去V转、一V一V、V＋动量＋啊＋V＋动量……	
	随意貌		乱、□ko^{213}□tie^{44}、□xɑo^{44}□dɑo^{44}、□mi^{44}□mao^{44}□hao^{53}	

二、湘桂边苗族汉话体貌标记的整体特征及相关讨论

李蓝（2004）在《湖南城步青衣苗人话》中指出，综合考虑城步青衣苗人话的社会属性及其语言底层现象，青衣苗人话既不能归到吴、闽、粤、客、赣、湘等传统的汉语南方方言中去，也不能归到平话或湘南土话中去。虽系属不能确定，但李蓝明确将这种特殊的方言定性为"民汉语"，即语言的整体面貌已是汉语，但语言持有者不是汉族，语言的深层还保留着一些原语言的成分。李蓝（2004）最后还提出一个很有见地的意见：少数民族语言影响汉语经常通过放弃本族语，使用汉语又改造汉语的方式来进行。熊正辉先生在该书的序中肯定了这一结论，并认为"这个发现在汉语史研究上有比较重要的意义，是一个具有一定理论意义的成果"。然而，对于这样一个带有理论意义的重要结论，后续的湘桂边苗族汉话研究并没有进一步探讨或通过深入的田野调查来证实。比如，湘桂边苗瑶民族转用汉语过

程中对汉语的"改造"是如何实现的？在语音、词汇、语法等层面又有何具体表现？这些重要的问题既关乎对"民汉语"特点的认知和把握，也关乎对湘桂边苗族汉话的系属认定。以下我们试从湘桂边苗族汉话体貌标记系统的角度来观察"民汉语"的一些语法特点，并期待透视出一些苗瑶民族转用汉语过程中"改造"汉语的机制。

基于对苗族汉话体貌的田野调查和专题研究，我们可以看到其体貌标记系统具有以下两个互为表里的整体性特征：

（一）多样性特征

首先是标记数量的多样性，比如苗族汉话的单用式完整体标记一共有 10 个，进行体标记有 16 个，起始体标记有 9 个。从单点拥有标记的数量来看，部分苗族汉话点某类标记的数量也表现出不同于一般方言的多样性。比如，车田点有"唎""起""紧""嗬""完" 5 个完整体标记，兰蓉点有"呱""紧""起""着" 4 个完整体标记，数量上明显多于一般汉语方言。再以起始体标记为例，车田有"起来""紧来""嗬来""起□k^huai^{33}""起" 5 个，关峡则有"起来""起里""起"……滴……呱" 4 个，起始体表达形式多于一般汉语方言。貌标记方面，尝试貌标记也体现出较为鲜明的多样性。整体来看，湘桂边苗族汉话有"望""候""看""□sai^{44}"等 4 个尝试貌标记，其中"望""候""看"均来自看视义动词，"□sai^{44}"来源不明。单点来看，基本都有 2 个尝试貌标记，如关峡有"□sai^{44}"和"看"，兰蓉有"望"和"候"，车田有"望"和"看"。一般汉语方言如果不含短时兼尝试貌，都只有 1 个专用的尝试貌标记。

苗族汉话体貌标记的多样性有时并非有差异的多样性，而是几乎平行的多样性。比如，兰蓉的"起""着""紧"作为结果体标记和准完整体标记时几乎是平行的，可以相互替换。而车田的"起""紧""嗬" 3 个标记在完结体、结果体、完整体、持续体、起始体等 5 种用法上都是平行的，几乎看不出差异。再以进行体标记为例，兰蓉的 6 个远指进行体标记"是□ni^{55}/是□ni^{55}道/是□uei^{24}道□ni^{55}/是□uei^{24}道□mi^{55}/是嗯道（□ni^{55}）/是嗯道（□mi^{55}）"是自由变体，完全平行。关峡、兰蓉、车田各点的两个尝试貌标记之间也是可以相互替换的。这种平行多样性不符合语言经济原则，也不见于一般汉语方言。

多样性还体现为同一个标记功能的丰富与多样。比如，各苗族汉话点的"起"都具有 10 种以上的语法功能，涵盖趋向补语、结果补语、动相补语、事态助词、强调助词、完整体标记、持续体标记、状态补语标记、趋向补语标记、傀儡能性补语等，超出已有报道的任何汉语方言。车田点的"紧""嗻"具有 5 种体功能，涵盖外部视点体、内部视点体、阶段体 3 个层级。关峡点的"滴"既是处所动词、处所介词，同时也是结果体标记、准完整体标记和持续标记。

（二）混合性特征

我们认为，体貌标记的多样性是"表"，混合性是"里"。"民汉语"体貌标记多样性的本质是其混合性。甚至可以进一步说，从语法上来讲，混合是少数民族转用汉语过程中"改造"汉语最重要的路径。混合性也是"民汉语"主体特征不明朗而难以确定系属的重要原因。从本书所涉及的体貌标记来看，这种"混合"至少体现在以下三个层面：

一是民族语底层与汉语的混合。这个层面的混合性，此前主要关注点在词汇层面。李蓝（2004）考证苗族汉话中读为 [a] 的"一"、读为 [te] 的"儿"是苗语底层词。贺福凌等（2008）考证了关峡苗族汉话中的 15 条苗瑶语底层词。胡萍（2018）也进一步考证了苗族汉话中"一""蛋""屎"等若干苗瑶语底层词。高名凯（1995：507）认为："某一种族的发音习惯可以在这种族改换另一种语言时保留在后一种语言里成为它的'底层'。不但语音可以产生'底层'现象，就是语法和词汇也可以产生'底层'现象。"从本书对苗族汉话体貌标记系统来看，绝大部分体貌标记已经是汉语的，但仍有部分体貌标记或现象可能受到苗语底层的影响。比如车田的完整体标记"咧"可能来自苗语从位移动词演化为完成体助词的"le^{24}"；已然体标记"哋"则可能来自苗语句末助词"te^{11}"或"ta^{21}"。再如，本书的考察表明，苗族汉话中较为独特的"将实现体"应是苗语"将完成体"用法复制到汉语"起"上的结果。兰蓉、伟江、车田点趋向动词"来"演化为起始标记则可能是苗语起始标记"ta"（相当于"来"）语法复制的结果。兰蓉点 6 个平行的远指进行体标记，即：是□ni^{55}/是□ni^{55} 道/是□uei^{24} 道

□ni^{55}/是□uei^{24}道□mi^{55}/是嗯道（□ni^{55}）/是嗯道（□mi^{55}），实际上也体现了汉语指示词前置和苗语底层指示词后置两种语序的混合，只不过汉语的指示词前置语序已经占了绝对优势。

二是共同语及不同方言的混合。这个层面的混合对湘桂边苗族汉话体貌标记系统的影响最大。从苗族汉话的体貌标记看，部分与共同语一致。如经历体标记"过"、起始体标记"起来"、延续体标记"下来""下去"、完结体标记"完""好""过"、尝试貌标记"看"、反复貌表达形式"V 来 V 去""V$_1$V$_1$V$_2$V$_2$""一 V 一 V"等，都是从共同语中吸收的。部分标记形式则是汉语南方方言共有的，如重行体标记"过"、短时貌标记"一下"及其变体等。更多的体貌标记或现象则是从区域方言中转用、借用或复制的结果。湘桂边区域语言状况相当复杂，与苗族汉话接触的方言主要有湘语、西南官话、赣语、湘南土话等。湖南境内多个苗族汉话点完整体、已然体标记皆用"呱"，是转用了老湘语普遍使用的"呱"的结果。再如，各苗族汉话点普遍使用的准完整体标记和持续标记"起"与区域内湘语、西南官话完全一致，显然是从该区域主要方言中吸收的体标记。兰蓉、车田的体标记"紧"不见于湘语和西南官话，可能受赣语和湘南土话的影响。除关峡点外，"是"无一例外演化为处所介词或时间副词表进行，可能是区域内湘南土话"是"的演化模式影响所致。重行体标记"过"的使用十分受限，则与区域内西南官话完全一致。胡萍（2018）指出，"对于湘西南苗瑶族群而言，早期经历的是语言兼用过程，在完成了民（民族语）转汉（汉语）的语言转用之后，经历了并正在经历的则是方言兼用的过程"。由于青衣苗族群的迁徙和湘桂边区域多方言的环境，苗族同胞在不同历史时期的方言兼用和语言接触过程中吸收不同汉语方言的成分是十分自然的。

三是不同历史层次的混合。湘桂边"民汉语"面貌的最终形成，是青衣苗族人在长期的历史过程中不间断地学习、吸收汉语成分的结果。无论是从量变到质变的语言转用，还是转用汉语之后的语言接触和方言兼用，都经历了较为漫长的历史过程。据《城步县志》记载：宋太平兴国五年（980），飞山蛮部族首领杨再思第三子赤水峒主杨正修在城步历史上首中进士。湘西南通过学校教育来传播汉文化也自有宋一代始。《宋史·西南溪峒蛮夷传》载：北宋熙宁八年（1075）"十峒首领"之裔，已归附朝廷的城步苗族杨姓先祖杨光僭及子杨日俨"请于其侧建学舍，求名士教子孙"。以上文献可以证明，至少在宋代，或者比宋代更早，湘西南苗族与汉文化已经有频繁、深度的接触，苗民学习汉语、汉文化已经受到苗族首领的高度重视。如果城步苗族从宋代开始转用汉语，则苗族汉话吸收汉语成分的时间跨度当在千年以上。千年的漫长历史进程中，苗族汉话吸收不同历史层次的汉语成分是顺理成章的。

湘桂边苗族汉话的体貌标记存在着不同历史层次的差异。以进行体标记为例，伟江点的"是道□ni⁵⁵在那里"和兰蓉点的"是□ni⁵⁵道在那里"都是远指进行体标记，只是语序不同。伟江点"□ni⁵⁵那"还保留着后置语序，是苗语底层遗留下来的较早的历史层次；而兰蓉点的"□ni⁵⁵那"已经前置，是受汉语语序影响产生的较晚的历史层次。再以持续标记为例，兰蓉的"着"［to³³］、关峡的"滴"［tiº］、伟江的"哩"［leº］可能都源于中古的"著"，但体现了不同的历史层次。按照罗自群（2006）对"著"的音韵演变的推测，[l] 声母的持续标记是 [t] 声母持续标记的弱化形式，而"有元音 [i] 的持续标记应该比其他元音类别的韵母的持续标记出现的时间要早"。那么苗族汉话中这三个持续标记所体现的历史层次应该是："滴"早于"着"，"着"早于"哩"。再如，湘桂边苗族汉话的 4 个尝试貌标记中，除了"□sai³³"不明来源外，"候""望""看"都来自看视义动词。"望"在兰蓉、伟江、车田均读 [mo]，且都是主要的看视义动词，如"望书看书""望戏看戏""望电影看电影"等均用"望"。普通话"望"作为看视义动词只有"远视"义，没有苗族汉话这一类用法。在车田点，"望""看"并用，但老派用"望"，新派用"看"。大山阻隔、受外界影响最小的伟江点则只用"望"，至今不用"看"。由此可见，在苗族汉话中，"看"是后借入的，而"望"是固有的、存古的。"候"，据蒋冀骋、龙国富（2005），东汉即已从"观察"义泛化出"测试"义，但共同语文献中没有"候"进一步演化为尝试貌助词的证据。"候"作看视义动词既不见于普通话，也不见于一般方言。在兰蓉点，"候""望"并用，但"候"也只保留在尝试貌格式中，看视义动词只能用"望"。据此，我们推测"候"是比"望"更为存古的形式。因此，从苗族汉话尝试貌标记的历史层次看，应该是："候"早于"望"，"望"早于"看"。

综上所述，从湘桂边苗族汉话体貌标记系统看，标记形式多样性背后体现的是混合性，主要表现为苗瑶语底层与汉语的混合以及不同方言、不同历史层次的汉语成分的混合。我们认为，至少从语法系统来看，自然形成的混合机制，正是李蓝（2004）所说的少数民族放弃本族语之后"使用汉语又改造汉语"的主要方式。混合性也使得苗族汉话的标记系统既保留着一些民族语底层，又有湘语、西南官话，甚至湘南土话、赣语的影子。因此而"自成一派"，归入哪一种汉语方言都显得不典型，也不合适。由此也可以从语法角度较好地回答李蓝研究青衣苗人话时所提出的"系属难以确定"的困惑。

第二节 本书的主要研究结论

本书对湘桂边绥宁关峡、城步兰蓉、龙胜伟江、资源车田 4 个苗族汉话点的完整体、已然体、进行体、持续体、起始体、延续体、完结体、结果体、经历体、将实现体、重行体等 11 种体及短时貌、尝试貌、反复貌、随意貌等 4 种貌的表达形式进行了系统描写和内部、外部比较研究，并综合利用语法化、类型学、语言接触等理论对特色体貌现象进行了较为深入的挖掘和专题探究。主要研究结论如下：

（一）湘桂边各苗族汉话点的核心完整体标记在语法化程度上内部一致性较强，从句法适配度、使用强制性和能否用于无界事件等角度看，苗族汉话的核心完整体标记"呱""哇""咧"的语法化程度高于湘语的"咖"，接近于普通话的词尾"了"。从拥有准完整体标记的丰富性来看，关峡有"起"和"滴" 2 个，伟江仅有"哩"，兰蓉有"起""着""紧" 3 个，车田则有"起""紧""嗬""完" 4 个。兰蓉和车田拥有完整体标记的多样性超过一般汉语方言，比较少见。准完整体标记语义来源具有多样性，包括：趋向动词、附着义动词、完结义动词、稳紧义形容词等。兰蓉、车田"紧"

的完整体用法补充了稳紧义形容词的语法化路径。兰蓉独有的"着"完整保留了从动相补语经语法化双路径分别演化出完整体和持续体标记的用法，是"著"的语义演变过程在南方方言中留存的典型例证。

（二）关峡、兰蓉点的核心完整体及已然体标记均用"呱"，应是借用或转用老湘语体标记的结果；伟江点的"哇"与"呱"同源，是语法化过程中语音弱化、声母脱落的结果，即 kua＞ua。结合移民史和语音演变规律，可以推断从城步到龙胜苗族汉话完整体与已然体标记的共现模式呈现以下演变趋势：V 呱 O 呱＞V 呱 O 哇＞V 哇 O 哇。车田点完整体标记"咧"可能来自西南官话的"了"，也可能来自苗语底层完成体助词；已然体标记"哋"则可能来自苗语句末助词。

（三）通过句法形式的验证，区分了句末的"连用式已然体"和"连用式完整体"，并据此辨析了不同连用形式内部成分之间的配合模式。其内部成分配合模式可分为"已然体标记＋语气成分""已然体标记＋语气成分 1＋语气成分 2""完整体标记＋已然体标记（兼语气成分）""完整体标记＋已然体标记＋语气成分"等四种。

（四）湘桂边苗族汉话的进行体标记以"处所介词＋指示词"所构成的处所结构为主，语法化程度较低。其中车田点采用语法化程度相对较高的时体副词"是"。从语义来源来看，兰蓉、伟江、车田的进行体标记都由判断动词"是"演化而来，表现出较强的内部一致性，不同于湘语和西南官话，但与部分湘南土话一致。这种演化路径具有跨语言的证据，但也可能是受湘南土话影响所致。由于指示词三分的影响，关峡点的进行体标记具有比一般指示词二分方言更为细分、复杂的选择限制。在适用范围上，伟江点的进行体标记只能用于有生事物正在进行的动作行为，不能用于正在进行和持续的自然现象，其他点不受此限。

（五）湘桂边苗族汉话持续体标记比较丰富，一般每个点都有 2～3 个。各点的持续标记既有共性，也有个性：4 个苗族汉话点共有的持续体标记是"起"，兰蓉、车田两个点均有"紧"，其余是各点独有的持续体标记。各点的持续标记存在一定的内部差异，主要表现在是否具有动态持续义、是否有复叠形式、能否用于存在句、能否用于"VP$_{方式}$＋VP"类连动句式等方面。持续体标记语义来源多样，"起"来源于趋向动词，"紧"来源于形容词，"着""哩""滴"从音韵和语义演化模式来看很可能源于中古附着义动词"著"。车田点"起""紧""嗬"三个持续标记基本平行的特殊现象或是苗族汉话形成过程中吸收不同历史层次的汉语成分、受到不同方言影响的结果。

（六）苗族汉话进行体标记与持续体标记的聚焦度呈现以下格局：进行体标记＞持续体标记。这一格局跟北京话正好相反，与苗族汉话进行体标记多采用语法化程度较低的处所结构有关：处所结构的"处所性"倾向于要求动作行为是在一定处所内发生的具体、直观的动作行为，而"处所性""直观性"映射到时间域便是时间域的窄化和精确化，也就是要求"高聚焦"。

（七）苗族汉话"起""紧""着""嗬""哩""滴"等多功能标记进一步展现并补充了语法化双路径的类型学价值。完结体"起"的演化模式丰富、补充了Bybee等（1994）所提出的"完结体＞完成体＞完整体＞过去时"的经典路径，说明完结体既可演化为完成体或完整体，也可同时演化出持续体甚至未完整体，形成语法化的双路径。从苗族汉话"起""紧""着""嗬""哩""滴"等标记的演化模式来看，所谓"语法化双路径"存在着明显的语法化程度不均衡现象，汉语方言中更常见的双路径可能是语法化程度较低的"不完全"双路径。这符合汉语作为分析性语言的特点。

（八）阶段体中，苗族汉话起始体标记非常丰富，并存在"开始"义动词向起始体标记演化的现象，可为《语法化的世界词库》中起始体的演化路径补充来自汉语的例证。兰蓉苗族汉话起始体有"伊死起来呱_{他死起来了}""伊生起来呱_{她生起来了}"一类的说法，很有特色，说明不同族群对同一动作行为的认知、理解存在差异，动词过程结构也存在跨方言的差异性。延续体与普通话采用同样的标记形式，但部分点的语序体现出南方方言特色。完结体和结果体兼用同一套标记，且不约而同地沿着完成和持续两条路径演化，无一例外地均发展为准完整体标记和持续体标记，成为一组集中展示"不完全"语法化双路经的标记系列，具有类型学价值。

（九）苗族汉话用"起"作标记的将实现体应是语言接触引发的语法演变。基于苗语 taŋ⁴⁴、tɕa⁴⁴ 等助词与"起"作为将实现标记在句类选择、句法位置和语法意义上的一致性，本书推断苗族汉话中将实现体现象极有可能是苗语将完成体用法复制到汉语"起"上的结果。

（十）貌现象中，苗族汉话短时貌标记"一下"及其变体在部分点成为估价情态构式的构件，在汉语方言中不多见；尝试貌标记多样且存古现象较为突出，关峡、兰蓉点尝试貌标记前置于 VP 的语序未见其他方言有报道，丰富了汉语尝试貌标记的演化模式；反复貌方面，部分点表反复的四音格语序灵活、"V＋动量＋啊＋V＋动量"之类的特殊复叠形式颇具特色；随意貌皆用副词性成分，关峡随意貌副词"乱"是贬义形容词"乱"在当地苗族汉话中的创新演化。

（十一）在语义图理论的指导下，基于湘桂边苗族汉话"起"的多功能性及相关方言材料，重新构拟了"起"的概念空间。如图 6-1 所示。

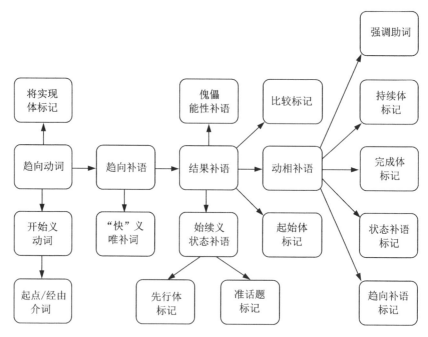

图 6-1 "起"的动态化概念空间

（十二）湘桂边苗族汉话"起"的功能呈现出鲜明的丰富性和高度的一致性。从丰富性来看，伟江点"起"具有 16 种功能，关峡点 15 种，兰蓉点和车田点各 14 种。而北方方言济南话只有 6 种。从一致性来看，各苗族汉话点之间"起"的语义偏侧关系不明显，只在事态助词、"快"义唯补词、比较标记3种功能上体现出差异，而在趋向动词、趋向补语、结果补语、始续义状态补语、动相补语、起始体标记、准话题标记、傀偏能性补语、强调助词、完整体标记、持续体标记、状态补语标记、趋向补语标记等13种功能上体现出高度一致性。这也从一个语法个案的角度，证明了散点分布于湘桂边区域的苗族汉话语法上的一致性及其可能存在的同源性。

（十三）传统上认为从趋向动词演变为事态助词的只有"来"和"去"，苗族汉话为我们提供了"起"也可演化为事态助词的全新语言事实。在伟江、兰蓉、关峡3个苗族汉话点，"起"均有帮助指明事态或结果将要实现的功能，且十分活跃。此外，"起"作傀偏能性补语、"快"义唯补词、强调助词、起始体标记等在此前的相关研究中也较少甚至从未提及。

（十四）对"起"的终点介词用法提出疑问。从苗族汉话来看，"起"的所谓"终点介词"用法实际上是"动词＋起持续＋介词＋处所词语"句式中介词隐省的结果，"起"仍为持续标记。结合跨方言事实和历时语料，本书认为该句式在演化过程中出现了分化：一种演化趋势是持续标记隐省，演化出"动词＋介宾短语"句式。近代汉语、普通话、新化话等部分方言沿着这一条路径发展。另一种演化趋势则是介词隐省，演化出"动词＋起持续＋处所词语"句式。海盐话、宁乡话、东莞话、伟江和车田苗族汉话等均沿着这一条路径发展。到目前为止，这些方言中的"起"仍应视作持续标记，但受句式影响，"起"表持续的意义正在弱化。

（十五）基于苗族汉话的"起"的语义图研究，可以提炼出"起"的功能或用法上若干有价值的蕴含共性。如：①某方言中"起"若有准终点介词用法，则一定有持续体标记功能。②某方言中"起"若有比较标记功能，则一定有结果补语功能。③某方言中"起"只要有强调助词、持续体标记、完整体标记、状态补语标记、趋向补语标记中的任何一种功能，则一定有动相补语功能。④某方言中"起"若有"快"义唯补词功能，则一定有空间位移趋向补语"起"被量化的"V起点""V起些"一类用法。

（十六）关峡苗族汉话的指示词三分倾向上存在以下等级序列：空间＞时间＞方式＞性状、程度。这一等级序列基本符合人类语言指示词多分倾向的普遍共性。由于关峡苗族汉话的进行体标记采用"滴_在＋指示词"的处所结构，所以其指示词的三分格局制约着苗族汉话进行体标记的选择：描述近、中、远三个正在进行的动作行为时，需严格按照近指、中指、远指的三分格局来选用进行体标记。过去进行的划分相对较细，还保留着三分的痕迹；将来进行的划分相对较粗，已成为二分。视野之内的动作行为中指进行体标记占优势，视野之外的动作行为远指进行体标记占优势。整体来看，关峡苗族汉话因为指示词三分带来了更为细分、多样的进行体表达形式的选择。

（十七）通过与湘语、赣语、湘南土话等湘西南区域汉语方言及苗语指示词系统的比较分析，可以看到该语言区域指示词系统的一些共性，并据此推测关峡苗族汉话的指示词"个""□ni⁴⁴""□mei²¹³"均是青衣苗族人转用或借用该区域汉语方言指示词的结果，而不是苗语底层指示词的遗留。从竞争态势来看，受共同语或周边汉语方言二分指示词系统的影响，"□mei²¹³"可能渐渐覆盖"□ni⁴⁴"，从而使关峡苗族汉话指示词系统逐渐趋向于二分。

（十八）从苗族汉话体貌标记系统看，标记形式多样性背后体现的是混合性，主要表现为苗瑶语底层与汉语的混合以及不同方言、不同历史层次的汉语成分的混合。这种混合机制，正是李蓝（2004）所说的少数民族放弃本族语之后"使用汉语又改造汉语"的主要方式。混合性也使得苗族汉话的标记系统既保留着一些民族语底层，又有湘语、西南官话，甚至湘南土话、赣语的影子。因此而"自成一派"，归入哪一种汉语方言都显得不典型，也不合适。

第三节　本书的创新点和不足之处

▶ 一、本书的创新点

本书在以下几个方面有所创新：

（一）为体貌研究提供了大量来自南方"民汉语"的语言事实

邢福义先生曾在《华中语学论库》丛书的《序》中说，当前汉语语言学面临的主要问题是"二求":一求创建理论和方法,二求把事实弄清楚。汉语体貌问题研究想要在理论上取得突破和进展,对体貌事实的调查描写和深入挖掘显得尤为重要。湘桂边苗族汉话作为一种特殊的少数民族汉语,其语法研究还处在起步阶段,体貌系统则尚未进行专门调查研究。我们通过长期、反复、深度的田野调查,获取了湘桂边关峡、兰蓉、伟江、车田等 4 个苗族汉话点的外部视点体、内部视点体、阶段体共 3 类 11 种体及若干貌的语言事实,并通过细颗粒度的描写和深入的专题研究呈现出来,为类型学视野下的体貌比较研究提供了大量来自苗族汉话的鲜活语言事实。其中有不少是此前体貌研究中尚未提及或发掘的语言现象。如多个体标记平行使用的特殊现象、"起"的将实现体标记功能、起始体标记"起来"与"生""死"搭配的特殊现象、指示词格局对进行体标记选择的制约、尝试貌标记前置于 VP 的特殊语序等等。

(二) 对体貌现象尝试采用"普方古民外"多维比较研究法

目前的汉语方言体貌研究仍然以单点描写居多,缺少接触比较研究。湘桂边是一个语言状况相当复杂的区域,方言之间、方言与民族语言之间长期、频繁、深度接触。苗族汉话作为一种少数民族转用的汉语方言,其整体面貌已是汉语无疑,但其系属尚不明确,各点之间也存在差异。对于这样一种特殊的汉语方言,不进行接触、比较研究,便无法揭示其共性、把握其个性,也无法解释其来源。唐贤清等(2018)倡导使用"普方古民外"立体研究法,并不是在"普方古"大三角基础上简单地添加"民外"两个角,而是期望语言研究把历史语言学、语言类型学、语言接触理论、比较语言学、区域语言学、区域类型学等相关理论结合起来,多维立体地观察、研究语言现象。因此,我们在考察体貌现象时,始终坚持多元理论视野,坚持"接触视域"与"多维比较"相结合。在这一方法论指导下,本书最终落实为体貌的"内部比较"与"外部比较"。内部比较主要是各苗族汉话点之间体貌标记的比较,以揭示各点之间体貌的共性和差异。外部比较主要是苗族汉话与周边汉语方言、普通话和苗语的比较。部分体貌现象兼及与古汉语、其他民族语言和外语的比较。

多维比较视域下的研究表明:湘桂边苗族汉话的体貌标记具有鲜明的

多样性和混合性。多样性是"表",混合性是"里",多样性的本质是混合性。从语法上来讲,混合是"少数民族接受汉语又改造汉语"最重要的路径。混合性也是"民汉语"主体特征不明朗而难以确定系属的重要原因。从本书所调查的体貌标记来看,其"混合"主要体现在以下三个层面:一是民族语底层与汉语的混合,二是共同语与不同方言成分的混合,三是不同历史层次的汉语成分的混合。正是这种混合性,使得苗族汉话"自成一派",归入哪一种方言都显得不典型,也不合适。

(三)挖掘、展现了若干具有类型学价值的体貌现象

正如陈前瑞(2008)所言,现阶段从事大规模的跨语言体貌调查还有相当的难度,但在类型学视野下深入挖掘体貌事实却是可以做也极为重要的。本书在类型学理论指导下,把苗族汉话体貌现象放在整个汉语或跨方言、跨语言大背景下考察,挖掘了一些具有类型学价值的体貌及相关现象。比如,本书的研究表明,苗族汉话完结体、结果体兼用同一套标记,且不约而同地沿着完成和持续两条路径演化,无一例外地均发展为准完整体标记和持续体标记,成为一组集中展示"不完全"语法化双路径的标记系列,具有类型学价值。再如,基于苗族汉话"起"的多功能性我们提炼了若干蕴含共性:某方言中"起"若有准终点介词用法,则一定有持续体标记功能,等等。这些与体貌相关的类型学现象的挖掘与分析,可以为类型学研究提供一定的参考。

▶ 二、本书的不足之处

此前的体貌专题研究多是基于母语或母语方言的研究。本书是一项非母语方言的体貌田野调查研究,且研究对象是混合着苗语底层和多种方言成分的南方"民汉语"。由于作者理论修养、知识结构的欠缺,加之缺乏母语人语感及相关历时语料,调查研究过程中深感尚有诸多遗憾及不足之处。

(一)体貌事实的描写细度、挖掘深度尚显不够

刘丹青(1996)指出:"隐藏在句子背后的信息可能比句子更加丰富、更加复杂,而非母语者不通过详细的调查是很难发现的。……跨方言的语法比较研究充满陷阱,比语音、词汇的比较更加困难,对某些语法特征无

法核实和深究，因此某些分析难免会有隔靴搔痒之憾。"田野调查过程中，虽然我们采用了系统调查与专题调查相结合，集中调查与反复核实相结合的思路，甚至在部分调查点采用与发音人同吃同住同劳动的观察方式，但仍然深深感觉到部分体貌现象难以把握，对体貌事实的描写、开掘难以做到准确、深入。因为苗族汉语语音系统与作者母语方言的巨大差异，以及不同历史层次的汉语成分以及一些苗语底层词的遗留，某些体貌标记的记音记字未必准确，来源的追溯也十分困难。一些体貌标记只存在于口语中，在汉语历时语料中找不出线索和痕迹，因此历时考察几乎无从着手，只能进行共时推堪。此外，因为疫情影响，长篇语料的专题调查计划未能实现，也影响了本书体貌事实观察的全面性。凡此种种，都会削弱本书描写的细度、挖掘的深度，甚至可能影响到研究结论的说服力。

（二）重专题研究，系统建构的力度尚显不够

我们采用的体貌调查框架参考了张双庆（1996）中东南方言的体貌框架和陈前瑞（2008）构建的四层级汉语体貌系统，确立了外部视点体、内部视点体、阶段体三个体的层级以及短时貌、尝试貌、反复貌、随意貌作为我们的调查研究对象。但从本书的架构来看，实际上主要着眼于体貌标记的专题研究，对苗族汉话体貌系统的建构着力不够，甚至有可能遗漏苗族汉话不同于一般汉语方言的体貌现象。特别是貌系统的研究方面显得比较局限。一般认为，苗语是一种貌范畴特别发达的语言。青衣苗人转用汉语之后，其貌系统很可能受到苗语底层貌系统的影响。本书对貌的调查研究局限于从汉语共同语或一般汉语方言角度确立的几种常见的貌，尚未从民族语言特点的角度深入挖掘、建构苗族汉话的貌系统，这是我们在后续研究中需要着力加强的。

（三）对体貌及相关语言现象的解释还不够充分

描写充分是基础，解释充分则是更高的追求。本书在解释性的追求上还显得很不够。这主要源于作者理论修养欠缺，对语法化理论、类型学理论、语言接触理论等掌握还不够深入。另外，也受到缺乏母语人语感、缺乏苗族汉话历时语料、比较的广度、细度不够等因素的影响。论文在一些应该解释的地方没有解释，或者虽解释了却尚未达到应有的深度。比如，

某些体貌现象的来源的解释还显得比较主观，部分苗族汉话点多个体标记平行使用的特殊现象解释不够充分，一些语言接触现象的判定还缺少理论支撑，某些特殊体貌标记、体貌现象的形成尚未从理论或演化角度作出解释，等等。这些都有待今后继续进行深入的田野调查，特别是加强具体体貌问题的专题调查；进一步拓展比较的视野，从语言接触、区域类型学等角度加强对体貌现象的解释。

本书对"民汉语"语法标记的混合性特征作了探讨，明确提出"混合"是少数民族转用汉语又"改造"汉语最重要的路径，也是"民汉语"主体特征不明朗而难以确定系属的重要原因。这一论断背后，仍有一系列问题有待今后继续回答："民汉语"多样的体貌标记是如何和谐共存的？各具怎样的语用价值？其混合性长期下去对语言系统演变有着怎样的影响？沿着这条线还可以进一步深入挖掘下去。

参考文献

［1］鲍厚星. 东安土话研究［M］. 长沙：湖南教育出版社，1998.

［2］蔡镜浩. 重谈语助词"看"的起源［J］. 中国语文，1990（1）.

［3］蔡瑱. 汉语趋向范畴的跨方言专题研究［D］. 上海：复旦大学，2013.

［4］曹翠云. 苗语动词 tio⁵ 的虚实兼用现象［J］. 民族教育研究，1999（S1）.

［5］曹广顺. 近代汉语助词［M］. 北京：语文出版社，1995.

［6］曹志耘. 金华汤溪方言的体［C］//张双庆. 动词的体. 香港：香港中文大学中国文化研究所吴多泰中国语文研究中心，1996.

［7］曹志耘. 汉语方言地图集（语法卷）［M］. 北京：商务印书馆，2008.

［8］曾毅平. 石城（龙岗）方言的起始、接续、经历、已然体［J］. 语文研究，1998（3）.

［9］陈刚，宋孝才，张秀珍. 现代北京口语词典［Z］. 北京：语文出版社，1997.

［10］陈刚. 试论"着"的用法及其与英语进行式的比较［J］. 中国语文，1980（1）.

［11］陈晖，鲍厚星. 湖南省的汉语方言（稿）［J］. 方言，2007（3）.

［12］陈晖. 湖南临武（麦市）土话语音分析［J］. 方言，2002（2）.

［13］陈建锋. 万安县赣客方言中的"紧"和"哩"［J］. 江西广播电视大学学报，2014（1）.

［14］陈立中. 试论湖南汝城话的归属［J］. 方言，2002（3）.

［15］陈曼君. 闽南方言持续体标记"咧"的来源及其语法化［J］. 语言科学，2017（4）.

［16］陈敏燕，孙宜志，陈昌仪. 江西境内赣方言指示代词的近指和远指［J］. 中国语文，2003（6）.

［17］陈平. 论现代汉语时间系统的三元结构［J］. 中国语文，1988（6）.

［18］陈前瑞. 汉语反复体的考察［J］. 语法研究和探索，2002（1）.

［19］陈前瑞. 当代体貌理论与汉语四层级的体貌系统［J］. 汉语学报，2005（3）.

［20］陈前瑞. 汉语体貌研究的类型学视野［M］. 北京：商务印书馆，2008.

［21］陈前瑞. "着"兼表持续与完成用法的发展［C］//吴福祥，崔希亮. 语法化与语法研究（四）. 北京：商务印书馆，2009.

［22］陈前瑞. 语法化与汉语时体研究［M］. 上海：学林出版社，2017.

［23］陈前瑞. 持续体与未完整体的类型学思考［J］. 外语教学与研究，2021（3）.

［24］陈前瑞. 汉语体标记语法化的类型研究［M］. 北京：商务印书馆，2021.

［25］陈山青. 湖南汨罗方言的将实现体助词"去"［J］. 中国语文，2012（2）.

［26］陈山青. 湖南汨罗方言的"过"字句［J］. 方言，2012（3）.

［27］陈山青. 湖南汨罗方言的体貌助词"开"［J］. 方言，2015（4）.

［28］陈山青，施其生. 汨罗湘语中的"使然"与"非使然"［J］. 方言，2018（4）.

［29］陈山青. 汨罗湘语的持续体标记及其语法化来源［J］. 湘潭大学学报（哲学社会科学版），2022（1）.

［30］陈晓锦. 广东东莞莞城话的"起"［J］. 学术研究，1992（4）.

［31］陈晓锦. 东莞方言说略［M］. 广州：广东人民出版社，1993.

［32］陈郁芬. 粤方言与闽、客方言进行体标记的类型异同［J］. 长春大学学报，2011（1）.

［33］陈月明. 时间副词"在"与"着"［C］//陆俭明. 面临新世纪挑战的现代汉语语法研究. 济南：山东教育出版社，2000.

［34］陈泽平. 福州方言动词的体和貌［C］//张双庆. 动词的体. 香港：香港中文大学中国文化研究所吴多泰中国语文研究中心，1996.

［35］陈章太，李如龙. 闽语研究［M］. 北京：语文出版社，1991.

［36］陈重瑜. "动性"与"动态"的区别：汉语与英语的状态动词比较［J］. 语言研究，2002（4）.

［37］储泽祥，邓云华. 指示代词的类型和共性［J］. 当代语言学，2003（4）.

［38］楚艳芳. 汉语尝试态助词"看"的产生过程［J］. 宁夏大学学报（人文社会科学版），2014（3）.

［39］崔振华. 益阳方言研究［M］. 长沙：湖南教育出版社，1998.

［40］戴浩一，薛凤生. 功能主义与汉语语法［M］. 北京：北京语言学院出版社，1994.

［41］戴耀晶. 现代汉语时体系统研究［M］. 杭州：浙江教育出版社，1997.

［42］邓守信. 汉语动词的时间结构［J］. 语言教学与研究，1985（4）.

［43］董秀芳. 动词后虚化完结成分的使用特点及性质［J］. 中国语文，2017（3）.

［44］范晓蕾. 以汉语方言为本的能性情态语义地图［C］//北京大学中国语言学研究中心《语言学论丛》编委会. 语言学论丛（第四十三辑）. 北京：商务印书馆，2011.

［45］范晓蕾. 宾语和动词对"了1"的制约效果［C］//北京大学中国语言学研究中心《语言学论丛》编委会. 语言学论丛（第六十一辑）. 北京：商务印书馆，2020.

［46］范晓蕾. 浅析单双"了"句的语义对立——兼谈"了2"时体功能的划分［C］//复旦大学汉语言文字学科《语言研究集刊》编委会. 语言研究集刊（第二十六辑）. 上海：上海辞书出版社，2020.

［47］范晓蕾. 谓语的整体属性对"了1"分布的制约效果［J］. 世界汉语

教学，2020（2）.

[48] 范晓蕾. 论"了2"的时体助词与动相补语之分 [J]. 语言科学，2021（1）.

[49] 范晓蕾. 普通话"了1""了2"的语法异质性 [M]. 北京：北京大学出版社，2021.

[50] 方梅. 从"V着"看汉语不完全体的功能特征 [C] //中国语文杂志社. 语法研究和探索（九）. 北京：商务印书馆，2000.

[51] 房玉清. 动态助词"了""着""过"的语义特征及其用法比较 [J]. 汉语学习，1992（1）.

[52] 付欣晴. 抚州方言研究 [M]. 北京：文化艺术出版社，2006.

[53] 高名凯. 汉语语法论 [M]. 北京：商务印书馆，1986.

[54] 高名凯. 语言论 [M]. 北京：商务印书馆，1995.

[55] 高顺全. 体标记"下来""下去"补议 [J]. 汉语学习，2001（3）.

[56] 龚千炎. 汉语的时相时制时态 [M]. 北京：商务印书馆，1995.

[57] 郭锐. 汉语动词的过程结构 [J]. 中国语文，1993（6）.

[58] 郭锐. 过程和非过程——汉语谓词性成分的两种外在时间类型 [J]. 中国语文，1997（3）.

[59] 郭晓芹. 龙胜伟江苗话研究 [D]. 桂林：广西师范大学，2010.

[60] 贺福凌，李艳玲. 湖南绥宁关峡苗族平话的民族语底层词 [J]. 云梦学刊，2008（6）.

[61] 洪波. 论平行虚化 [C] //四川大学汉语史研究所. 汉语史研究集刊（第二辑）. 成都：巴蜀书社，2000.

[62] 胡建华. 什么是新描写主义 [J]. 当代语言学，2018（4）.

[63] 胡明扬. 汉语方言体貌论文集 [C]. 南京：江苏教育出版社，1996.

[64] 胡萍. 湖南绥宁关峡苗族平话研究 [M]. 长沙：湖南师范大学出版社，2016.

[65] 胡萍. 语言接触与湘西南苗瑶平话调查研究 [M]. 长沙：岳麓书社，2018.

[66] 黄伯荣. 汉语方言语法类编 [M]. 青岛：青岛出版社，1996.

[67] 黄映琼，温昌衍. 普通话助词"了"在梅州客家话中的对应形式及相关问题 [J]. 江西师范大学学报（哲学社会科学版），2017（2）.

[68] 姬安龙. 苗语台江话参考语法 [M]. 昆明：云南民族出版社，2012.

[69] 江蓝生. 再论"们"的语源是"物"[J]. 中国语文，2018（3）.

[70] 姜礼立，唐贤清. 广西龙胜（伟江）苗族"人话"量词屈折形态的指别功能及其类型学意义 [J]. 语言研究，2019（3）.

[71] 姜礼立. 湘桂边苗族平话名量词研究 [Z]. 北京：中国社会科学院，2019.

[72] 姜礼立. 广西资源（车田）苗话指量名结构的语序类型及其来源 [J]. 湖南师范大学社会科学学报，2020（4）.

[73] 姜礼立. 伟江苗话的量名结构 [J]. 民族语文，2020（5）.

[74] 蒋华. 现代汉语"这/那"类指示代词的多维度考察 [D]. 长沙：湖南师范大学，2004.

[75] 蒋冀骋，龙国富. 中古译经中表尝试态语气的"看"及其历时考察 [J]. 语言研究，2005（4）.

[76] 蒋军凤. 湖南东安石期市土话研究 [M]. 长沙：湖南师范大学出版社，2016.

[77] 金立鑫. 试论"了"的时体特征 [J]. 语言教学与研究，1998（1）.

[78] 金立鑫. 词尾"了"的时体意义及其句法条件 [J]. 世界汉语教学，2002（1）.

[79] 金立鑫. "S 了"的时体意义及其句法条件 [J]. 语言教学与研究，2003（2）.

[80] 金立鑫. "着""了""过"时体意义的对立及其句法条件 [C]. 北京：北京大学出版社，2004.

[81] 金立鑫. 从语义特征分析到行为类型分析 [J]. 长江学术，2008（4）.

[82] 金立鑫. 关于"时"的定位和"体"的类型的一点意见 [J]. 东方语言学，2009（1）.

[83] 竟成. 汉语时体系统国际研讨会论文集 [C]. 上海：百家出版社，2004.

［84］孔令达. 关于动态助词"过 1"和"过 2"［J］. 中国语文, 1986 (4).

［85］黎锦熙. 新著国语文法［M］. 北京：商务印书馆, 1992.

［86］黎天睦. 论"着"的核心意义［J］. 王宗炎, 译. 国外语言学, 1991 (1).

［87］李炳泽. 黔东苗语为什么没有进行体助词［C］//戴庆厦. 中国民族语言文学论集（语言专集）. 北京：民族出版社, 2002.

［88］李冬香. 从湖南、江西、粤北等方言中的"咖"看湘语、赣语的关系［J］. 语文研究, 2003 (4).

［89］李辉. 湖北保康方言中的助词"起"［J］. 湖北文理学院学报, 2019 (4).

［90］李蓝. 湖南城步青衣苗人话［M］. 北京：中国社会科学出版社, 2004.

［91］李临定. 现代汉语动词［M］. 北京：中国社会科学出版社, 1990.

［92］李明晶. 现代汉语体貌系统的二元分析：动貌和视点体［M］. 北京：北京大学出版社, 2013.

［93］李讷, 石毓智. 论汉语体标记诞生的机制［J］. 中国语文, 1997 (2).

［94］李启群. 吉首方言研究［M］. 北京：民族出版社, 2002.

［95］李如龙. 汉语方言的比较研究［M］. 北京：商务印书馆, 2001.

［96］李铁根. "了""着""过"与汉语时制的表达［D］. 上海：上海师范大学, 1997.

［97］李小凡. 苏州方言语法研究［M］. 北京：北京大学出版社, 1998.

［98］李小凡, 张敏, 郭锐, 等. 汉语多功能语法形式的语义地图研究［C］. 北京：商务印书馆, 2015.

［99］李小华. 客家方言实现体助词"来"及其探源［J］. 华南理工大学学报（社会科学版）, 2013 (4).

［100］李宇明. 汉语复叠类型综论［J］. 汉语学报, 2000 (1).

［101］李宇明. 论"反复"［J］. 中国语文, 2002 (3).

［102］李云兵. 论苗语动词的体貌［C］//戴庆厦. 中国民族语言文学研究论集（语言专集）. 北京：民族出版社, 2002.

［103］李云兵. 论坝那语动词的体貌系统［J］. 民族语文, 2017 (3).

［104］梁银峰. 汉语趋向动词的语法化［M］. 上海：学林出版社，2007.

［105］梁银峰. 论汉语持续体标记"着"和进行体标记"着"的语法化路径［C］//复旦大学汉语言文字学科《语言研究集刊》编委会. 语言研究集刊（第七辑）. 上海：上海辞书出版社，2010.

［106］林华勇，郭必之. 廉江粤语"来/去"的语法化与功能趋近现象［J］. 中国语文，2010（6）.

［107］林华勇，刘玲，陈秀明. 粤语的持续体貌系统［J］. 方言，2021（4）.

［108］林华勇. 廉江方言起始体助词"起身"的语法化——兼谈语法化的不一致现象［J］. 语言科学，2006（4）.

［109］林素娥，邓思颖. 湘语邵东话助词"起/倒"的语法特点［J］. 汉语学报，2010（4）.

［110］林亦，覃凤余. 广西南宁白话研究［M］. 桂林：广西师范大学出版社，2008.

［111］刘丹. 潼南话中有关"倒"和"起"的趋向范畴研究［D］. 上海：上海师范大学，2019.

［112］刘丹青，刘海燕. 崇明方言的指示词——繁复的系统及其背后的语言共性［J］. 方言，2005（2）.

［113］刘丹青. 东南方言的体貌标记［C］//张双庆. 动词的体. 香港：香港中文大学中国文化研究所吴多泰中国语文研究中心，1996.

［114］刘丹青. 苏州方言的体范畴系统与半虚化体标记［C］//胡明扬. 汉语方言体貌论文集. 南京：江苏教育出版社，1996.

［115］刘丹青. 语法调查研究手册（第二版）［M］. 上海：上海教育出版社，2017.

［116］刘玲，林华勇. 贵港客方言的修正重行与非修正重行［J］. 中国语文，2021（5）.

［117］刘宁生.《世说新语》《敦煌变文集》中"着"之比较研究［J］. 南京师大学报（社会科学版），1985（4）.

［118］刘宁生. 论"着"与相关的两个动态范畴［J］. 语言研究，1985

(2).

［119］刘勋宁. 现代汉语句尾"了"的来源［J］. 方言，1985（2）.

［120］刘勋宁. 现代汉语词尾"了"的语法意义［J］. 中国语文，1988（5）.

［121］刘勋宁. 现代汉语句尾"了"的语法意义及其与词尾"了"的联系［J］. 世界汉语教学，1990（2）.

［122］刘勋宁. 现代汉语句尾"了"的语法意义及其解说［J］. 世界汉语教学，2002（3）.

［123］刘月华. 动态助词"过2""过1""了1"用法比较［J］. 语文研究，1988（1）.

［124］刘月华. 趋向补语通释［M］. 北京：北京语言文化大学出版社，1998.

［125］刘泽民. 瑞金方言的四个体助词［J］. 山西大学学报，1997（2）.

［126］刘泽民. 瑞金方言的助词"去""却"和"来"［J］. 甘肃教育学院学报（社会科学版），2003（3）.

［127］卢小群，李蓝. 汉语方言时体问题新探索［C］. 北京：中央民族大学出版社，2014.

［128］卢小群. 嘉禾土话研究［M］. 长沙：中南大学出版社，2002.

［129］卢英顺. 谈谈"了1"和"了2"的区别方法［J］. 中国语文，1991（4）.

［130］卢英顺. 试论"这本书我看了三天了"的延续性问题［J］. 汉语学习，1993（4）.

［131］卢英顺. 现代汉语中的"延续体"［J］. 安徽师范大学学报（人文社会科学版），2000（3）.

［132］鲁曼. 完成体语义与"事件完成"——长沙话完成体语义的跨语言研究［J］. 现代外语，2010（3）.

［133］鲁曼. 长沙方言中的"咖"和"哒"［J］. 中国语文，2010（6）.

［134］陆俭明. "着（zhe）"字补议［J］. 中国语文，1999（5）.

［135］罗福腾. 牟平方言志［M］. 北京：语文出版社，1992.

[136] 罗昕如. 湖南蓝山土话的内部差异 [J]. 方言，2002 (2).

[137] 罗昕如. 湖南方言中的"动词＋动态助词＋介宾短语"的句型 [J]. 方言，2008 (4).

[138] 罗昕如. 湖南蓝山太平土话研究 [M]. 长沙：湖南师范大学出版社，2016.

[139] 罗自群. 现代汉语方言持续标记的比较研究 [M]. 北京：中央民族大学出版，2006.

[140] 吕叔湘. 中国文法要略 [M]. 北京：商务印书馆，2014.

[141] 吕枕甲. 运城方言两个表时间的助词 [J]. 方言，1993 (2).

[142] 马庆株. 略谈汉语动词时体研究的思路——兼论语法分类研究中的对立原则 [C] //中国语文杂志社. 语法研究和探索（九）. 北京：商务印书馆，2000.

[143] 毛继光，夏冰凌. 认知语言学视角下温州方言中"起"的语法化 [J]. 长春大学学报，2016 (1).

[144] 梅祖麟，陆俭明. 吴语情貌词"仔"的语源 [J]. 国外语言学，1980 (3).

[145] 梅祖麟. 现代汉语完成貌句式和词尾的来源 [J]. 语言研究，1981 (1).

[146] 梅祖麟. 汉语方言里虚词"著"字三种用法的来源 [C] //《中国语言学报》编委会. 中国语言学报（第 3 期）. 北京：商务印书馆，1988.

[147] 莫超. 白龙江流域汉语方言语法研究 [M]. 北京：中国社会科学出版社，2004.

[148] 潘悟云. 温州方言的体和貌 [C] //张双庆. 动词的体. 香港：香港中文大学中国文化研究所吴多泰中国语文研究中心，1996.

[149] 彭逢澍. 湖南方言"咖、嘎"等本字即"过"考 [J]. 语言研究，1999 (2).

[150] 彭兰玉. 衡阳方言语法研究 [M]. 北京：中国社会科学出版社，2005.

[151] 彭小川. 广州话助词研究 [M]. 广州：暨南大学出版社，2010.

[152] 彭泽润. 湖南宜章大地岭土话的语音特点 [J]. 方言，2002（3）.

[153] 钱曾怡. 山东方言研究 [C]. 济南：齐鲁书社，2001.

[154] 钱乃荣. SOV 完成体句和 SVO 完成体句在吴语中的接触后果 [J]. 中国语文，2011（1）.

[155] 乔全生. 从洪洞方言看唐宋以来助词"着"的性质 [J]. 方言，1998（2）.

[156] 邱震强. 宁乡话"起"字研究 [J]. 长沙电力学院学报（社会科学版），2002（1）.

[157] 饶宏泉. 汉语方言三种体标记的共用分布与特征互动 [J]. 语言研究，2011（3）.

[158] 饶长溶. 福建长汀方言动词的体貌 [J]. 中国语文，1996（6）.

[159] 尚新. 突显理论与汉英时体范畴的类型学差异 [J]. 语言教学与研究，2004（6）.

[160] 尚新. 语法体的内部对立与中立化 [D]. 上海：华东师范大学，2004.

[161] 尚新. 汉语时体研究中的若干问题献疑及对策 [J]. 云南师范大学学报，2006（1）.

[162] 尚新. 体义相交理论对汉语语法体体系建构的启示 [J]. 西安外国语大学学报，2007（3）.

[163] 沈家煊. "有界"与"无界" [J]. 中国语文，1995（5）.

[164] 沈家煊. "在"字句和"给"字句 [J]. 中国语文，1999（2）.

[165] 沈家煊. 不对称和标记论 [M]. 南昌：江西教育出版社，1999.

[166] 沈家煊. 语言的"主观性"和"主观化" [J]. 外语教学与研究，2001（4）.

[167] 沈家煊. 再谈"有界"与"无界" [C] //北京大学汉语语言学研究中心《语言学论丛》编委会. 语言学论丛（第十三辑）. 北京：商务印书馆，2004.

[168] 施其生. 汕头方言的持续情貌 [J]. 中山大学学报（哲学社会科学

版），1984（3）.

[169] 施其生. 闽、吴方言持续貌形式的共同特点［J］. 中山大学学报（哲学社会科学版），1985（4）.

[170] 石德富. 黔东苗语动词的体范畴系统［J］. 中央民族大学学报，2003（3）.

[171] 石德富. 黔东苗语指示词系统［J］. 语言研究，2007（1）.

[172] 石毓智. 论现代汉语的"体"范畴［J］. 中国社会科学，1992（6）.

[173] 史有为. 汉语方言"达成"貌的类型学考察［J］. 语言研究，2003（3）.

[174] 孙文访. 基于"有、是、在"的语言共性与类型［J］. 中国语文，2015（1）.

[175] 孙英杰. 现代汉语体系统研究［M］. 哈尔滨：黑龙江人民出版社，2007.

[176] 谭其骧. 湖南人由来考［C］//谭其骧. 长水集. 北京：人民出版社，1987.

[177] 唐巧娟. 黔东苗语"来"义动词 lo4 与 ta2 语义差异的认知解读［J］. 贵州民族研究，2020（3）.

[178] 唐贤清，姜礼立，王巧明. 汉语历史语法的"普方古民外"立体研究法［J］. 古汉语研究，2018（4）.

[179] 唐贤清，王巧明. 语义图视角下广西车田苗族"人话""是"的多功能性研究［J］. 湖南大学学报（社会科学版），2019（5）.

[180] 唐作藩. 湖南洞口县黄桥镇方言［C］//北京大学汉语语言学研究中心《语言学论丛》编委会. 语言学论丛（第四辑）. 上海：上海教育出版社，1960.

[181] 田阡子. 汉藏语言复合元音的历史形成原因及演化规则［C］//戴庆厦. 汉藏语学报（第5期）. 北京：商务印书馆，2011.

[182] 田希诚，吴建生. 山西晋语区的助词"的"［J］. 山西大学学报（哲学社会科学版），1995（3）.

[183] 汪平. 苏州方言的"仔、哉、勒"［J］. 语言研究，1984（2）.

[184] 王艾录. 祁县方言动词结果体的内部屈折［J］. 语言研究，1992（1）.

[185] 王春玲. 论语言接触对苗瑶语指示词的影响［J］. 贵州民族研究，2018（3）.

[186] 王辅世，赵习. 苗语简志［M］. 北京：民族出版社，1985.

[187] 王辅世. 广西龙胜伶话记略（上）［J］. 方言，1979（2）.

[188] 王桂亮. 汉语方言完成体标记比较研究［M］. 北京：中国社会科学出版社，2021.

[189] 王国栓. 趋向问题研究［M］. 北京：华夏出版社，2005.

[190] 王还. 再谈现代汉语词尾"了"的语法意义［J］. 中国语文，1990（3）.

[191] 王浩. 王村方言语法研究［D］. 济南：山东大学，2007.

[192] 王力. 中国现代语法［M］. 北京：商务印书馆，1985.

[193] 王力. 汉语语法史［M］. 北京：商务印书馆，1989.

[194] 王力. 汉语语音史［M］. 北京：商务印书馆，2010.

[195] 王力. 中国语法理论［M］. 北京：中华书局，2015.

[196] 王林哲. "下来""下去"相关问题研究［D］. 上海：上海师范大学，2006.

[197] 王巧明. 湘桂边苗族平话程度范畴研究［D］. 长沙：湖南师范大学，2019.

[198] 王巧明. 广西资源（车田）青衣苗人话的程度副词"是"［J］. 方言，2022（1）.

[199] 王士元. 现代汉语中的两个体标记［J］. 袁毓林，译. 国外语言学，1990（1）.

[200] 王松茂. 汉语时体范畴论［J］. 齐齐哈尔师范学院学报（哲学社会科学版），1981（3）.

[201] 王晓雯. 现代汉语起始体研究［D］. 上海：上海师范大学，2012.

[202] 王芸华. 湘语持续体的语法化研究［D］. 杭州：浙江大学，2016.

[203] 王致敬. 论汉藏语同源持续体标记［J］. 语言研究，2007（3）.

［204］吴福祥. 敦煌变文语法研究［M］. 长沙：岳麓书社，1996.

［205］吴福祥. 重谈"动＋了＋宾"格式的来源和完成体助词"了"的产生［J］. 中国语文，1998（6）.

［206］吴福祥. 南方方言几个状态补语标记的来源（一）［J］. 方言，2001（4）.

［207］吴福祥. 南方方言几个状态补语标记的来源（二）［J］. 方言，2002（1）.

［208］吴福祥. 南方方言能性述补结构"V 得/不 C"带宾语的语序类型［J］. 方言，2003（3）.

［209］吴福祥. 也谈持续体标记"着"的来源［C］//浙江大学汉语史研究中心. 汉语史学报（第四辑）. 上海：上海教育出版社，2004.

［210］吴福祥. 汉语体标记"了、着"为什么不能强制性使用［J］. 当代语言学，2005（3）.

［211］吴福祥. 汉语方言里与趋向动词相关的几种语法化模式［J］. 方言，2010（2）.

［212］吴福祥. 关于语法演变的机制［J］. 古汉语研究，2013（3）.

［213］吴福祥. 试谈语义演变的规律［J］. 古汉语研究，2017（1）.

［214］吴福祥. 汉语语法化研究的几点思考［J］. 汉语学报，2020（3）.

［215］吴福祥. 南方方言处所型进行体标记演化的类型学蕴含［EB/OL］. http：//ling. cass. cn/xshd/jiaoliu/202212/t20221230 _ 5576682. html.

［216］吴伟军. 贵州晴隆长流喇叭苗人话［M］. 北京：商务印书馆，2019.

［217］伍和忠. 广西汉语方言体范畴调查与研究［M］. 北京：北京师范大学出版社，2018.

［218］伍云姬. 湖南方言的动态助词［M］. 长沙：湖南师范大学出版社，1996.

［219］伍云姬. 湘方言动态助词的系统及其演变［M］. 长沙：湖南师范大学出版社，2006.

［220］伍云姬. 湖南方言的代词［M］. 长沙：湖南师范大学出版社，2009.

[221] 夏芳芳. "V 起"的语义类型及其语法化探微 [J]. 语文学刊，2010 (7).

[222] 夏俐萍. 湘语完成义标记"咖""哒"的分途与交汇 [J]. 中国语文，2021 (2).

[223] 谢奇勇. 新田南乡土话研究 [M]. 长沙：湖南教育出版社出版，2005.

[224] 邢向东. 神木话表过去时的"来" [J]. 延安大学学报（社会科学版），1991 (1).

[225] 熊正辉. 南昌方言词典 [Z]. 南京：江苏教育出版社，1995.

[226] 徐慧. 益阳方言语法研究 [M]. 长沙：湖南教育出版社，2001.

[227] 阳柳艳. 龙胜苗族"人话"研究 [D]. 南宁：广西民族大学，2013.

[228] 杨焕典. 广西通志·汉语方言志 [M]. 南宁：广西人民出版社，1998.

[229] 杨时逢. 云南方言调查报告 [R]. 中央研究院历史语言研究所专刊（五十六），1969.

[230] 杨时逢. 湖南方言调查报告 [R]. 中央研究院历史语言研究所专刊（六十六），1974.

[231] 杨素英. 当代动貌理论与汉语 [C] //中国语文杂志社. 语法研究和探索（九）. 北京：商务印书馆，2000.

[232] 杨永龙. 《朱子语类》完成体研究 [M]. 开封：河南大学出版社，2001.

[233] 杨永龙. 明代以前的"VO 过"例 [J]. 语文研究，2001 (4).

[234] 杨永龙. 汉语方言先时助词"着"的来源 [J]. 语言研究，2002 (2).

[235] 杨永龙. 从稳紧义形容词到持续体助词——试说"定""稳定""实""牢""稳""紧"的语法化 [J]. 中国语文，2005 (5).

[236] 游汝杰. 温州话里带"起"字的补语句 [C] //李如龙，张双庆. 动词谓语句. 广州：暨南大学出版社，1997.

[237] 于秀金. 组合—映射模型与"V 了/过＋数量名"结构的时体研究

——以"吃了/过一个苹果"为例［J］. 语言教学与研究，2013（4）.

［238］于秀金. 跨语言时—体的编码类型与认知理据［J］. 北京第二外国语学院学报，2016（6）.

［239］于秀金. 跨语言时—体—情态的范畴化、显赫性及扩张性——库藏类型学视角［J］. 中国语文，2017（6）.

［240］于秀金. 跨语言体范畴的类型与认知动因［J］. 天津外国语大学学报，2017（3）.

［241］余金枝. 矮寨苗语参考语法［D］. 北京：中央民族大学，2010.

［242］余娟娟，冯青. 结果体和始续体"起"的语法化考察［J］. 常熟理工学院学报，2015（1）.

［243］张伯江，方梅. 汉语功能语法研究［M］. 南昌：江西教育出版社，1996.

［244］张济卿. 汉语并非没有时制语法范畴——谈时、体研究中的几个问题［J］. 语文研究，1996（4）.

［245］张济卿. 论现代汉语的时制与体结构（上、下）［J］. 语文研究，1998（3）.

［246］张静. "V 起"的句法、语义及语法化研究［D］. 开封：河南大学，2010.

［247］张黎. "着"的语义分布及其语法意义［J］. 语文研究，1996（1）.

［248］张黎. "界变"论——关于现代汉语"了"及其相关现象［J］. 汉语学习，2003（1）.

［249］张黎. 现代汉语"了"的语法意义的认知类型学解释［J］. 汉语学习，2010（6）.

［250］张敏. "语义地图模型"：原理、操作及在汉语多功能语法形式研究中的运用［C］//北京大学汉语语言学研究中心《语言学论丛》编委会. 语言学论丛（第四十二辑）. 北京：商务印书馆，2010.

［251］张双庆. 动词的体［C］. 香港：香港中文大学中国文化研究所吴多泰中国语文研究中心，1996.

［252］张谊生. "V 中"的功能特征及"中"的虚化历程［C］//中国语文

杂志社. 语法研究和探索（十一）. 北京：商务印书馆，2002.

[253] 赵日新. 绩溪方言词典 ［Z］. 南京：江苏教育出版社，2003.

[254] 赵日新. 汉语方言语音弱化及其后果 ［C］//全国汉语方言学会《中国方言学报》编委会. 中国方言学报（第七期）. 北京：商务印书馆，2017.

[255] 赵世开，沈家煊. 汉语"了"字跟英语相应的说法 ［J］. 语言研究，1984（1）.

[256] 赵元任. 汉语口语语法 ［M］. 吕叔湘，译. 北京：商务印书馆，1979.

[257] 郑庆君. 常德方言研究 ［M］. 长沙：湖南教育出版社，1999.

[258] 周磊. 乌鲁木齐方言词典 ［Z］. 南京：江苏教育出版社，1995.

[259] 朱德熙. 与动词"给"相关的句法问题 ［J］. 方言，1979（2）.

[260] 左思民. 现代汉语体的再认识 ［D］. 上海：上海师范大学，1997.

[261] 左思民. 语言规律探索集 ［M］. 北京：世界图书出版公司，2014.

[262] （德）海涅，库特夫. 语法化的世界词库 ［M］. 龙海平，等，译. 北京：世界图书出版公司，2012.

[263] （日）木村英树. 关于补语性词尾"着/Zhe/"和"了/le/" ［J］. 语文研究，1983（2）.

[264] Bhat D N S. The Prominence of Tense, Aspect and Mood ［M］. Amsterdam：John Benjamins，1999.

[265] Binnick R I. Time and the Verbs：A Guide to Tense and Aspect ［M］. Oxford：Oxford University Press，1991.

[266] Bybee J，Perkins R，Pagliuca W. The Evolution of Grammar：Tense，Aspect，and Modality in the Languages of the World ［M］. Chicago：The University of Chicago Press，1994.

[267] Bybee J L，Haiman J，Thompson S A. Thompson（eds.）Essay on Language Function and Language Type ［M］. Amsterdam：John Benjamins，1997.

[268] Chan，Marjorie K M. Temporal reference in Mandarin Chinese：An

analytical-semantic approach to the study of the Morphemes *le*, *zai*, *zhe*, and *ne* ［J］. Journal of the Chinese Language Teachers Association，1980.

［269］ Chang，Jingping. Situation types and their temporal implication in Chinese ［D］. Doctoral dissertation at the University of Kansas，1998.

［270］ Comrie B. Aspect ［M］. Cambridge：Cambridge University Press，1976.

［271］ Dahl，Osten. Tense and Aspect System ［M］. Bath，England：The Bath Press，1985.

［272］ Dahl，Osten. Tense and Aspect in the Languages of Europe ［M］. Berlin：Mouton de Gruyter，2000.

［273］ Dik，Simon C. The Theory of Functional Grammar ［M］. Part 1：The Structure of the Clause. Ed. by Kees Hengeveld. Second revised edition. Berlin：Mouton de Gruyter，1997.

［274］ He，Baozhang. Situation types and aspectual classes of verbs in Mandarin ［D］. Doctoral dissertation at the Ohio State University，1992.

［275］ Heine，Bernd & Tania，Kuteva. World Lexicon of Grammaticalization ［M］. Cambridge：Cambridge University Press，2002.

［276］ Heine，Bernd & Tania，Kuteva. On Contact-induced Grammaticalization ［J］. Studies in Language，2003.

［277］ Heine，Bernd & Tania，Kuteva. Language Contact and Grammatical Change ［M］. Cambridge：Cambridge University Press，2005.

［278］ Heine，Bernd & Tania，Kuteva. The Genesis of Grammar：A Reconstruction ［M］. Oxford：Oxford University Press，2007.

［279］ Hopper，P. Aspects and foregrounding in discourse ［C］//In T. Givón（ed.），Syntax and Semantics，Vol. 12. New York：Academic Press，1979.

［280］Hopper，P. Aspect between discourse and grammar：An introductory essay for the volume ［C］//In Hopper P.，Tense and Aspect：Between Semantics and Pragmatics. Amsterdam：John Benjamins，1982.

［281］Huber，Magnus. The grammaticalization of aspect markers in Ghanaian Pidgin English ［C］//In Baker，Philip and Anand，Syea（eds.）Changing meanings，changing functions：Papers relating to grammaticalization in contact languages.（Westminster Creolistics series，2.）. London：University of Westminster Press，1996.

［282］Johanson，Lars. Viewpoint operators in European languages ［J］. Empirical Approaches to Language Typology，2000.

［283］Kang，Jian. The composition of the perfective aspect in Mandarin ［D］. Doctoral dissertation at Boston University，1999.

［284］Li，Charles N.，Sandra A. Thompson & R. M. Thompson. The discourse motivation for the perfect aspect：The Mandarin Chinese particle LE ［C］// In Hopper P.，Tense and Aspect：Between Semantics and Pragmatics. Amsterdam：John Benjamins，1982.

［285］Michaelis，Laura A. Aspectual Grammar and Past-time Reference ［M］. London，New York：Routledge，1998.

［286］Smith，C. The Parameter of Aspect ［M］. Dordrecht：Kluwer Academic Publishers，1991.

［287］Thornell，C. The Sango language and its lexicon（Senda-yanga ti sängö）（N. A.）. Lund：Lund University Press，1997.

［288］Xiao，R & McEnery，T. Aspect in Mandarin Chinese：A Corpus Based Study ［M］. Amsterdam：John Benjamins，2004.

［289］Yang，Suying. The aspectual system of Chinese ［D］. Doctoral dissertation at University of Victoria，1995.

附录一
湘桂边苗族汉话各点音系①

一、绥宁关峡乡概况及其苗族汉话音系

关峡苗族乡位于湖南省邵阳市绥宁县东南部，西邻长铺子苗族乡和堡子岭林场，东南接城步苗族自治县，北连武阳镇和白玉乡。关峡苗族乡辖珠玉村、芷田村、关峡村、高坪村、茶江村、岩头村、文家村、插柳村、大元村、四甲村、南庙村、凤凰村、鸟塘村、石脉村、梅口村、花园角村、石江坪村、岩脚田村、兰溪村等 19 个行政村和一个农科站。据 2010 年底统计，全乡共 5860 户，24600 余人，少数民族占总人口的 95.7％。② 关峡苗族称自己所说的语言为"平话 [pe²²o⁴⁴]"，我们选择了关峡乡插柳村进行调查，其音系如下：③

（1）声母（19 个）

p 疤皮饭白	pʰ 破披配拍	m 网蚊走麦	f 斧胡坏哭
t 地猪藤直	tʰ 天土汤踢	n 男粮年尿	l 兰郎莲力
ts 茶酒精节	tsʰ 秋亲请贼		s 修星桑雪
tɕ 朝九专结	tɕʰ 超轻蠢尺		ɕ 嗅卢乡石
k 葵官公角	kʰ 览减空揞	ŋ 牙齿晏只	x 康火巷黑

---

① 湖南境内关峡、兰蓉两个点的音系参考了胡萍（2018）《语言接触与湘西南苗瑶平话调查研究》，调查工作由笔者及姜礼立、王巧明 3 人合作完成；广西境内伟江、车田两个点的音系调查由姜礼立、王巧明及笔者 3 人合作完成。

② 中央民族干部学院网站 http://www. mzgbxy. org. cn/html/report/11110174-1. html。

③ 该点音系参考胡萍（2018）《语言接触与湘西南苗瑶平话调查研究》。

ø 话元秧要哑科

说明：[n] 拼细音时实际音值为 [ȵ]，但不构成音位对立，故合并为一个音位。

（2）韵母（36 个）

ɿ 姿足迟	i 闭鬼扫	u 树雨光	y 肺徐岁
a 哥买来	ia 姐借鸦	ua 跨怪快	ya 抓
e 色北星	ie 桥烧影	ue 国开赶	ye 雪缺绝
o 疤下难	io 蛇石		
ai 洗铁接		uai 会会计歪乖	
ei 早菜好		uei 桂魏伟	
ao 勾后呕	iao 消料小		
əu 双床缸	iəu 丈长掌		
an 贪山蛮	ian 镰碾	uan 拴关瞒	yan 圆船劝
in 迎形淋	ən 彭婚村	un 困文瘟	yn 军运熏
aŋ 桶痛灯	iaŋ 伤洋享	uaŋ 筐况柱	
oŋ 钟粉云	ioŋ 荣凶用		
ŋ̩ 日五人入			

（3）声调（5 个）

阴平　44　疤装糠骂豆饭汗帽

阳平　22　爬床房麻浮含

上声　53　把一把找火酒写写字苦苦药｜器被被套帽汗

去声　33　坝罩马柱老老头被被子｜表写写生苦辛苦老老实

入声　213　百桌合抹｜白浊学麦

注：我们调查的几个发音合作人古清入和浊入已经合流，故把胡萍（2018：24）所定阴入和阳入两调合并为入声调。

▶ 二、城步兰蓉乡概况及其苗族汉话音系

兰蓉乡位于东经 $110°24'59''\sim110°25'43''$，北纬 $26°17'03''\sim26°17'42''$，总面积 112 平方千米。地处城步县东南部，东接新宁县黄金乡，南接广西壮

族自治区资源县瓜里乡，西与白毛坪乡毗邻，北抵儒林镇。乡人民政府驻尖头田，距县政府驻地 47 千米。辖尖头田、新寨、报木坪、会龙、水源、黔峰、青云 7 个村民委员会，下设 82 个村民小组。辖区总人口 8982 人，人口以苗族为主，达 5224 人，占总人口的 58.16%；另有汉族和侗、回、满、壮等 10 个民族。其中汉族 1671 人，占 18%；侗、回、满、壮族 1557 人，占 17.33%。[①] 兰蓉苗族自称其所说的语言为"人话［h ŋ²⁴ va⁴⁴］"，我们选择兰蓉乡的新寨村进行调查，其音系如下：[②]

（1）声母（声母 27 个）

p 布飞北 pʰ 怕肺拍 b 皮婆平 m 门尾木 f 画开福 v 胡肥划 划船

t 到底直 tʰ 太椿疮 d 同弟床 n 脑泥热 　　　　l 老卵犁泪

ts 酒精贼 tsʰ 搓清七 dz 坐晴蚕 　　　s 锁姓雪 z 是

tɕ 九剑急 tɕʰ 起轻尺 dʑ 桥愁石 　　　ɕ 乡水生 ʑ 鞋

k 锅关国 kʰ 寨劝肯 g 拳狂菌 ŋ 牙牛额 h 火客话

ø 哑夜衣伊腰碗养用玉

说明：［n］拼细音时实际音值为［ɲ］，但不构成音位对立，故合并为一个音位。

（2）韵母（38 个）

ɿ 慈子师屎	i 尾地烧食	u 露雨扫伏	y 女水菊
a 我茶三麦	ia 街沙菜石	ua 瓜垮	ya 怪乖快坏
o 河塘落	io 乡霜脚		
e 县晴星	ie 泥年仙坪	ue 拳国梗颈梗	ye 月冤滑挖
ɤ 雷灰吹血		uɤ 盖围围墙煨□虫～：蚯蚓	
ai 旋冷苋贼	iai 色山生闩	uai 关	
ei 开税美		uei 柜桂骨	
ao 牛头构	iao 表烧调调羹超		
iu 猪锤照雪			

---

① 城步县人民政府门户网站 http：//www. chengbu. gov. cn/chengbu/zjcb/xzqh/content_19317. html。

② 该音系参考胡萍（2018）《语言接触与湘西南苗瑶平话调查研究》。

an 感毯案烦   ian 闪仙电   uan 款惯   yan 铅院怨

en 纫   in 金银阴   un 困昆   yn 蠢顺军

aŋ 动根凳   iaŋ 酱洋腔   uaŋ 广狂

oŋ 风春红木   ioŋ 荣永穷

ŋ 五人日

（3）声调（5个）

阴平 55　高开飞<u>官</u>清官<u>仙</u>仙人<u>生</u>生日｜课桂站闹闹市帐

阳平 24　穷床寒神鹅<u>德</u>色色彩<u>压</u>泽石石榴<u>值</u>值班｜<u>外</u>外孙<u>上</u>上辈<u>项</u>项链<u>夜</u>夜宵

上声 33　古口海五弟得色天色尺鸭

阴去 44　盖醉唱菜送胀｜<u>波专尊婚官</u>贪官<u>仙</u>仙人掌<u>生</u>生活

阳去 213　谢树饭骂｜勺学墨贼

注：我们调查的发音合作人阳去调是一个曲折调，其调值为［213］，与胡萍（2018）的阳去［11］不同，我们依照调查对该调调值进行了改动。

三、龙胜县伟江乡概况及其苗族汉话音系

伟江乡位于龙胜各族自治县西北部，处于东经 $109°57'49''\sim110°07'07''$，北纬 $25°52'22''\sim26°10'25''$ 之间。地处越城岭南麓湘桂两省交界的八十里大南山下，东与马堤乡接壤，南连乐江乡，西邻平等镇，北接湖南城步苗族自治县五团镇、南山镇。乡政府所在地距县城 47 公里。伟江乡辖洋湾、布弄、里木、中洞、新寨、甘甲、崇林、大湾等 8 个行政村，121 个村民小组。截至 2017 年年底，全乡 2536 户，9619 人，世居民族有苗族、瑶族、汉族，其中苗族占 90％以上。①全部苗族人都说苗族"人话 ［ŋ²² ua⁵³］"，除部分老人外，大部分人都会说"客话"（西南官话）。甘甲村共 224 户，主要为瑶族，说瑶话，也会说苗族"人话"。布弄村的花界、白洋坪、木厂、小河组、里木村岩底组、崇林村下碧林组、大湾村伍家组共计约 100 户人说"新化话"（娄邵片湘方言），这些人也会说苗族"人话"。苗族"人话"和"客话"在伟江都能通行，但"人话"使用得更多更广。我们选择了伟江乡里木村进行调查，音系如下：

---

① 龙胜县人民政府门户网站 http：//www．glls．gov．cn/bencandy．php？fid＝54&id＝4723.html。

（1）声母（28 个）：

p 巴包飞　　　pʰ 怕坡蜂　　　b 耙盘浮　　　m 麻米蚊　　　f 福好胡　　v 万问滑

ts 作宅邹　　　tsʰ 戳册财　　　　　　　　　　　　　　　　　　　　　s 塑俗色赛

t 单道知　　　tʰ 塔叉漆　　　d 查茶床　　　n 暖疑脑　　　　　　　l 烂笋路

tɬ 灶杂桌　　　　　　　　　　dɮ 坐糍绝　　　　　　　　　　　ɬ 三臊双

tɕ 枝急光　　　tɕʰ 气球抢　　　dʑ 骑柴肠　　　ɲ 日鱼娘　　　　ɕ 稀去箱

k 家哥高　　　kʰ 确劝快　　　g 拳　　　　　　ŋ 牙饿牛硬　　　x 客厚汗鞋

ø 屙鸭碗云

说明：[n] [ɲ] 构成音位对立，如泥［nie²²］≠阎［ɲie²²］，因而不合并为一个音位。

（2）韵母（36 个）：

ɿ 敁瓷纸十　　　i 米比飞知七立　　　u 步胡刀草屋不　y 举暑余

a 疤马蓝伞辣答　ia 蛇扯关娘石　　　ua 瓜瓦话

ɛ 阶翻转冷生北　iɛ 湿　　　　　　　uɛ 弯歪横帅

e 输说　　　　　ie 卖柴边癫星轻法叶　ue 坏挖远园　　　ye 怪快冤缘决缺

o 破包盘网壮国　io 伤想药削

ao 宝告偷猴愁牛　iao 表要料胶

ou 欧购　　　　　iou 猪树旧留力绿

ei 妹水出雪　　　ui 鬼尾月雪

an 减衫凡汉　　　ian 验炎谦贤　　　uan 专宽玩　　　yan 权癣

un 村文准　　　　yn 军运

aŋ 帮等肯冬送　　iaŋ 央奖　　　　　uaŋ 王状框

iŋ 深心尘信升虫浓　eŋ 能省

oŋ 分云稳梦风　　ioŋ 润用熊

ŋ 人五你午

（3）声调（6 个）：

阴平 55　　家包方飞衣｜另镜部误

阳平 22　　黄移来羊驴｜隔剥逼谷

上声 33　　假真～火比椅｜伴妇淡杜

阴去 44　　嫁放算货｜<u>医膏猜盍希</u>

阳去 53　　大错汗鼻二

入声 31　　麦薄学直日

注：西南官话的去声字，借入以后读阴平［55］调，但有部分新借字可以读［55］调也可以读［24］调，如：<u>套课贷</u>。

四、资源县车田乡概况及其苗族汉话音系

车田乡位于资源县西南部，距县城 25 公里，东邻资源镇、中峰镇，西北临湖南省城步县，西面与龙胜县接壤，东北面与瓜里乡、湖南新宁县相邻，南与两水苗族乡毗连。处于资源县、龙胜县、兴安县以及湖南省的城步县、新宁县的连接中心。全乡辖 12 个行政村，总人口 2.43 万人，其中苗、瑶等少数民族 13700 多人。车田苗族自称其所说的语言为"人话［ŋ²¹³ va⁵²］"，我们选择了车田乡的车田村进行调查，其音系如下：

（1）声母（24 个）

p 布拜摆　pʰ 破怕配　b 婆簿步　m 麻马望　f 裤户府　v 爱围

t 多爹赌　tʰ 拖初梯　d 茶柱塘　n 泥鱼艺　　　　　　　　　l 锣路来

ts 左坐做　tsʰ 菜青抄　　　　　　　　　　　　s 锁所洗

tɕ 茄斜谢　tɕʰ 车气抽　dʑ 近树轿　　　　　　　ɕ 写徐鼠

k 歌可过　kʰ 课苦块　　　　　ŋ 鹅牙熬　h 火祸沙　ɦ 下哑鞋

ø 野雨矮油

说明：［n］拼细音时实际音值为［ɲ］，但不构成音位对立，故合并为一个音位。

（2）韵母（35 个）

ɿ 纸资指字　　　i 姊去鱼取　　　u 布簿步　　　y 除书鼠如

a 爬马家　　　　ia 借写斜谢　　ua 瓜瓦花化挂

o 多左歌　　　　io 茄仗抢

e 排泥犁洗配　　ie 爹歇胎　　　ue 水柱对雷罪　ye 法滑挖绝劝

ɤ 世师事试格　　iɤ 绸愁寿

ai 该改海害　　　　　　　　　　uai 犯弯

ei 吕输开爱   uei 焦笑钓箫修

ui 猪动灰归桂

əu 凑够藕州   iəu 球舅

ao 瓯道造靠   iao 交孝表票

              ian 钳验险厌   yan 权院原

                                                yn 困婚温问

aŋ 感毯帮痛   iaŋ 诊弄   uaŋ 王旺

eŋ 恨轮墩   iŋ 寻林新

oŋ 圳毛铳本   ioŋ 荣穷

ŋ 五人

（3）声调（7个，包括1个借字声调）

阴平 55   多拖歌沙

阳平 213   锣鹅茄婆｜<u>鸭血骨</u>

上声 33   左可水锁坐蟹弟被

阴去 44   破过货嫁借

阳去 52   树败饿骂话顺

去声$_文$ 35   <u>课户付派币</u>

入声 31   射十入辣

说明：

①去声借字调［35］，由于借字较多，我们在此独立列出；

②资源车田苗族汉话［e］的实际位置介于［e］与［ɛ］之间，接近［ɛ］，记［ɛ］亦可，为行文方便，本书统一记为［e］。

附录二
湘桂边苗族汉话体貌调查例句（部分）

1. 我打破了一个碗。

关峡：我打烂呱一只碗。

兰蓉：我打烂呱一只碗。

伟江：我打烂哇一只碗。

车田：我□pa^{55}烂咧一□dai^{213}碗。

2. 小张杀了他家的那只鸡。

关峡：小张杀呱伊屋里嘅□mei^{21}只鸡。

兰蓉：小张杀呱伊屋里嘅嗯只鸡。

伟江：小张杀哇伊屋里嘎只鸡□ni^{55}。

车田：小张杀咧伊屋嘎□o^{213}□lɛ^{44}鸡。

3. 你吃了药，不能喝茶。

关峡：你食呱药，麻能够食茶。

兰蓉：你食呱药，食不得茶。

伟江：你食哇药，食不得茶。

车田：你食咧药，食不咧茶。

4. 他每天吃了早饭就出去

关峡：他每日食呱早饭就出去。

兰蓉：伊□xen^{44}□ɲia^{44}□ti^{55}嘅食呱早□lo^{44}饭就出去。

伟江：伊日日食哇早饭就出去。

车田：伊日日食咧早□lo^{44}饭就出去。

5. 我想吃了晚饭，看了电影再回去。

关峡：我想食呱夜饭，□sai⁴⁴呱电影再归去。

兰蓉：我想食呱夜头饭，望呱电影再归去。

伟江：我想食哇夜饭，望哇电影再归去。

车田：我想食咧夜饭，望咧电影再归去。

6. 他们走了我才能做自己的事。

关峡：伊哩行呱我才能够做自己嘅事。

兰蓉：伊哩行呱我才□ȵaŋ⁴⁴得自家哋嘅事成。

伟江：伊哩去哇我才好□lei²²自家嘎事。

车田：伊哩行咧/哋我才□ȵaŋ⁴⁴得自家嘎事。

7. 他说了半天还没有说清楚。

关峡：伊讲呱半日还麻讲得清楚。

兰蓉：伊话呱一半日还麻话清楚。

伟江：伊话哇日□ta⁵³还冇话清楚。

车田：伊话咧一半日还冇话清楚。

8. 我叫了你半天你都不答应，你聋了吗？

关峡：我喊呱你半日你麻应，你聋呱吗？

兰蓉：我喊呱你一半日□tai⁵⁵你麻应，你聋呱哩？

伟江：我喊哇你日□ta⁵³你□na⁵⁵不答应，你聋哇？

车田：我喊咧你一半日你□na⁵²不应，你耳朵聋哋么？

9. 我找了三趟都没找到他。

关峡：我寻呱三趟□le⁴⁴麻寻滴伊。

兰蓉：我寻呱三□tai⁴⁴□le⁵⁵麻寻着伊。

伟江：我捞哇三趟□na⁵⁵捞不得伊。

车田：我寻咧三趟□na⁵²冇寻紧伊。

10. 我睡了一会儿就醒了。

关峡：我眼死呱一下就醒□se³³呱。

兰蓉：我眼死呱下就醒来呱。

伟江：我眼死哇一下就醒哇。

车田：我眼死咧下就醒来哋。

11. 林老师买到一件很好看的衣服。

关峡：林老师买滴一□tao³³很好看嘅衣。

兰蓉：林老师买起一单蛮好望嘅衣服。

伟江：林老师要哩一□ta⁴⁴蛮好望嘎衣。

车田：林先生要咧一□dai²¹³是好看嘎衣。

12. 门口挤了很多人。

关峡：门口挤起很□sa²²人。

兰蓉：门口挨起蛮多人。

伟江：门口挤哩好多人。

车田：门口挤咧好多人。

13. 房间里点了一盏灯。

关峡：房里点起一盏灯。

兰蓉：房里隙点起一盏灯。

伟江：房里点哩一盏灯。

车田：房间里点咧一盏灯。

14. 先把肉切了，等一下炒菜。

关峡：先捉肉切起，等下炒菜。

兰蓉：先把肉切起，等下炒菜。

伟江：先把肉切哇，等下再炒菜。

车田：先担肉切起，等下炒菜。

15. 先把木头锯了，让它干一干，再做张桌子。

关峡：先捉木锯起，把伊干下，再做张桌哩。

兰蓉：先把树截起，等伊干下，再□ȵaŋ³³只台盘。

伟江：先把木头锯哩，让伊干下，再□lei²²条台盘。

车田：先担木头□ɕie⁵⁵咧，等伊干哋，再装□dai²¹³台盘头。

16. 三个梨我吃了两个。

关峡：三个梨哩我食呱两个。

兰蓉：三个梨哋我食呱两个。

伟江：三个梨哩我食哇两个。

车田：三□dai^{44}梨哩我食咧两□dai^{44}。

17．三个梨我只吃了半个。

关峡：三个梨哩我只食呱半个。

兰蓉：三个梨哋我只食呱半个。

伟江：三个梨哩我只食哇半个。

车田：三□dai^{44}梨哩我只食咧半□dai^{44}。

18．他吃了三碗饭了，还在吃。

关峡：伊食呱三碗饭呱，还滴□mε^{53}食。

兰蓉：伊食呱三碗饭呱，还是□ni^{55}食。

伟江：伊食哇三碗饭哇，还是□ni^{55}食。

车田：伊食咧三碗饭哋，还是食。

19．昨天我买了五本书。

关峡：昨日我买起五本书。

兰蓉：昨□ti^{55}我买起五本书。

伟江：昨日我要哇五本书。

车田：昨□ti^{55}我要咧五本书。

20．昨天我买了书。

关峡：昨日我买起书。

兰蓉：昨□ti^{55}我买起书。

伟江：昨日我要哇书。

车田：昨□ti^{55}我要咧书。

21．那次考试，我得了九十分。

关峡：□mε回考试，我得呱九十分。

兰蓉：嗯次□ni^{55}考试，我得着九十分。

伟江：个转□ni^{55}考试，我得哇九十分。

车田：□o^{213}次□ie^{55}考，我得咧九十分。

22．那次考试，我只得了六十分。

关峡：□mei^{21}回考试，我只得呱六十分。

兰蓉：嗯次□ni⁵⁵考试，我只得着六十分。

伟江：个转□ni⁵⁵考试，我只得六十分。

车田：□o²¹³次□ie⁵⁵考，我只得咧六十分。

23. 馒头你吃了吗？吃了，很好吃。

关峡：馒头你食呱麻？食呱，好食得巫。

兰蓉：馒头你食呱麻？食呱，蛮好食。

伟江：馒头你食哇冇？食哇，蛮好食。

车田：馒头你食咧哒么？食咧哒，是好食。

24. 把胡子剃了／把胡子留着

关峡：捉胡哩剃呱／捉胡哩留滴。

兰蓉：把须剃呱／把须留起。

伟江：把胡子剃哇／把胡子留哩。

车田：担须剃咧／担须留紧。

25. 把鞋子脱了／把鞋子穿上

关峡：着鞋脱呱／捉鞋穿起。

兰蓉：把鞋脱呱／把鞋踏起。

伟江：把鞋脱哇／把鞋踏起。

车田：担鞋脱咧／担鞋踏起。

26. 他们打了一只野猪。

关峡：伊哩打滴个野猪。

兰蓉：伊哩打着一□dai²¹³野猪。

伟江：伊哩打哩一个野猪。

车田：伊哩打咧一□dai²¹³野猪。

27. 那边死了个乞丐。

关峡：□mei²¹底死呱个讨饭食嘅。

兰蓉：嗯边□ni⁵⁵死呱个叫花哒。

伟江：道□ni⁵⁵死哇个叫花。

车田：□o²¹³边死咧□dai²¹³叫花哩。

28. 他找了个长沙老婆。

关峡：伊□kou⁵³滴个长沙嘅老婆哩。

兰蓉：伊□ua⁴⁴着个长沙妇娘。

伟江：伊捞哩个长沙妇娘。

车田：伊寻咧□dai²¹³长沙妇娘。

29. **他拿了两本书走了。**

关峡：伊捉起两本书行呱。

兰蓉：伊担起两本书行呱。

伟江：伊担哇两本书去哇。

车田：伊担咧两本书行吙。

30. **那边跑了个劳改犯。**

关峡：□mei²¹边走呱个劳改犯。

兰蓉：嗯边□ni⁵⁵走呱个劳改犯。

伟江：边□ni⁵⁵走哇个劳改犯。

车田：□o²¹³边走咧□dai²¹³坐牢嘎。

31. **他丢了顶红帽子。**

关峡：伊丢呱顶红帽哩。

兰蓉：伊失呱个红帽吙。

伟江：伊失哇个红帽哩。

车田：伊担落咧一□dai²¹³红帽哩。

32. **他捡了顶红帽子。**

关峡：伊捡滴顶红帽哩。

兰蓉：伊捡着个红帽吙。

伟江：伊捡哩个红帽哩。

车田：伊捡咧一□dai²¹³红帽哩。

33. **他家死了两只鸡。**

关峡：伊屋里死呱两只鸡。

兰蓉：伊屋里死呱两只鸡。

伟江：伊屋里死哇两只鸡。

车田：伊屋□ie⁵⁵死咧两□dai²¹³鸡。

34. **那边死了两只鸡。**

关峡：□mei²¹边死起两只鸡。

兰蓉：嗯边□ni⁵⁵死呱两只鸡。

伟江：边□ni⁵⁵死哩两只鸡。

车田：□o²¹³边死咧两□dai²¹³鸡。

35. 你去看了他没有？我去看了。

关峡：你到□sai⁴⁴呱伊来呱麻？我□sai⁴⁴呱来呱嘅。

兰蓉：你到望呱伊麻？我到望呱。

伟江：你去望哇伊哇有？我去望哇。

车田：你去看咧伊么？我去看咧咃。

36. 我吃了饭了，你吃了吗？

关峡：我食呱饭呱，你食呱麻？

兰蓉：我食呱饭呱，你食呱麻？

伟江：我食哇饭哇，你食哇有？

车田：我食咧饭咃，你食咧么？

37. 我儿子考上大学了。

关峡：我崽考起大学呱。

兰蓉：我嘅崽考起大学呱哩。

伟江：我嘎崽考上大学哇。

车田：我崽考起大学咃。

38. 他去了一个多月了，还没回来。

关峡：伊去呱一个多月呱，还麻归来。

兰蓉：伊去呱一个多月呱，还麻归来。

伟江：伊去哇条多月日哇，还有归来。

车田：伊去咧一条多月日咃，还有归来。

39. 雨下了几天了。

关峡：雨落呱几日呱。

兰蓉：雨落呱几日呱哩。

伟江：雨落哇几日哇。

车田：雨落咧几日咃。

40. 他上了年纪了，做不动了。

关峡：伊年纪大呱，□nan³³不动呱。

兰蓉：伊年纪大呱，□n̠aŋ⁴⁴不动呱。

伟江：伊年纪大哇，□lei²²不动工哇。

车田：伊年纪大咧哋，□n̠aŋ⁴⁴不动哋。

41. 明天这时候他早就到了北京了。

关峡：明□ti⁵³日个时辰伊早到呱北京呱。

兰蓉：明天□uei²¹³时辰伊早到呱北京呱。

伟江：明天日个时间伊早到哇北京哇。

车田：明□ti⁵⁵□o²¹³□tʰie⁴⁴伊早就到咧北京哋。

42. 球滚到洞里去了。

关峡：球滚滴眼□ku⁵³底里去呱。

兰蓉：球□tʃa⁵⁵入眼眼里去呱哩。

伟江：球滚入个眼眼去哇。

车田：球滚入眼眼去咧哋。

43. 他来敲门的时候，我已经睡了。

关峡：伊来敲门嘅时辰，我已经眼死呱。

兰蓉：伊来敲门嘅时辰，我已经眼死呱哩。

伟江：伊来□no⁵⁵门嘎时间，我已经眼死哇。

车田：伊来敲门口嘎□tʰie⁴⁴，我已经眠咧哋。

44. 你认出他是谁了没有？认出来了。

关峡：你认得伊是遮个呱麻？认出来呱。

兰蓉：你认出伊是遮个呱麻？认出来呱。

伟江：你识出伊是遮个哇冇？识出来哇。

车田：你识得伊是遮个么？识紧哋咧。

45. 那边唱戏，你去看了没有？我去看了。

关峡：□mei²¹边唱戏，你到看呱麻？我到看呱。

兰蓉：嗯边□ni⁵⁵唱戏，你到望呱麻？我到望呱哩。

伟江：边□ni⁵⁵唱戏，你去望来哇冇？我去望来哇。

车田：□o²¹³边□i⁵⁵唱戏，你去望咧么？我去望咧哋。

46. 三十岁了，还不懂事。

关峡：三十岁哩，还麻懂事。

兰蓉：三十岁呱，还麻□tɕie⁵⁵事。

伟江：三十岁哇，还不懂礼。

车田：三十岁咃，还不懂事。

47. 小张在洗衣服。

关峡：小张滴□mɛ⁵³洗衣。

兰蓉：小张是□ni⁵⁵道洗衣裤。

伟江：小张是□ni⁵⁵洗衣裤。

车田：小张是洗衣裤。

48. 外面在下雨。

关峡：□ma²¹³□xa³³滴□mɛ⁵³落雨。

兰蓉：□lai²¹³□tɕie⁴⁴是□ni⁵⁵落雨。

伟江：□lai²²□tɕi⁵³落哩雨。

车田：□lai²¹³□tɕie⁴⁴是落雨。

49. 我一进门，看见他在吃药。

关峡：我一进门，看滴伊滴□mɛ⁵³食药。

兰蓉：我一入门，得见伊是□ni⁵⁵食药。

伟江：我一入屋，就得见伊是□ni⁵⁵食药。

车田：我一入门，就撞见伊是食药。

50. 我不能喝酒，我在吃药。

关峡：我食不得酒，我食滴药。

兰蓉：我食不得酒，我食着药。

伟江：我食不得酒，我食哩药。

车田：我食不得酒，我是食药。

51. 我在吃饭，他在洗手。

关峡：我滴□mɛ⁵³食饭，伊滴□mɛ⁵³洗手。

兰蓉：我是□ni⁵⁵食饭，伊是□ni⁵⁵洗手。

伟江：我是□ni⁵⁵食饭，伊是□ni⁵⁵洗手。

车田：我是食饭，伊是洗手。

52. 他正哭着呢，什么也不吃。

关峡：伊正当滴□mɛ⁵³哭，□te⁵³□ŋa³³□le³³麻食。

兰蓉：伊是□n̠i⁵⁵□kai⁴⁴着，么咯□le⁴⁴麻食。

伟江：伊正当是□ni⁵⁵□kia⁴⁴哩，么嘎□na⁵⁵不食。

车田：伊是□ka⁴⁴，么□na⁵⁵不食。

53．**明天上午不行，我还在上班。**

关峡：明天日九点麻行，我还滴□mɛ⁵³上班。

兰蓉：明□ti⁵⁵上半日不行，我还是□ni⁵⁵上着班。

伟江：明天日上半日不行，我还是□ni⁵⁵上哩班。

车田：明□ti⁵⁵上半日不行，我还是上紧班。

54．**那个时候，我在上大学，她也在上大学。**

关峡：□mei²¹个时辰，我到读大学，伊也到读大学。

兰蓉：嗯个时辰□ni⁵⁵，我是□ni读大学，伊也是□ni读大学。

伟江：个□tʃan³³□ni⁵⁵，我是□ni⁵⁵读大学，伊也是□ni⁵⁵读大学。

车田：□o²¹³下□ie⁵⁵，我是读大学，伊也是读大学。

55．**明年不行，她还在读三年级。**

关峡：明年麻行，伊还滴□mɛ⁵³读三年级。

兰蓉：明年不行，伊还是□ni⁵⁵读三年级。

伟江：来年不行，伊还读哩三年级。

车田：来年不行，伊还是读三年级。

56．**上个月 8 号，你在干什么？**

关峡：上个月 8 号，你到□n̠aŋ³³□te⁵³□ŋa³³？

兰蓉：头个月 8 号，你到□n̠aŋ⁴⁴么个？

伟江：上条月日 8 号，你是□ni⁵⁵搞么嘎？

车田：上条月日 8 号，你是□n̠aŋ⁴⁴么啊？

57．**昨天你在干什么？**

关峡：昨日你到□n̠aŋ³³□te⁵³□ŋa³³？

兰蓉：昨□ti⁵⁵你到□n̠aŋ⁴⁴么个？

伟江：昨日你是□ni⁵⁵搞么嘎？

车田：昨□ti⁵⁵你是□n̠aŋ⁴⁴么啊？

58．**上个月 8 号上午我在看书。**

关峡：上个月 8 号上半日我到□sai⁴⁴书。

兰蓉：头个月 8 号上半日我到望书。

伟江：上条月日 8 号上半日我是□ni⁵⁵望书。

车田：上条月日 8 号上半日我是望书。

59. 你们吃着，我等下再来。

关峡：你哩食滴，我慢点再来。

兰蓉：你哩食紧，我□tʰau⁴⁴下再来。

伟江：你哩食哩先，我等下再来。

车田：你哩食起，我等下再来。

60. 他手里拿着一个茶杯。

关峡：伊手里捉起一只瓯哩。

兰蓉：伊手里担着一只茶瓯。

伟江：伊手上担哩一只瓯哩。

车田：伊嘎手□ie⁵⁵担紧一□dai²¹³茶瓯哩。

61. 他在屋檐下站着呢。

关峡：伊滴屋檐底下倚起。

兰蓉：伊是□ɕi⁵⁵檐脚底倚紧。

伟江：伊是屋檐底哩倚哩。

车田：伊是屋檐下底倚紧□ie⁵⁵。

62. 他穿着一身新衣服。

关峡：伊穿起一身新衣裤。

兰蓉：伊穿紧一通新衣裤。

伟江：伊着哩一套新衣裤。

车田：伊穿紧一身新衣裤。

63. 她在地上坐着，不肯站起来。

关峡：伊滴地上头坐起，麻肯□ti²²起。

兰蓉：伊是地咄坐着，麻肯倚起来。

伟江：伊坐哩地地哩，不肯倚□ti²²起。

车田：伊是泥地坐起，不肯倚□tan⁵⁵来。

64. 你拿着！

关峡：你捉起！

兰蓉：你担着！

伟江：你担哩！

车田：你担起！

65. 坐着，不要站起来！

关峡：坐滴，麻要□ti²²起！

兰蓉：坐着，麻倚起来！

伟江：坐哩，莫倚□ti²²起！

车田：坐起，莫倚□tan⁵⁵来！

66. 小明低着头不说话。

关峡：小明勾起头麻讲话。

兰蓉：小明勾着头壳麻作声。

伟江：小明勾哩额头不讲话。

车田：小明勾起额头不做声。

67. 他们打着伞在街上走。

关峡：伊哩打起伞滴街上行。

兰蓉：伊哩打起伞是街上行。

伟江：伊哩撑哩伞是街上行。

车田：伊哩打起伞是街□ie⁵⁵行。

68. 戴着帽子找帽子。

关峡：戴起帽哩寻帽哩

兰蓉：戴着帽咇寻帽咇

伟江：戴哩帽哩捞帽哩

车田：戴紧帽哩寻帽哩

69. 他喜欢站着吃。

关峡：伊喜欢倚起食。

兰蓉：伊爱倚着食。

伟江：伊喜欢倚哩食。

车田：伊爱倚紧食。

70. 他靠着墙抽烟。

关峡：伊□ban⁵³起墙食烟。

兰蓉：伊傍着□ka⁴⁴食烟。

伟江：伊傍哩壁食烟。

车田：伊□ban⁴⁴起墙食烟。

71. 他们手拉着手，一边走一边唱。

关峡：伊哩手牵起手，边行边唱。

兰蓉：伊哩手□do²¹³着手，边行边唱。

伟江：伊哩手□tuo³³哩手，边行边唱。

车田：伊哩手扯紧手，边行边唱。

72. 墙上挂着一幅画。

关峡：墙上挂起一张画哩。

兰蓉：□ka⁴⁴上挂起一幅画。

伟江：壁上挂哩一幅画。

车田：墙□ie⁵⁵挂紧一幅图。

73. 石头上刻着几个字。

关峡：石鼓高头雕起几个字哩。

兰蓉：岩头鼓上雕起几个字。

伟江：石头上雕哩几个字。

车田：□dʑia²¹³头□ie⁵⁵雕起几□dai³³字。

74. 河边栽着一排柳树。

关峡：江边上栽起一排柳树。

兰蓉：水个边上栽起一排柳叶树。

伟江：水边栽哩一排柳树。

车田：水边□ie⁵⁵栽起一排柳树。

75. 门口站着三个人。

关峡：门口倚起三个人。

兰蓉：门口倚着三个人。

伟江：门口倚哩三个人。

车田：门口□ie⁵⁵倚紧三个人。

76. 那里关着一些劳改犯。

关峡：□mei²¹底关起一伙劳改犯。

兰蓉：嗯道□ni^{55}□oŋ^{44}着哋劳改犯。

伟江：道□ni^{55}□ŋoŋ^{44}哩□ka^{55}劳改犯。

车田：□o^{213}□do^{213}□oŋ^{44}紧哋劳改犯。

77. 他看着看着书睡着了。

关峡：伊□sai^{44}滴□sai^{44}滴书打眼闭呱。

兰蓉：伊望着望着书眼死呱。

伟江：伊望哩望哩书眼死去哇。

车田：伊看紧看紧书就眼死咧哋。

78. 她说着说着哭起来了。

关峡：伊讲滴讲滴哭起来呱。

兰蓉：伊话紧话紧嘅□kai^{44}起来呱。

伟江：伊话哩话哩就□kia^{44}起来哇。

车田：伊话起话起就□ka^{44}起来哋。

79. 雨下着下着没下了。

关峡：雨落滴落滴麻落呱。

兰蓉：雨落着落着嘅麻落呱。

伟江：雨落嘎落嘎不落哇。

车田：雨落嗮落嗮就冇落哋。

80. 他看着看着沉下去了。

关峡：伊□sai^{44}滴□sai^{44}滴沉下去呱。

兰蓉：伊望着望着嘅沉下去呱。

伟江：伊望哩望哩就沉下去哇。

车田：伊看紧看紧就沉下去哋。

81. 饺子最好煮着吃。

关峡：饺哩最好煮起食。

兰蓉：饺子最好煮起食。

伟江：饺子最好是□ŋoŋ^{44}起食。

车田：饺子最好□tɕi^{52}起食。

82. 她哭着走了过来。

关峡：伊哭起行过来呱。

兰蓉：伊□kai⁴⁴起行过来呱。

伟江：伊□kia⁴⁴哩行过来哇。

车田：伊□ka⁴⁴起行过来吔。

83. 关着门读书。

关峡：关起门读书。

兰蓉：关起门读书。

伟江：关哩门读书。

车田：□tɕia⁵⁵起门口读书。

84. 藏着不肯拿出来。

关峡：藏起麻肯捉出来。

兰蓉：藏紧麻肯担出来。

伟江：藏哩不肯担出来。

车田：□nai⁵⁵起不肯担出来。

85. 天气冷起来了，要多穿点衣服。

关峡：天色冷起来呱，要多穿点衣。

兰蓉：天色冷起来呱，要多穿吔衣裤。

伟江：天气冷起咧哇，要多着□ki⁴⁴衣。

车田：天气冷起来吔，要多穿□ka⁵⁵衣裤。

86. 他们打起来了，你去劝一劝。

关峡：伊哩打起呱，你去劝一下。

兰蓉：伊哩打起呱，你去劝下着。

伟江：伊哩打起哇，你去劝下。

车田：伊哩打起□kʰuai³³吔，你去劝下。

87. 客人还没到，他就喝起酒来了。

关峡：客还麻来，伊就食起酒来呱。

兰蓉：客还麻到，伊就食起酒来呱。

伟江：客□ɬiŋ⁴⁴还冇到，伊就食起酒（咧）哇。

车田：客□na⁵⁵冇来，伊就起□kʰuai³³食起酒来吔。

88. 你怎么做起生意来了？

关峡：你干□ŋa⁵³做滴生意呱？

兰蓉：你何哋做起生意来呱？

伟江：你若□ɕio⁴⁴做起生意（咧）哇？

车田：你若□ɕio⁴⁴做起生意来哋？

89．听到这个消息，他笑起来了。

关峡：听见个个消息，伊笑起来呱。

兰蓉：听到□uei²⁴个信，伊笑起来呱。

伟江：听哩个信息，伊笑起咧哇。

车田：听到□o²¹³□la⁴⁴信，伊笑起来哋。

90．利息从下个月开始算。

关峡：利息搭下个月算起里。

兰蓉：利息把下个月起□kʰuai³³算（起）。

伟江：利钱把下条月日算起。

车田：利钱□kai⁵⁵下条月日算起□kʰuai³³。

91．外面下起雨来了。

关峡：□ma³³□xa⁵³落起雨来呱。

兰蓉：□lai²¹³□tɕie⁴⁴落起雨来呱。

伟江：□lai²²□tɕi⁵³落起雨咧哇。

车田：□lai²¹³□tɕie⁴⁴落起雨来哋。

92．下雨了。

关峡：落雨哩。

兰蓉：落雨（来）呱。

伟江：落雨来哇。

车田：落雨（来）哋。

93．音乐还没响，她就跳起舞来了。

关峡：音乐还麻响，伊就跳起舞来呱。

兰蓉：音乐还麻播，伊就跳起舞来呱。

伟江：音乐还有响，伊就跳起舞（咧）哇。

车田：音乐还有响，伊就跳紧舞来哋。

94．从八点开始唱，唱到十二点。

关峡：搭八点唱起里，唱到十二点。

兰蓉：把八点起□kʰuai³³唱，唱到十二点。

伟江：把八点钟唱起，唱到十二点。

车田：□kai⁵⁵八点唱起□khuai³³，唱到十二点。

95. 孩子们八点就唱起来了。

关峡：团团人八点钟就追起里。

兰蓉：团团哋八点就唱起来呱。

伟江：□ɲie⁴⁴人崽八点钟就唱起咧哇。

车田：细噶崽哩八点就唱起□kʰuai³³哊。

96. 他一唱起这首歌就掉眼泪。

关峡：伊一唱起个只歌就流眼泪。

兰蓉：伊一唱起□uei²⁴只歌就出眼泪。

伟江：伊一唱起个只歌就出眼泪。

车田：伊唱起□o²¹³□la⁴⁴歌就出眼泪。

97. 孩子们从下课追起，追到现在。

关峡：团团人搭下课追起里，追到个时辰。

兰蓉：团团哋把下课追起□kʰuai³³，追到□uei²⁴个时辰。

伟江：□ɲie⁴⁴人崽把下课□lie⁵³起，□lie⁵³到个□tɕʰan³³。

车田：细噶崽哩□kai⁵⁵下课就追起□khuai³³，追到□o²¹³□tʰie⁵⁵。

98. 让他说下去，不要插嘴。

关峡：把伊讲起下去，麻打岔。

兰蓉：□kai⁵⁵伊话起下去，麻打岔。

伟江：让伊话起下去，莫打岔。

车田：让伊话起下去，莫打岔。

99. 你要这样干下去，我明天就走。

关峡：你个滴□naŋ³³起下去，我明天日就行。

兰蓉：你要嗯哋□naŋ³³起下去，我明□ti⁵⁵就行。

伟江：你要个□ŋ⁵³嘎做下去，我明天日就行哇。

车田：你若□ŋ³³□han⁵³搞下去，我明□ti⁵⁵就行。

100. 要看的人看下去，我们先走了。

关峡：要看嘅人看起下去，我哩先行呱。

兰蓉：要望嘅人就望起下去，我哩先行呱。

伟江：要望嘎人望下去，□ŋai²²行先哇。

车田：要看嘎人就看下去，□ŋai²¹³哩先行咃。

101. 这样算下来，一年也挣不了多少钱。

关峡：个色算起下来，一年麻挣得几个钱到。

兰蓉：嗯咄算起下来，一年也挣几个钱不到。

伟江：个□ŋ⁵³嘎算起下来，一年也赚不得好多钱。

车田：□ŋ³³□han⁵³算起下来，一年也捞不得好多钱。

102. 这样急下去，会急出病来。

关峡：个色急起下去，要急出病来嘅。

兰蓉：嗯咄急（起）下去，要急出病来嘅。

伟江：个□ŋ⁵³嘎急下去，会急出病来。

车田：□ŋ³³□han⁵³急下去，会急出病来。

103. 你去过北京没有？

关峡：你到过北京麻？

兰蓉：你到过北京麻？

伟江：你去过北京（哩）有？

车田：你去过（来）北京（来）有？

104. 我去过北京。

关峡：我去过北京。

兰蓉：我到过北京。

伟江：我去过北京（哩）。

车田：我去过（来）北京（来）。

105. 我骂过他两回。

关峡：我骂过伊两趟。

兰蓉：我骂过伊两回。

伟江：我骂过伊两趟（哩）。

车田：我骂过（来）伊两趟（来）。

106. 他到过很多地方，就是没到过北京。

关峡：伊到过很□san²²地方，就是麻到过北京。

兰蓉：伊到过蛮多地方，就只麻到过北京。

伟江：伊到过蛮多地方（哩），就是没到过北京。

车田：伊去过（来）几多地方，就是冇去过北京。

107. 我找过他好几次。

关峡：我寻过伊几趟。

兰蓉：我寻过伊好几回。

伟江：我捞过伊好多趟（哩）。

车田：我寻过（来）伊好多次（来）。

108. 他以前做过生意。

关峡：伊往日做过生意。

兰蓉：伊面前做过生意。

伟江：伊□xo²²□die⁴⁴做过生意（哩）。

车田：伊□mie⁵²前做过（来）生意。

109. 我早就看过这本书了。

关峡：我早哩看过个本书呱。

兰蓉：我早就望过□uei²⁴本书呱。

伟江：我早就望过个本书哩哇。

车田：我早就看过来□o²¹³本书哋。

110. 我吃过这种菜，不大好吃。

关峡：我食过个色菜，麻好食。

兰蓉：我食过□uei²⁴样菜，麻大好食。

伟江：我食过个样菜（哩），不大好食。

车田：我食过（来）□o²¹³种菜，不太好食。

111. 我的手断过一次。

关峡：我嘅手断过一趟。

兰蓉：我嘅手断过一回。

伟江：我嘎手断过一□tai⁴⁴（哩）。

车田：我手断过（来）一次。

112. 老王提起过你。

关峡：老王滴我面前讲过你。

兰蓉：老王话到你。

伟江：老王话起过你哩。

车田：老王话过（来）你。

113. **你把它吃完。**

关峡：你捉伊食完起。

兰蓉：你把伊食完起。

伟江：你把伊食完起。

车田：你担伊食完去/咧。

114. **我做完再走。**

关峡：我□ȵaŋ^{33}完起再行。

兰蓉：我□ȵaŋ^{44}完起再行。

伟江：我□lei^{22}完起再行。

车田：我□ȵaŋ^{44}完再行。

115. **那里有条蛇，你把它打死吧！**

关峡：□mei^{21}底有条蛇，你捉打死起！

兰蓉：嗯道□ni^{55}有条蛇，你把伊棒死起！

伟江：道□ni^{55}有条蛇，你把伊捶死起！

车田：□o^{213}□dui^{44}有□dai^{213}蛇，你担伊捶死去/咧！

116. **我给你把衣服洗干净。**

关峡：我把你捉衣裤洗干净起。

兰蓉：我与你把衣裤洗干净起。

伟江：我□ni^{55}你把衣洗干净起。

车田：我□i^{55}你担衣洗索利去/咧。

117. **没称准，再称一次。**

关峡：麻称好，再称（过）一趟。

兰蓉：麻称准，再称一次。

伟江：冇称好，再称（过）一□tai^{44}。

车田：冇称好，再称（过）一□dai^{33}。

118. **这个字没写好，擦掉再写一遍。**

关峡：个个字哩麻写好，擦呱再写（过）一趟。

兰蓉：□uei²⁴个字麻写好，擦呱再写一次。

伟江：个个字冇写好，擦哇再写（过）一□tai⁴⁴。

车田：□o²¹³□la⁴⁴字冇写好，擦去再写（过）一□dai³³。

119. 衣服没洗干净，再洗一遍。

关峡：衣裤麻洗干净，再洗（过）一趟。

兰蓉：衣裤麻洗干净，再洗一次。

伟江：衣裤冇洗干净，再洗（过）一□tai⁴⁴。

车田：衣裤冇洗索利，再洗（过）一□dai³³。

120. 这件不行，再买一件。

关峡：个道麻行，重新买（过）一道。

兰蓉：□uei²⁴件麻行，再买一件。

伟江：个□ta⁵⁵不行，再要一□ta⁵⁵。

车田：□o²¹³□dai³³不行，再要一□dai³³。

121. 你坐着，我进去换一下衣服。

关峡：你坐起，我进去换下衣裤着。

兰蓉：你坐着，我入去换下衣裤着。

伟江：你坐哩，我入去换下衣。

车田：你坐起，我入去调下衣裤。

122. 我在家里看了看电视，没出门。

关峡：我滴屋里看呱下电视，麻出门。

兰蓉：我是屋里望呱下电视，麻出门。

伟江：我是屋里望哇下电视，冇出去。

车田：我是屋□ie⁵⁵望咧下电视，冇出门。

123. 还早，进来坐坐吧。

关峡：还早，进来坐下着吧。

兰蓉：还早，入来坐下着。

伟江：还早，入来坐下呀。

车田：还早，入来坐下着嘛。

124. 过一会儿你再跟他说说。

关峡：空一下你再跟滴伊讲下。

兰蓉：□tʰau⁴⁴一下你再□tʰie⁵⁵伊话下。

伟江：等下你再□ni⁵⁵伊话下。

车田：过一下你再□i⁵⁵伊话下。

125. 你猜一下看，这是什么?

关峡：□sai⁴⁴你猜一下，个□yi⁵³是□tɛ⁵³□ŋa³³?

兰蓉：你候/望猜下着，□uei²⁴个是么嘎?

伟江：你□to⁴⁴下望呀，个个是个么嘎?

车田：（看）你猜下望，□o²¹³□dai³³是么?

126. 你来提一下，看有多重。

关峡：你来提一下，□sai⁴⁴有好重。

兰蓉：你来提一下，候/望有好重着。

伟江：你来提下望，望有好重。

车田：你来提下望，望（看）有好重。

127. 这盒磁带你先拿回去听听看。

关峡：□sai⁴⁴个盒磁带你先捉归去听下。

兰蓉：□uei²⁴盘磁带你候/望先担归去听下着。

伟江：个盒磁带你先担归去听下望。

车田：□o²¹³盒磁带你先担归去听下望。

128. 你尝尝看，看味道怎么样?

关峡：□sai⁴⁴你尝下，□sai⁴⁴味道遮兴滴?

兰蓉：候/望你尝下着，候/望味道若何啊?

伟江：你尝下望，望味道是若□ɕio⁴⁴?

车田：你尝下望，看味道若□ɕio⁴⁴?

129. 她眼睛一眨一眨的。

关峡：她眼睛一眨一眨嘅。

兰蓉：伊嘎眼睛一□tɕi³²一□tɕi³²嘎。

伟江：伊嘎眼睛□n̠ie⁵³起□n̠ie⁵³起。

车田：伊嘎眼睛一□n̠iao⁴⁴一□n̠iao⁴⁴嘎。

130. 别在我面前走来走去。

关峡：麻滴我面前行来行去。

兰蓉：麻是我面前行去行转/行来行去。

伟江：莫是我面前行去行转/行来行去。

车田：莫是我嘎面前行去行转/行来行去。

131. 说来说去，你还是不行。

关峡：讲来讲去，你还是麻要得。

兰蓉：话去话转，你还是不行。

伟江：话去话转，你还是不行。

车田：话去话转，你还是不行。

132. 我听来听去，还是没听明白。

关峡：我听来听去，还是麻听得进。

兰蓉：我听去听转，还是麻听清楚。

伟江：我听去听转，还是冇听明白。

车田：我听去听转，还是冇听明白。

133. 好多人进进出出。

关峡：好多人进进出出。

兰蓉：蛮多人入入出出。

伟江：好多人入入出出。

车田：好多人入入出出。

134. 他胡乱吃了几口就出门了。

关峡：伊连忙食呱几口就出去呱。

兰蓉：伊□ko²¹³□tie⁴⁴食呱几口就出门呱。

伟江：伊□xɑo⁴⁴□dɑo⁴⁴食哇□ki⁵⁵就出去哇。

车田：伊□mi⁴⁴□mɑo⁴⁴□hɑo⁵²食咧几口就行咄。

135. 别紧张，你随便讲两句。

关峡：麻着急，你乱讲两句。

兰蓉：麻紧张，你□ko²¹³□tie⁴⁴话两句。

伟江：莫急，你□xɑo⁴⁴□dɑo⁴⁴话两句。

车田：莫急，你□mi⁴⁴□mɑo⁴⁴□hɑo⁵²话两句。

136. 我随便翻了几页就把书还给他了。

关峡：我乱翻呱几篇就提书还把伊呱。

兰蓉：我□ko²¹³□tie⁴⁴翻呱几篇就把书退□tie⁵⁵伊呱。

伟江：我□xao⁴⁴□dao⁴⁴翻哇下就把书还把伊哇。

车田：我□mi⁴⁴□mao⁴⁴□hao⁵²翻咧几张就担书还把伊咃。

137. **随便做一下就行了**。

关峡：乱□n̠aŋ³³下就要得呱。

兰蓉：□ko²¹³□tie⁴⁴□n̠aŋ⁴⁴下要得呱。

伟江：□xao⁴⁴□dao⁴⁴□lei²²下就行哇。

车田：□mi⁴⁴□mao⁴⁴□hao⁵²□n̠aŋ⁴⁴下就行咃。

后 记

初夏的窗外，麓山苍苍，湘水泱泱。

这本小书是在我博士学位论文的基础上修改而成的。一路走来，深感本书不是我一个人的作品，就像马克思说的，是"全部社会关系的总和"。

由衷感谢业师唐贤清教授。博士论文题目是在唐老师重大课题框架下确定的，从选题到调查、写作，都得到老师的悉心指导。老师常教导我们说，论文要追求"学术气质"。也许我的论文还远未达到老师所期待的"气质"，但追求更高更好的"气质"至少已成为我努力的目标。唐老师创立的"南方语言文化沙龙"已成为一个学术共同体。在这个共同体里，我的视野从只关注现代汉语，拓展到"普方古民外"。没有老师创立的学术平台，这种拓展不可能实现。因为人到中年，行政管理和家庭事务集中，加之自己慵懒拖沓，我光荣"沦为"唐门弟子中受业时间最长的"大师兄"。对于我的不上进，老师特别宽容，从来没说过一句重话。因为拖延而"赖"得太久，现在看来，反而受益更多。因为聆听了更多教诲而受益，因为受了"南方语言文化沙龙"更多熏陶而受益。感谢唐老师把本书纳入他主编的"南方语言文化研究丛书"。

感谢华中师范大学语言研究所匡鹏飞教授。本书主体部分是在华中师范大学语言研究所访学期间写成的。匡老师作为访学指导老师，每一次见面都会细致询问我的写作进度，对本书的框架结构及具体章节内容都提出了富有见地的指导性意见。华中科技大学谢晓明教授一直关心我的学业和学术，并热心引荐我到华师访学，让我有机会在梦寐以求的语言学重镇学习，在此深表谢忱！

感谢博士论文盲审专家对后学的鼓励。三位盲审专家均给了我的论文以"优秀"等第，让我坚信从文献走向田野、从现代汉语语法到南方"民汉语"语法的转型至少没有失败。我也深知这项离我的母语方言距离甚远的"民汉语"调查研究，一定谈不上"优秀"，定然还存在不少错误和值得继续开掘的空间，我丝毫不敢懈怠。感谢答辩委员会各位专家给我提出的中肯意见和建议，让我的论文质量得以改善和提升。感谢张谊生教授、罗耀华教授在第六届南方语言研究高端论坛上对书中关于"起"的部分内容提出的建设性意见。本书部分章节以单篇论文形式发表于《语言科学》《云梦学刊》《武陵学刊》等期刊，感谢这些期刊的匿名审稿专家及编辑的修改意见，为本书增色不少。

感谢我的硕士生导师范开泰先生，是先生把我领进语言学研究的大门，并一直关注我的学术成长。感谢齐沪扬教授、陈昌来教授、曹秀玲教授，研究生毕业后在湖南工作期间，多次得到各位老师的鼓励、关照和指导，让我始终感受着母校的温暖和语法本体研究的魅力。

感谢姜礼立博士、王巧明博士。我们三个先后都把选题确定为湘桂边青衣苗人话的语法专题研究。礼立做量词，巧明做程度范畴，我做体貌。他们俩已在我前面做完，是"先行者"。在田野调查以及写作过程中，我们经常一起交流、探讨，他们给了我不少帮助和启发，也结下了深厚的学术情谊。还记得 2021 年 5 月，跟礼立一起做田野调查，从龙胜县伟江乡转资源县车田乡过程中，山路蜿蜒，一路暴雨，多处山体滑坡，险象环生。我跟礼立开玩笑，"这样的调查一般人不敢来，所以苗族汉话的语法还没什么人做，我们以后就锁定它了！"

感谢所有的发音合作人，特别是龙胜伟江乡的石生武、石生玖两位先生，资源车田乡的杨建国先生，绥宁关峡乡的黄彩菊女士，城步兰蓉乡的雷学品先生。我个人田野调查经验不够，加之非母语方言的语法调查难度不小，不仅先后两次对他们进行了体貌的系统性调查，还进行了多达 50 余次的专题调查。写作过程中经常遇到具体问题需要随时确认，不下百次通过电话、微信等向他们请教，多有叨扰。每一位发音人都以最大的热情接受了我的调查，都以语言文化传承者的高度责任感为我提供了地道的青衣苗人话原材料。"食材"是原生态的、一流的，菜做得不好自然是我这个"厨师"厨艺不精所致。当然也有些许遗憾，因疫情原因，跨省采集长篇语料未能成行，让"食材"的有机性、丰富性打了折扣。

感谢湖南师大出版社刘苏华先生、责任编辑赵婧男女士敬业、专业、细致的工作和辛勤付出，保障了拙作的编校质量和顺利出版。

田野调查过程中，同门吴秉承博士、唐巧娟博士分别为我调查凤凰山江苗语、贵州黔东南苗语提供了重要的帮助；李启群教授、田洋博士为我在湘西的语言调查积极联络发音人。写作过程中，曾就情态问题请教了林海云博士，就民族语言相关问题请教了彭茹博士。郭亚博学弟细心守护着我的部分论文材料。我的研究生庞海威、杨姗、韩昊洋、张玉清、李意玉、文虹月等帮我做了校对工作和辅助性语言调查。在此一并致谢！

我所在的学院充满温情。因为脱产访学、书稿写作等原因，蔡颂院长、唐秀丽副院长以及我的同事们分担了不少原本应由我承担的管理工作。杨玲院长、张红教授十分关心我的写作进程，并多次给我以温暖的鼓励。系主任曾丽娟博士、硕士点负责人蒋湘平博士、教务办主任高慧文老师也给了我许多支持，让我无后顾之忧，潜心写作。

上有"二老"、下有"二小"的中年才进入博士论文写作，一度怀疑自己能否完成。写作的攻坚阶段，"论文"成为全家的高频词、关键词。当时才三岁的女儿其实根本不知论文为何物，但每天见到爸爸就问"老爸，你还在论文吗？"儿子喜欢追问进度，"老爸，写了几万字了？"妻子工作十分繁忙，为了不让我分心，写作期间她承担了家里宏观微观、里里外外所有事务。年迈的父母操不上论文的心，最操心我的身体和头发，经常打电话问"崽啊，头发还有么？"

书稿写作过程中，也曾遇到各种"状况"。疫情阻断调查的脚步，前期调查数据莫名丢失，写作攻坚阶段因腰疾而只能卧床，血压升高，交通事故……我都把它们看成我学术人生应有的磨砺，从不言败，绝不言弃。

感谢写作之路上，给我关爱的每一个人。

我对汉语的爱分为两极：语法研究是理性之极，诗歌写作是感性之极。

前者让我洞悉汉语之精微，后者让我沉醉于汉语之美。写作本书的副产品竟是 60 多首长长短短的诗，有现代诗，也有旧体诗，是我在理性与感性之间切换的见证，也算是一种诉诸语言的自我调剂与疗愈。去年四月，因为疫情管控而不能出门，我沉潜书房修改书稿，曾即兴写下诗句："我把春天关在窗外，哪怕每一朵花开，都是一道真诚的邀请。我把江南关在窗外，哪怕每一声马蹄，都带着烟雨杏花的旧韵。这一场蛰伏，只为下一场远行。错过了春风，必不负夏夜的流萤。"这一部书稿，不是结束，只是下一场学术远行的出发。

沈　敏
2023 年初夏于岳麓山居